面向水资源综合利用的赣江航运经济评估和优化研究

曹裕霖 王静婷 著

江西科学技术出版社

江西·南昌

图书在版编目（CIP）数据

面向水资源综合利用的赣江航运经济评估和优化研究 / 曹裕霖 , 王静婷著 . -- 南昌：江西科学技术出版社，2023.12

ISBN 978-7-5390-8940-9

Ⅰ.①面… Ⅱ.①曹…②王… Ⅲ.①赣江—内河运输—水路运输经济—研究 Ⅳ.① F552.7

中国国家版本馆 CIP 数据核字（2023）第 255660 号

面向水资源综合利用的赣江航运经济评估和优化研究

曹裕霖　王静婷　著

MIANXIANG SHUI ZIYUAN ZONGHE LIYONG DE GANJIANG HANGYUN JINGJI PINGGU HE YOUHUA YANJIU

出版发行	江西科学技术出版社
社址	南昌市蓼洲街 2 号附 1 号
	邮编：330009　电话：（0791）86615241　86623461（传真）
印刷	江西骁翰科技有限公司
经销	全国各地新华书店
开本	787 mm × 1092 mm　1/16
字数	300 千字
印张	15.75
版次	2023 年 12 月第 1 版
印次	2024 年 8 月第 1 次印刷
书号	ISBN 978-7-5390-8940-9
定价	88.00 元

国际互联网（Internet）地址：http://www.jxkjcbs.com　　选题序号：ZK2023392　　赣版权登字 -03-2023-386
责任编辑：朱　丽　　封面设计：徐　育
版权所有，侵权必究
（赣科版图书凡属印装错误，可向承印厂调换）

前　言

　　近年来，内河航运成为区域低碳经济建设和发展的重点。航运经济与发电、供水、景观等水资源综合利用措施耦合关系明显，受水库调度决策下水文水动力条件影响，航运能力动态呈现不同的水平和边际效益。航运经济效益评价的难点是在不同调度决策下复杂的水文水动力情景下梳理航运、发电、供水等经济效应间协同关系，其核心问题是模拟自然和调度决策下航道尺寸水文水动力时空数据，分析多变量、非线性航道尺寸变量空间和航道等级间映射关系，开展面向水资源综合利用的调度最优化分析。

　　本书针对航运经济评估的难点和核心问题，以航电枢纽运行背景下赣江航运能力为研究对象，开展赣江水文水动力历史过程模拟，构建航运能力评价指标体系；评价赣江航运能力时空分布特征和设计航运标准达成度，分析赣江运输能力受限的成因；开展不同水文情势下航运、发电、社会经济供水指标构建和效益评估；量化航运、发电、社会经济供水效益函数，揭示水资源综合利用和航运经济耦合规律；编译赣江航运枢纽发电最优化调度、最优化函数、约束条件，量化调度、航运、生态及其他水资源综合利用边界条件；开展模型最优化求解；提供面向航运、发电、供水多目标的枢纽最优化调度策略及做出经济边界效应评价，凝练赣江水资源综合利用与水运经济耦合关系。书中具体章节如下：第1章　绪论；第2章　赣江水资源综合利用概况；第3章　赣江航运能力现状评价和成因；第4章　不同水文情势下航运经济效益评估；第5章　赣江水资源综合利用和航运经济耦合关系；第6章　面向水资源综合利用的赣江水运经济保障策略；第 7 章 结论和展望。其中第 1 章至第 6 章作者为曹裕霖，第 7 章作者为王静婷。

本书受江西省港航建设投资集团有限公司科技项目"赣江水资源综合利用与水运经济耦合关系的研究（项目编号：2023-YJY-RD02）"和江西省重点研发计划项目"变化环境下鄱阳湖流域降水径流、洪水干旱灾害变化及其对策研究"（编号：20212BBG71014）联合资助。书中不足之处敬请各位读者批评指正。

目录

第1章 绪 论 / 1

    1.1 研究目的和意义 / 1

    1.2 国内外研究进展 / 1

    1.3 研究内容 / 5

    1.4 研究方法 / 6

第2章 赣江水资源综合利用概况 / 8

    2.1 流域和水系 / 8

    2.2 水资源现状分析 / 13

    2.3 水资源开发利用状况 / 14

    2.4 本章小结 / 23

第3章 赣江航运能力现状评价和成因 / 24

    3.1 航运能力现状评价和成因分析方法 / 24

    3.2 赣江航道现状 / 24

    3.3 基于智能算法的航道等级现状评价 / 28

    3.4 航运能力现状的成因分析 / 34

    3.5 本章小结 / 44

第 4 章 不同水文情势下赣江航运经济效益评估 / 45

4.1 航运经济效益评估方法 / 45

4.2 不同水文情势下航运能力分析 / 45

4.3 航运货物类型调查与评价 / 64

4.4 航运货物单价调查与评价 / 86

4.5 不同水文情势下航运效益评估 / 89

4.6 赣江流域航运经济效益情景评价 / 99

4.7 本章小结 / 106

第 5 章 赣江水资源综合利用和航运经济耦合规律 / 107

5.1 赣江水资源综合利用和水运经济耦合方法 / 107

5.2 赣江水文水动力现状过程和情景模拟 / 107

5.3 赣江水资源综合利用效益情景评价 / 116

5.4 水资源综合利用和航运经济耦合规律 / 124

5.5 本章小结 / 124

第 6 章 面向水资源综合利用的赣江水运经济保障策略 / 125

6.1 面向航运经济的赣江水资源综合利用多目标规划方法 / 125

6.2 面向航运经济的赣江水资源综合利用多目标规划情景 / 126

6.3 主汛期破坏率 5% 情景最优决策 / 136

6.4 主汛期破坏率 10% 情景最优决策 / 139

6.5 主汛期破坏率 25% 情景最优决策 / 142

6.6 后汛期破坏率 1% 情景最优决策 / 145

6.7 后汛期破坏率 5% 情景最优决策 / 148

6.8 后汛期破坏率 10% 情景最优决策 / 151

6.9 后汛期破坏率25%情景最优决策 / 154

6.10 枯水期破坏率5%情景最优决策 / 157

6.11 枯水期破坏率10%情景最优决策 / 160

6.12 枯水期破坏率25%情景最优决策 / 162

6.13 本章小结 / 165

第7章 结论和展望 / 166

7.1 结论 / 166

7.2 内河航道与港口布局规划 / 167

7.3 展望 / 169

附 表 / 171

参考文献 / 241

第1章 绪 论

1.1 研究目的和意义

在江西省委省政府高度重视和大力支持下，江西省水路交通管理部门主动作为，攻坚克难，不断推动补齐水运发展短板，推动赣江自上而下规划的万安、井冈山、石虎塘、峡江、新干、龙头山6个梯级全部建成，赣江航道通过渠化全部具备三级通航条件，赣江内河航运事业得到了较快发展，在大宗能源、原材料和集装箱运输等方面发挥了日益重要的作用。但由于种种原因，近些年来围绕"防洪、发电、航运、灌溉、供水、渔业、旅游景观"功能，赣江水资源在综合利用上经常出现不平衡和不协调，良好的内河航运资源得不到充分利用，特别是2022年江西省持续干旱少雨，导致赣江流域的航运自身生存和可持续发展也面临危机。如何正确处理赣江水资源综合利用和内河航运发展的耦合关系，实现赣江水资源节约集约利用和沿线水运经济高质量发展"双丰收"，是一个值得思考和研究的课题。

1.2 国内外研究进展

1.2.1 分布式水文水动力模型研究现状及趋势

自1889年城镇排水系统规划设计中引入推理公式开始，水文水动力模拟技术先后经历了经验探索阶段、算法创新阶段和综合集成阶段，逐渐形成了水文学、水动力学和水文水动力耦合等机制。在单个水文响应单元内产汇流表现为较为稳定梳理统计关系，关系呈现一定结构的概念性特征。显然，水文学机制专注出口断面水文过程，难以详细刻画城镇内部暴雨内涝孕灾过程。

以水文学为主要机制的研究方法采用集中式"黑箱模型"表征水文响应单元呈现出的整体产汇流特征，常见方法包括统计分析法、SCS曲线、Horton下渗曲线及SWMM（Storm Water Management Model）、UCURM（University of Cincinnati Urban Runoff Model）、ILLUDAS（Illinois Urban Drainage Area Simulator）等概念性降雨径流模型等方法。水文学方法水文响应单元划分具有一定经验性，影响模拟结果；方法无法模拟地下停车场、涵洞等城市微地形和雨水口拥堵内涝过程，也不能模拟非节点处洪涝动态。但是，基于水文学方法机制特点，模拟自然、城镇、海绵城市、河道等不同下垫面产汇流过程，可为水动力学模拟提供网格尺度不同垂向分层水源项，用于网格洪涝水深分布式模拟。

在水动力学机制研究中，通常将研究区划分为网格，网格间内涝水深动态规律遵循水量平衡原理推导的连续性方程和牛顿第二运动定律推导的运动方程。水动力学方程组具有较为完备的数学物理基础，采用不同形式描述不同对象水动力过程。水动力学模型偏重水动力过程模拟，对截留、入渗等水文过程基本环节考虑不足，不能将网格产流水文过程和汇流水动力过程进行有效耦合，难以反映网格尺度不同地类水文和水动力过程耦合关系和反馈机制。因此，深度挖掘、充分利用水文模型在网格尺度产流规律表征上具有的历史经验和优势，构建坡面—土壤水动力耦合模型，可有效弥补水动力学方法应用过程中水文机制考虑不足的欠缺。白桦采用SCS-CN模型、地表超渗产流模型和圣维南方程组，遵循D8算法制定汇流算法，初步构建网格尺度水文和水动力耦合模型。但是，模型并未考虑不同排水结构间耦合过程和反馈机制，难以真正实现不同城镇景观内涝水文水动力模型间衔接。

在不同洪水过程中判断流态，构建网格尺度合适水文水动力耦合方程，是衔接点—线—面状排水结构的技术关键。构建水文水动力模型合理耦合形式，量化关键产汇流参数时变规律，预测流态时程分布，是网格尺度多流态水文水动力耦合方程构建的技术难点。

综上所述，分布式水文水动力模型在水文水资源研究中具有重要的地位和应用前景。未来的水文研究将致力于提高模型的精度和不确定性分析能力，进一步拓展其应用领域，并与其他模型和系统进行集成与耦合。

1.2.2 航道航运和发电效益研究现状及趋势

航运效益是指在航运行业中，使用船舶进行货物运输时所获得的经济效益和效率。航运效益可以通过多个因素来衡量，包括航道等级、货运能力和货运单价。航道等级是指航道的分类，用于描述其适用于不同类型船舶的程度；货运能力是指船舶或航道在特定时间内能够承载的货物数量；货运单价是指每单位货物的运输费用。

航运经济效益评价是内河航电枢纽工程项目评价的重要内容，对项目的决策及后评价工作起着至关重要的作用。目前国内对航运效益的研究多为定性分析，使得对项目进行航运经济效益计算时，容易出现计算重复或计算遗漏等问题；而定量化的研究比较少，并且多数采用"有—无"对比分析法，但是"有—无"对比分析在进行航运经济效益分析时，是将各种效益指标视为同等程度，这与实际并不相符。近年来模糊数学日趋成熟，贺翔采用多层次模糊综合评判法对内河航运经济效益进行了评价，其将内河航电枢纽航运经济效益计算指标体系分为了3个层次、12个指标，并将12个指标之间的关系进行两两比较，从而构造了判断矩阵，最后进行模糊矩阵的综合评价，结果分析表明此方法是可行且合理的。将层次分析法和模糊综合评判理论相结合进行综合分析可以有效解决复杂问题，且应用模糊数学，综合各种影响因素，可定量分析得出合理的结论。唐德善将黄河航运的经济效益划分成六个方面，采用"有—无"对比法对其经济效益进行了测算。谢丽芳根据内河航电枢纽工程特点，建立了航运经济效益计算指标体系，并对指标体系中的各项效益的计算进行了探讨。

刘泽双针对水力发电的整体经济效益难以进行评价的问题，提出了以灰色关联度技术作为支撑，采用数量模型评价方法，应用层次分析法的有关技术和思想，建立起了具有可操作性的评价模型及评价体系。许志宏以湖南澧水流域水利水电开发有限责任公司为例，通过建立多因素影响下的发电效益模型，探讨实现发电效益最大化的路径与方法，建立目标函数，以水电站泄洪量、水量平衡、水库蓄水量、电站出力作为约束条件，最后进行求解，结果表明，发电收益最大化取决于水库调度水位的优化控制。对水力发电厂而言，水头越大，相同水量所发电量越多。

金义华提出将长江三峡水库"汛限水位"由现在的145 m提高到150 m，提高发电效益，改善库区航道条件；适当的提前三峡汛后蓄水开始时间，保障汛后三峡水库顺利完成175 m蓄水，既有利于发电，又有利于库区航运和枯水期长江中游航运补水。邱忠恩结合发展要求和实际情况对三峡工程的综合经济效益如防洪、发电、航运进行了再认识和评价。

综上所述，航道航运和发电效益的研究都在不断发展和演进，采用智能优化算法，后续的研究趋势可能会更加注重精确性、综合性和可持续性，以应对不断变化的经济和环境需求，这可以大大促进可持续发展和资源优化利用。

1.2.3 面向航运和发电的优化调度研究现状及趋势

水库优化调度的数学模型都是有约束的优化模型，求解途径与方法繁多。优化算法可以粗略地分为两类：精确算法和启发式算法。精确算法一般又称为确定性算法、数学规划方法等。数学规划方法是运筹学的重要分支，主要包括线性规划、非线性规划及动态规划等。启发式方法基于设计者的经验和判断，从与其有关的模型和方法中找到联系，从中得到启发，发现解决问题的方法和途径。启发式算法的重要分支——元启发式算法，通常又称为智能算法，由于其全局搜索能力和易用性，是近20年的水电站水库调度研究热点。

由于天然径流的随机特性，水库运行调度，特别是中长期调度是非确定性优化问题。在目前中、长期径流预报精度不高的现状下，应该说随机优化调度更接近实际情况，尤其对于调节性能不够强的水库，考虑径流的随机特性更有优势。水库随机优化调度方法可以分为隐随机优化和显随机优化两大类，隐随机优化（Implicit Stochastic Optimization，ISO）一般采用已有的历史径流或径流模拟模型模拟大量径流过程样本，再借助确定性优化方法获得大量优化调度策略样本后，采用相关分析、统计回归、神经网络等方法拟合最优调度决策与水库蓄水量、入库流量等变量之间的关系，从而分析得到调度规则。该方法是通过大量的确定性优化调度方案样本的统计分析来体现径流随机特性的，因此称为隐随机优化方法。由 ISO 方法得到的调度规则通常表示为由参数定义的曲线，可以是线性或非线性关系，并根据当前或预测的水库和径流状态确定水库蓄泄方案。由于 ISO 采用确定性优化方法，具有计算效率高的优点，其生成的调度规则也方便易用。显随机优化（Explicit Stochastic Optimization，ESO）建立随机过程模型分析径流的统计特性，并采用随机动态规划等优化方法分析考虑径流随机特性的调度规则。该方法显性考虑径流的概率分布特性，并应用到随机调度模型中，因此称为显随机优化方法。常用的 ESO 方法有随机线性规划模型方法、线性机会约束规划模型方法和随机动态规划模型方法等。Liu 等基于 ISO 方法分析水库调度规则参数不确定性，指导实际调度操作保持接近最优的替代方案的范围。

综上所述，面向航运和发电的优化调度研究都在不断发展和创新。未来的研究趋势将更加注重动态、智能化和可持续发展的要求。通过结合最新的优化算法、数据分析技术和智能决策方法，可以实现航运和发电系统的高效、可持续的调度和运营，以满足不断变化的经济和环境需求。

1.3 研究内容

本书拟对赣江流域水资源中的水量、水电和航运资源进行综合分析，阐述在赣江航道上构筑水利闸坝和跨河桥梁等对内河航运发展所造成的相关影响，提出综合开发利用水资源必须充分考虑内河航运的可持续发展问题。在水资源开发利用和水运经济活动中，研究水电枢纽开发建设与航运发展的关系，水库运行调度、电力系统调度与航运发展的关系，航道建设与扩展航运业生产空间的关系等。

1.3.1 基于水动力模拟的赣江典型段航运能力评价及成因分析

以航电枢纽运行背景下河道航运能力为研究对象，开展河道水文水动力历史过程模拟，构建航运能力评价指标体系，评价赣江航运能力时空分布特征和设计航运标准达成度，分析航道运输能力受限的成因。

1.3.2 赣江典型段航运、发电、社会经济供水效益评价

以赣江典型段水利工程运行背景下兴利为研究对象，开展不同水文情势下航运、发电、社会经济供水指标构建和效益评估，量化航运、发电、社会经济供水效益函数，揭示水资源综合利用和航运经济耦合规律。

1.3.3 考虑航运、发电和社会经济供水的最优化调度

以赣江水利工程运行背景下发电调度为研究对象，编译赣江航运枢纽发电最优化调度最优化函数、约束条件，量化调度模型航运、生态及其他水资源综合利用边界条件，开展模型最优化求解，开展面向航运、发电、供水多目标的枢纽最优化调度策略及经济边界效应评价，凝练赣江水资源综合利用与水运经济耦合关系。

1.4　研究方法

本书采用野外调查和室内分析结合、定量模型和定性分析结合的手段开展研究，借助野外调查获取航运单价、水下地形图等时空图谱，构建分布式水文水动力模型，采用微观计算断面和宏观航段融合手段，借助人工智能算法评价赣江典型段航运能力评价及成因，并以数据挖掘技术和经典统计方法，构建不同水文情势下航运、发电、社会经济供水指标构建和效益，构建面向航运、发电和社会经济供水的调度模型，采用多目标规划方法进行最优化求解，制定枢纽最优化调度策略，凝练赣江水资源综合利用与水运经济耦合关系。技术路线图见图1.1。

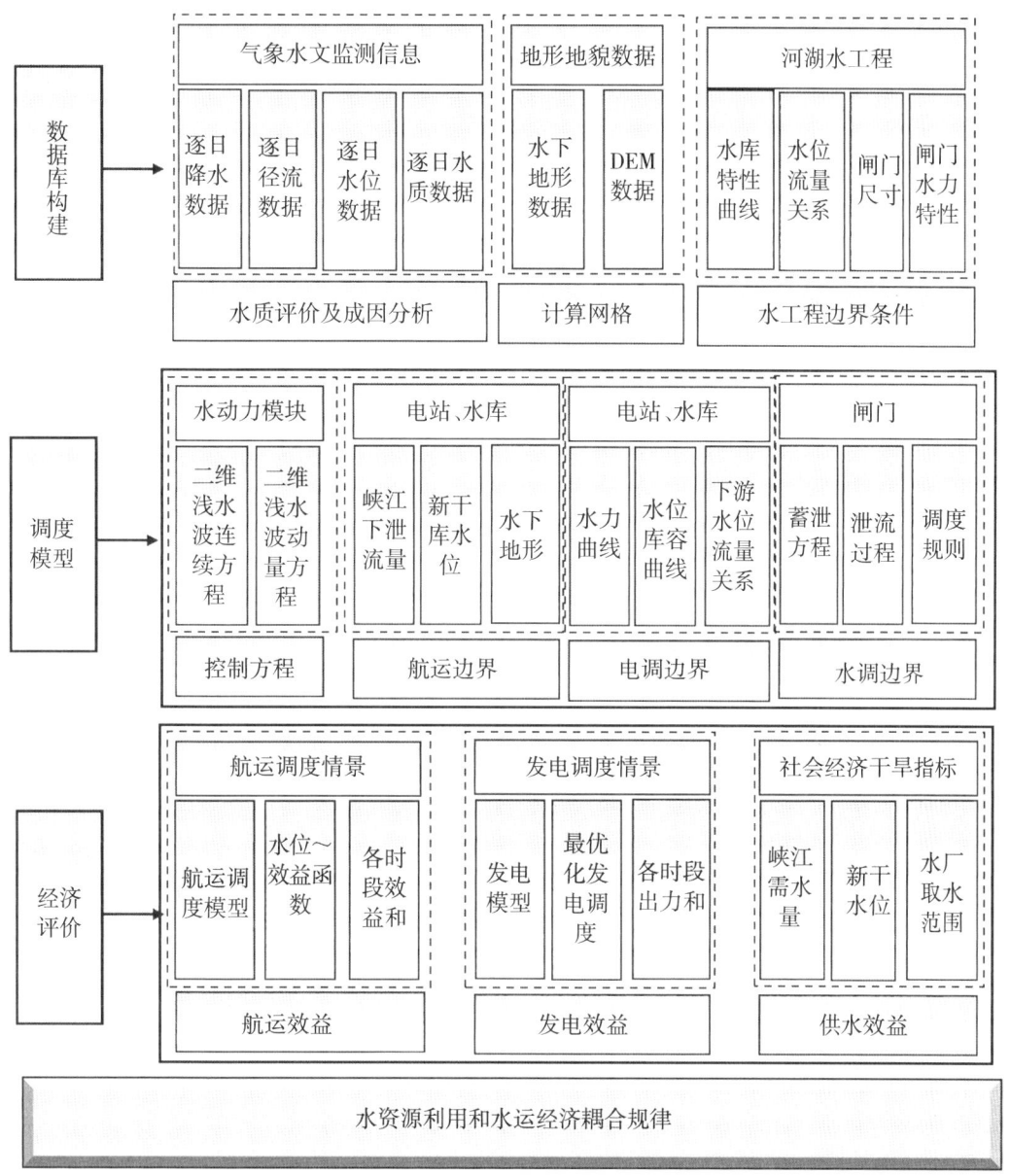

图 1.1 技术路线

第 2 章 赣江水资源综合利用概况

2.1 流域和水系

2.1.1 流域

2.1.1.1 赣江自然地理

赣江是鄱阳湖水系的第一大河,发源于江西省赣州市石城县洋地乡石寮崠(赣源崠),干流上游自东向西,流经瑞金、会昌、于都、赣县,于赣州市汇合章水后,又自南向北流经万安、泰和、吉安、吉安市、吉水、峡江、新干、樟树、丰城、南昌市等县(市、区),在南昌市八一桥以下分 4 支注入鄱阳湖。赣江流域位于长江中下游南岸,东部与抚河分界,东南部以武夷山脉与福建省分界,南部连广东,西部接湖南,西北部与修河分界,北部通波阳在湖口连长江。全流域东西窄、南北长,形状略似斜长方形。流域面积 82809 km^2,主河道长 823 km。赣江流域水系发达,其中流域面积 3000 km^2 以上一级支流 8 条。

赣州市以上为上游,贡水为主河道,惯称东源,流域面积 27095 km^2,河长 312 km。贡水主流在会昌县以上又称绵江,源起于石城县南端石寮崠,向西南流入瑞金市境内,经日东水库、壬田镇、瑞金市区,至会昌县城,在会昌县与湘水汇合后为贡水,向西北流至会昌县庄埠乡下洛坝与濂江汇合。贡水继续朝西北流至于都县西郊龙舌嘴与梅江汇合。向西流经适宜筑高坝的峡山圩,下至赣县江口接纳平江。过江口西南流,于赣县茅店左岸接纳桃江。再西流至赣州市八景台与章水汇合成赣江。赣江上游河道多弯曲，水流湍急，流经变质岩区，山岭峻峭，属山区性河流，多深涧溪流，落差较大，水力资源丰富。

赣州市至新干县为中游，河段长 303 km，东西两岸均有较大的支流汇入，右岸有孤江、乌江，左岸有遂川江、蜀水及禾水。沿程丘陵起伏，河谷阶地发育。干流水流一般较为平缓，河床中多为粗、细砂及红砾石岩，部分穿切山丘间的河段则多急流险滩。赣州至万安的约 90 km，流经变质岩山区，河床深邃，水急滩险，有著名的十八险滩之称。自万安县城南 2 km 处建成万安水库以来，险滩均被淹没。出吉安后赣江穿流于河谷平原与低丘之间，江中偶有浅滩，峡江县巴邱镇附近河段，两岸连山对峙，江水束中，江面变窄，遂称"峡江"。

新干县城以下为下游，河段长 208 km，东岸无较大支流汇入，西岸有袁河、锦江汇入。江水流经辽阔的冲积平原，地势平坦，河面宽阔，两岸傍河筑有堤防。赣江在南昌市以下，绕扬子洲分为左右两股汊道。左股分为西支、北支，右股分为中支、南支，四支又各有分汊注入鄱阳湖。各支入湖水道，港汊纵横，洲湖交错，其中以西支为主流，经新建区联圩、铁河至吴城望江亭入湖。

赣江流域上游与各主要支流之间多山，山间与河侧盆地发育，流域北有九岭山，南有大庚山、九连山，东有广昌、乐安、南丰山地，西有罗霄山脉、诸广山，东南有武夷山。流域边缘及南部多为山地，一般高程为海拔 400 m，主峰 1000 m 以上；中部为丘陵与盆地相间，较大的盆地有吉泰盆地；北部以冲积平原为主，为赣抚平原。

2.1.1.2 赣江水文气象

赣江流域地处低纬度，属亚热带季风湿润气候区。由于流域东、南，西三面高，向中间倾斜，加上流域内部武功山、于山等山地和丘陵的存在，形成复杂的地势对流域气候特性有一定制约作用。气候特点为春夏之交多梅雨，秋冬季节降雨较少，春寒、夏热、秋旱、冬冷，四季变化分明，春秋季短，冬夏季长，结冰期短，无霜期长。

赣江流域降水量充沛，流域内多年平均降水量在 1400～1800 mm 之间，降水量年内分配极不均匀，4—6 月多年平均降水量占全年 41%～51%。流域内总的降水趋势是边缘山区大于盆地，东部大于西部，下游大于中、上游。

赣江流域径流在地区上的分布与降水量的地区分布基本一致。流域的周边山区为径流的高值区，多年平均径流深大于 1200 mm，从周边山区向流域中部的吉太盆地递减，在吉太盆地形成低值区，多年平均径流深小于 700 mm。赣江流域最大月径流多出现在 6 月，最小月径流多出现在 12 月，连续最大四个月在 4—7 月，占年径流的 53%～61%。上游径流年际变化较大，中、下游径流年际变化相对较小，且较为稳定。

赣江流域气候受季风影响，暴雨频繁，主要的降水时期为每年的 4—9 月，3 月和 10 月也偶尔会发生暴雨。暴雨类型既有锋面雨，又有台风雨，以锋面雨为主。一般每年从 4 月开始，至 5 月、6 月形成大范围的暴雨区，具有降水时间长、强度大的特点。

赣江为雨洪式河流，洪水由暴雨形成，因此，洪水季节与暴雨季节相一致。一般每年自 4 月起，流域开始出现洪水，但峰量不大；5 月、6 月为洪水的主要季节，尤其是 6 月，往往由大强度暴雨产生峰高量大的大量级洪水；7—9 月受台风影响，也会出现短历时的中等洪水，3 月和 10 月偶尔也会发生中等洪水。流域 4—6 月洪水由锋面雨形成，往往峰高量大，7—9 月洪水一般由台风雨形成，洪水过程一般较尖瘦。一次洪水过程一般为 7～10 天，长的可达 15 天，最短的仅为 5 天。峰型与降水历时、强度有关，多数呈单峰肥胖型，一次洪水总量主要集中在 7 天之内。

赣江纵贯江西省全境，流域分布范围广，纬度跨度大，有"九岭山南麓""雩山地区""井冈山地区"和"武夷山北麓"四大暴雨中心，暴雨地区组成复杂，因此洪水地区组成也较复杂。赣江流域洪水地区组成大致可分为三种类型：第一种为中上游来水为主，下游相应，如 1961 年、1962 年、1968 年、1992 年、1994 年和 1998 年洪水；第二种为中上游相继发生大洪水，下游来水较小，如 1959 年、1964 年、1973 年和 2002 年洪水；第三种为洪水主要来源于中下游，上游来水较小，如 1982 年洪水。第一种是较为常见的洪水，第二种类型洪水发生概率较小，第三种类型洪水很少发生。

2.1.1.3 赣江洪涝灾害

赣江洪水发生较为频繁，据调查资料，历史上大洪水有 1876 年、1899 年、1915 年、1922 年、1924 年，其中 1915 年是赣江上中游 1812 年以来的一次特大洪水。新中国成立后，出现较大洪水有 1961 年、1962 年、1964 年、1968 年、1982 年、1994 年、1995 年、1998 年、2002 年、2010 年等，上游以 1964 年最大，中游以 1968 年最大，下游以 1962 年最大。

1962 年 5 月下旬至 7 月初，赣江流域接连出现三次大的降雨过程，形成三次洪水叠加，酿成特大洪水。5 月 20 日 8 时 15 分赣东大堤新干县张家渡段决口；同日 18 时，南昌县万家洲堤段溃决，决口扩大到 530 m；23 时，漳溪段漫决，溃口 85 m；6 月 29 日，禾埠堤决，洪水直灌吉安市区，沿江城区水深 3 m，经济损失严重；30 日下午晏公堤在闸头杜家村前决口，接着机场附近也相继决口。三次大水造成赣东大堤出险 330 余处，赣江沿岸堤决 5 处，扒口 3 处，冲毁各类农田水利工程 112586 座，铁路中断行车 10 天，受淹农田 774.21 万亩（1 亩 ≈ 667 m^2），损失粮食 20 亿公斤。

1964 年 6 月 8 日至 11 日，赣江上游地区连降大到暴雨，6 月 14 日、6 月 15 日两日又连降暴雨和特大暴雨，致使赣南各县山洪暴发，河水猛涨，瑞金、会昌、于都、龙南、大余、南康等县城先后进水，最高水深达 4 m。该次洪水造成赣州市老城区赣江路、中山路、解放路下段、濂溪路、章贡路、八镜路、大公路下段均进水被淹，赣州市受淹面积 7.76 km^2，淹没房屋约 1900 间，倒塌约 410 间，沿江两岸村镇及农田也遭受了较大的洪涝损失。

1968 年 6 月 14 至 18 日，赣南、赣中连降大雨，赣州市老城区沿江街道进水，赣江路水深 2~3 m。24 日又一次降雨过程，赣州、吉安、抚州地区两场暴雨形成复峰洪水过程。此次洪水江西省受灾人口 245 万人，淹没农田 306.78 万亩。

从 2010 年 6 月中旬开始，江西省各地连日来普降大到暴雨，局部出现特大暴雨，受其影响，赣江及其主要支流河流水位暴涨，出现自 1998 年以来首次超警戒洪水，其中赣江部分地区洪峰流量超 1998 年，防汛形势极为严峻。6 月 21 日，赣江干流水位全线超警戒,当日 11 时,赣江吉安站洪峰水位超警戒 2.64 m,南昌站超警戒 0.43 m,赣江支流乌江、蜀水、禾河、泸水、同江等全线实测水位创下有水文记录历史以来的最高值,且洪水持续时间长,其中吉安、峡江、新干站分别达到 228 h、218 h、186 h,超有记录的 1964 年洪水(215 h);6 月 22 日 10 时,赣江干流外洲水文站洪峰水位 24.23 m,超过警戒水位 0.73 m,洪峰流量高出历史最高纪录 1000 m^3/s,为超历史纪录的特大洪水,14 时,赣江樟树水文站洪峰水位超警戒 0.6 m,22 日晚,赣江南昌水文站洪峰水位超警戒 0.9 m。受省内主要河流入湖流量剧增影响,鄱阳湖水位快速上涨,平均每天上涨 0.5 m。据灾后统计,本次洪水共造成流域内 50 多个县(市、区),近 800 个乡镇约 760 万人受灾,受淹城市 13 个,倒塌房屋 4.9 万间,死亡人口 33 人,转移人口约 60 万,直接经济损失 143 亿元。

2.1.2 水系

赣江发源于石城县洋地乡石寮岽(赣源崠),位于东经 116°22′,北纬 25°57′。河口为永修县吴城镇望江亭,位于东经 116°01′,北纬 29°11′。主河道长 823 km,流域面积 82809 km^2,约占江西省总面积的 50%,其中外洲水文站以上流域面积 80948 km^2。赣江流域水系发达,其中流域面积 5000 km^2 以上一级支流 6 条。赣江干流自南向北,流经瑞金、会昌、于都、赣县、赣州市、万安、泰和、吉安市、吉水、峡江、新干、樟树、丰城、南昌市等县(市、区),在南昌市八一桥以下分 4 支注入鄱阳湖。赣州市以上为上游,贡水为主河道,习惯上称为东源,流域面积 27095 km^2,河长 312 km,河宽 70~500 m,主河道纵比降 0.463‰。赣江上游属山区性河流,多深涧溪流,落差较大,水力资源丰富。沿途汇入主要支流有湘水、濂江、梅江、平江、桃江、章水。赣江自赣州市至新干县为中游,河段长 303 km,河宽 180~1000 m,主河道纵比降 0.203‰,流域面积 22493 km^2。东西两岸均有较大的支流汇入,东岸有孤江、乌江,西岸有遂川江、蜀水及禾水。干流水流一般较为平缓,河床中多为粗、细砂及红砾石岩,部分穿切山丘间的河段则多急流险滩。

赣江在新干以下称为下游,新干至吴城干流长 208 km,主河道纵比降 0.089‰,流域面积为 18224 km²。东岸无较大支流汇入，西岸有袁河、锦江汇入。江水流经辽阔的冲积平原，地势平坦，河面宽阔，两岸傍河筑有堤防。本书研究范围为赣江中下游流域，从栋背至外洲站，流域面积 40717 km²。

2.2 水资源现状分析

2.2.1 水量资源现状分析

据最新江西省水资源综合规划中间成果，赣江流域（含尾闾）20% 来水频率，水资源总量为 923.57 亿 m³，50% 频率水资源总量为 711.81 亿 m³，75% 频率水资源总量为 562.84 亿 m³，95% 频率水资源总量为 388.28 亿 m³（资料统计年限 1956—2000 年）。水资源年内分配大致为：1—3 月占 21%～25%，4—6 月占 38%～46%，7—9 月占 20%～25%，10—12 月占 11%～12%。另外赣江干流历年来未出现过河道断流现象。

2.2.2 水能资源现状分析

赣江流域水能资源丰富，水能理论蕴藏量为 3607.8 MW（4316.04 亿 kW·h），占江西省水能资源蕴藏量的 52.7%，赣江流域中小河流水能资源开发规划涉及 226 条主要河流。规划范围内现总装机容量 1063.67 MW，多年平均年发电量 36.42 亿 kW·h；规划电站 242 座，总装机容量 273.20 MW，年发电量 9.01 亿 kW·h。

2.2.3 水域资源现状分析

赣江水域资源丰富，为航运、水产等产业提供优势。赣江万安水利枢纽以下航道维护航道水深在 2.2 m 以上，基本满足三级航道要求。伴随航运快速发展，赣江内大型船舶增加。船舶吨位在 1000～3000 t 间变化，平均吨位超过 2000 t。1000 t 船舶吃水深度超过 2.2 m 标准，难以满足标准通航要求。此外，赣江汛期枢纽水位衔接不畅，三级航道保证率不足。

2.2.4 水质资源现状分析

根据《2018 年江西省水资源公报》里的数据显示，赣江流域在汛期的污染河段主要为黄沙河瑞金黄沙段，主要污染物为氨氮和总磷；非汛期主要污染河段为绵江瑞研究区概况、数据来源及处理金水文站段和清水段，桃江龙南龙头滩段，乌江香山段，赣江南支青山闸段和叶楼段，主要污染物为氨氮和总磷。其中，桃江龙南县与全南县交界的龙南龙头滩断面，全年水质为Ⅳ类水，汛期水质为劣Ⅴ类水，主要超标项目为氨氮；袁河分宜县与渝水区交界的分宜钟山峡断面，全年、汛期、非汛期水质均为Ⅳ类水，主要超标项目为氨氮和总磷。

赣江流域中全国重要饮用水水源地水质监测结果表明：全年水质均优于Ⅲ类水的水源点为新余市第四水厂；流域内受到监测的大型水库有13座，其中，全年水质为Ⅱ类水的水库有6座：上犹江水库、长冈水库、大坳水库、紫云山水库、潘桥水库和上游水库；为Ⅲ类水的水库有6座：老营盘水库、万安水库、白云山水库、南车水库、社上水库和飞剑潭水库；为Ⅳ类水的水库仅有一座，为江口水库。流域内受到监测的中型水库有53座，其中，全年水质为Ⅱ类水的水库有9座，全年水质为Ⅲ类水的水库有43座，全年水质为Ⅳ类水的水库有1座。

赣江水系在赣江干流、袁河和一些大的支流入干流处共布设了54个国控、省控或市控监测断面国控断面在赣州和南昌分别布设了4个和3个水质监测断面在宜春境内的几条主要支流布设了8个市控监测断面其余为省控监测断面。监测项目是根据环境质量监测技术规范（地表水部分）中规定的19个必测项目，评价标准采用地表水环境质量标准（GB3838—2002）参与评价的项目：pH、溶解氧、高锰酸盐指数、5日生化需氧量、氨氮、总砷、总汞、总镉、六价铬、总铅、氰化物和挥发酚12项。根据2001年例行监测数据评价结果：赣江水系Ⅱ类水质断面所占比例最高占总断面数的63.2%其次为Ⅲ类水质，其断面为26.3%劣于Ⅲ类水质的断面仅占10.6%。

2.3 水资源开发利用状况

2.3.1 水量资源开发利用

赣江流域对水量资源的开发利用主要通过各航电枢纽及水库来实现。

2.3.1.1 新干航电枢纽

新干航电枢纽位于江西省吉安市新干县三湖镇上游 1.5 km 处，位于峡江水利枢纽下游。新干水库为日调节水库，水库设计正常蓄水位 32.5 m，相应库容 1.97 亿 m^3。7 台机组装机容量 112 MW，多年平均发电量 5.34 亿 kW·h，新干航电枢纽水库由省防指指挥调度，2024 年批复的汛限水位为 31.00~32.5 m。根据设计，新干航电枢纽是以航运为主，兼有发电防洪等水资源综合利用的航电枢纽工程，枢纽主要建筑物有：左岸土坝、船闸、泄水闸、电站厂房、右岸连接坝段及右岸土坝，泄水闸为开敞式拦河闸，选用底流消能形式。堰（槛）顶高程 21.0 m，设有 24 扇 23 m×20 m 的弧形闸门，设计校核泄洪流量 28300 m^3/s。

2.3.1.2 峡江水利枢纽

峡江水利枢纽位于赣江中游峡江县老县城（巴邱镇）上游峡谷河段，距巴邱镇约 6 km，是一座以防洪、发电、航运为主，兼顾灌溉等综合利用的大（1）型水利枢纽工程。目前是赣江上第四座梯级电站，枢纽由泄水闸、挡水坝、河床式电站厂房、船闸、左右岸灌溉总进水闸及鱼道等建筑物组成。

峡江水利枢纽大坝为混凝土闸坝，坝顶全长 845 m，坝顶高程 51.20 m，最大坝高 44.9 m。坝址控制流域面积 62710 km^2，多年平均径流量 1640 m^3/s；水库正常蓄水位 46.0 m，校核洪水位、防洪高水位 49.0 m；水库总库容 11.87 亿 m^3，防洪库容 6 亿 m^3，调节库容 2.14 亿 m^3；水电站总装机容量 360 MW，多年平均发电量 11.42 亿 kW·h。枢纽建成后将赣东大堤防洪标准由 50 年一遇提高到 100 年一遇，南昌市防洪标准由 100 年一遇提高到 200 年一遇。

2.3.1.3 石虎塘航电枢纽

石虎塘航电枢纽位于泰和县城公路桥下游 26 km 的万合镇石虎塘自然村附近，是以航运为主、结合发电，兼顾其他效益的水资源综合利用工程。总库容 7.43 亿 m^3，电站装机容量 12 万 kW，年平均发电量 5.27 亿 kW·h，通航设施建设标准为内河Ⅲ级。工程总投资 23.7 亿元。

2.3.1.4 井冈山航电枢纽

江西赣江井冈山航电枢纽工程地处赣江中游河段，江西省吉安市境内，坝址右岸位于万安县窑头镇，左岸位于万安县韶口乡与泰和县马市镇交界处。坝址上距万安水电站 35.8 km。是一座以航运为主，兼有发电等综合利用效益的大型航电枢纽工程。

枢纽主要建设内容包括：船闸、泄水闸、电站、鱼道、大坝、坝顶公路桥、库区防护工枢程及相应配套工程设施，其中，船闸工程为三级航道标准，闸室有效尺寸为长 180 m× 宽 23 m× 门槛水深 3.5 m，设计年单向通过能力为 946 万 t，并预留一线船闸位置；泄水闸共 23 孔，其中，左区泄水闸段 8 孔，右区泄水闸段 15 孔；电站共安装 6 台单机容量为 22.17 MW 灯泡贯流式机组，总装机容量为 133 MW，年平均发电量 5.077 亿 kW·h，坝顶公路桥设计为三级公路双向两车道，桥面总宽 9.5 m；枢纽工程正常蓄水位为 67.5 m，库容为 2.928 亿 m^3。

2.3.1.5 万安水电站

万安水电站是位于中国江西省万安县、赣江中游，距赣州市 90 km，是江西省最大的水力发电厂站，电站以发电为主，兼防洪、灌溉、养殖、航运等综合效益，是江西电力南北交换的枢纽。

万安水电站位于万安湖入口处，水电站大坝是千里赣江第一坝，大坝全长 1104 m，坝高 68 m，水库控制面积 36900 km^2，总库容 22.16 亿 m^2，水电站闸门高 140 m，宽 14 m，坝址以上流域面积 3.69 万 km^2，多年平均流量 947 m^3/s，实测最大洪峰流量 14300 m^3/s，多年平均悬移质含量 0.259 kg/m^3，年输沙量 792.4 万 t。千年一遇设计洪水流量 27800 m^3/s，相应库水位 100 m，相应库容 17.16 亿 m^3；万年一遇校核洪水流量 33900 m^3/s，库水位 100.7 m；可能最大洪水流量 40700 m^3/s，相应水位 103.6 m，相应总库容 22.16 亿 m^3。正常蓄水位 100 m，死水位 90 m，调节库容 10.19 亿 m^3。水库面积 100 km^2。

2.3.2 水能资源开发利用

2.3.2.1 新干航电枢纽发电量情况

新干航电枢纽七台机组已经全部投产发电，2022年度发电量5.12亿kW·h，截止到2022年12月31日，多年累计发电量17.34亿kW·h。

2022年新干流域降雨累计1581 mm，是2021年同期1333 mm的118.6%；入库水量50261.53百万方，是2021年同期33264.78百万方的151.0%；出库水量50629.57百万方，是去年同期33744.65百万方的150.0%。

新干航电枢纽主要根据吉安市水文局和新干县气象局提供的资料，分析预报雨量和来水量。短期水文预报以统计方法处理为主，洪水预报方式以南京南瑞集团公司开发的洪水调度软件为主，结合地方水文气象部门的短期气象预报、水情遥测数据，进行半经验型预报。

2022年自5月上旬起，江西省持续降雨，赣北、赣中部分地区暴雨，至6月开始新干县较常年同期雨量偏多，气温偏高。2022年江西省共经历两次较大洪水，其中最大洪水发生在6月15日，此次洪水过程历时13天，其中有158小时过境流量保持在峰值7000~106.0 m³/s，最大瞬时入库流量10600 m³/s，出现时间为6月15日19时，对应洪峰水位29.75 m。在最大洪峰过境前通过预估洪水，及时敞泄，提前降低库区水位，确保了洪峰过境时库区安全。

2.3.2.2 峡江水电站发电量情况

2022年峡江水电站发电量为8.8亿kW·h，水库流域年降水量为1299.6 mm，较历年均值偏少19.15%；年来水总量为441.17亿m³，较历年均值偏少15.29%；发电用水量为353.02亿m³，占来水总量80.02%；泄洪水量为87.58亿m³，占来水总量19.83%。

2.3.2.3 石虎塘航电枢纽发电量情况

2022年来水较2021年偏多，但仍不及历史均值，全年降雨不均衡，上半年遭遇大洪水，下半年又遇干旱。面对如此不利的条件，石虎塘航电枢纽积极与上下游枢纽的联系，全力配合江西省防指防汛调度，在保证度汛安全和航运的前提下，不断提高枢纽的发电效益。2022年石虎塘航电枢纽枢纽全年累计发电量4.33亿kW·h，同比增加27.04%。

2.3.2.4 井冈山航电枢纽发电量情况

2022年完成发电量4.18亿kW·h。为有效应对9月、10月的重度干旱，保障下游抗旱用水，针对上游万安电厂后夜停机无流量情况，及时调整水库运行方式，采取白天和前夜在保障下游抗旱用水的同时，利用入库流量相对增大的时机，逐步蓄高水位，增加蓄水量，确保后夜极小入库流量下，维持下游生态流量，提高水库抗旱供水能力。

2.3.2.5 万安水电站发电量情况

万安水电站采取"工程一次建成，水库分期蓄水"的建设方案。电站为Ⅰ等工程，主要建筑物为Ⅰ级，按照千年一遇洪水设计，万年一遇洪水校核，可能最大洪水保坝。水库最终规模设计蓄水位100 m，电站装机50万kW。按初期方式运行，水库正常蓄水位96 m，电站装机40万kW，设计多年平均发电量11.5亿kW·h。

2.3.3 水域资源开发利用

为深入贯彻落实江西省委十五届四次全体（扩大）会议精神，加快推动江西省水路交通运输高质量发展，根据江西省交通运输厅关于印发《交通运输服务打造"三大高地"实施"五大战略"行动方案》的通知部署要求，结合江西省水路交通运输工作实际，江西省高航中心研究制定了《水路交通运输服务打造"三大高地"实施"五大战略"行动方案》。

2.3.3.1 实施骨干航道畅通行动，全力构建江西省通江达海的水运网络

对接长江中游城市群、长三角区域一体化发展、海峡西岸经济区和粤港澳大湾区等国家重大发展战略，全面融入"四纵四横两网"国家高等级航道主骨架，加快实施一批重大航道基础设施建设项目，着力提升骨干航道的通行能力，全面建成江西省"一纵两横四支"高等级航道网。

推进水运大通道建设。补充开展《浙赣粤运河经济带发展规划研究专题研究》研究工作，配合赣州市加快推进茅店枢纽和极富水库两个运河相关工程的前期工作，全

力争取赣粤运河工程尽早实施，打通江西省第二条水路出海通道，推动形成我国内河水运南北沟通新格局。

构建江西高等级航道网络。着力实施干支高等级航道提升工程，有序提高赣江航道等级标准，扩大支线航道覆盖范围。加快建设赣江新干至南昌二级航道整治工程、龙头山二线船闸工程。开工建设袁河、昌江、乐安河航道提升工程，依托赣江下游尾闾综合整治工程推动赣江东支航道等级提升，加快形成"一纵两横四支"的高等级航道网络。

2.3.3.2 实施航道常态化通航行动，不断优化赣江、信江通航环境

以畅通赣江、信江三级通航为重点，科学高效做好高等级航道管养工作，深入探索"五化四好"航道管养江西模式，着力打造"畅、安、优、智、美"江西高等级航道。

全面提升赣江、信江通航质量。统筹解决赣江、信江碍航浅滩、信江缆线改迁等问题，进一步协调优化峡江枢纽、万安枢纽蓄水水位，切实提升赣江、信江高等级航道通航保证率。按照江西省交通运输厅赣江高等级航道"保三争二"管养的要求，做好赣江、信江航道应急抢通、日常养护等工作，建立健全水情信息发布机制，强化日常检查和监督考核，切实提高江西省高等级航道主骨架的畅通性、通达度。加快赣江、信江船闸全面接管工作，优化船闸运行方案，规范运行维护及台账管理，全面提升船闸通行效率。

奋力擦亮内河航道管养江西名片。聚焦航道管养"四好"（建好、管好、养好、运好）、"四美"（绿色低碳之美、高效畅通之美、科技创新之美、人文智慧之美）目标，认真落实"五化"（航道基础设施数字化、航道养护专业化、航道运行高效化、航道服务优质化、航道管理精细化）工作要求。根据江西省水路交通运输发展新形势、新要求，不断丰富和发展航道管养江西模式的内涵和形式，努力创建在全国叫得响、有地位的内河航道管养行业品牌。

2.3.3.3 实施运输效能提升行动，全力推动江西省水运经济提效增量

多措并举推动水路运输降成本、增效率、提质量，建设高效顺畅的水运体系，加强与其他运输方式有效衔接，进一步增强水运对经济社会发展支撑能力和国家战略服务水平。

加大水运发展政策支持力度。落实好惠企纾困政策，加大赣江航线省级补贴政策实施力度，积极推动赣江、信江沿线人民政府加大水运政策扶持力度，推动九江市落实铁水联运扶持政策，积极引导大宗货物更多向水路集聚。

加快港口集疏运体系建设。协助江西省厅加快推动港口集疏运铁路与集疏运公路建设，推动宜春港樟树港区、九江港城西铁路专用线尽早投入使用，推动九江红光、南昌姚湾、龙头岗铁路专用线项目开工建设，打通公铁水联运链接"最后一公里"；配合制定并实施江西省重点港区疏港公路推进方案，建设衔接顺畅的集疏运体系。

调整优化运输结构。充分用好省级协同推进铁水联运工作专班等工作机制，推动企业积极参与组织多式联运"一单制"。大力发展江海联运、铁水联运，优化完善水水中转，构建以九江港为中心、赣江和信江沿线港口为支点的江西省港口内支线网，推动大宗货物运输"公转铁""公转水"，实现集装箱铁水联运量年均增长15%以上，水路货运量在江西省综合运输量中的占比持续提升。

培育壮大水运市场。加大行业治理力度，不断规范水运市场秩序，改善水运市场环境，扩大企业经营自主权，提升水运企业竞争力。精心培育和做大做强一批水运龙头企业，推动港口、航运、物流等业务融合发展，不断壮大江西省水运市场和水运主体，优化船舶运力结构，引导集装箱船、滚装船等专业运输船的发展，推动引进或研发赣江运输适航船型。

提升水路运输服务品质。指导各地市开展精品航线试点和优质服务港口培育工作，打造2~4个客货运优质服务港口品牌，着力打造富有江西水运特色，在江西省乃至全国具有一定影响力的水路运输服务品牌。依托九江区域航运中心，构建船舶交易、货

运交易、人才服务、航运技术和知识产权交易等平台，大力培育发展航运金融、保险、评估、结算、电子商务、海事仲裁、法律援助等系列高端航运服务业。

2.3.3.4 实施改革创新攻坚行动，激发水路交通运输发展新动能

坚持改革开放、创新驱动，全面深化水路交通运输领域改革，强化科技创新赋能航运发展，加快行业绿色低碳转型，不断提升水路交通运输治理现代化水平。

持续优化水运营商环境。继续扎实做好水路运输行政许可及港口岸线使用、涉航项目通航条件影响评价、危货港口安全条件技术审查等行政辅助工作。纵深推进"放管服"改革，以提升为企业办实事满意度为切入点，制定出台权限内有关审批事项技术审查办法，进一步规范技术审查工作，优化技术审查服务质量。配合行业管理部门规范和加强事中事后监管，大力推进信用交通新型监管机制，提升服务能力和监管水平。加快推进江西省水路运政综合管理信息系统升级改造，推动实现江西省水路运输政务服务事项"一网通办"。深入推进数字政府建设，进一步完善基于拓展"赣服通""赣政通"办事模式，最大限度减环节、优流程、压时限、提效率，实现更多事项"掌上办""易办快办"，营造依法依规、便捷高效、暖心爽心的水运营商环境。

促进水运绿色低碳转型。以"双碳"目标为引领，统筹做好水运行业"治污、添绿、留白"三篇文章。持续强化船舶污染防治，进一步完善船舶污染物接收体系，提高船舶污染物接收、转运和处置能力，加强船舶污染防治联防联控，建立健全船舶和港口污染防治长效机制。推进九江湖口化学品洗舱站常态化安全规范运行。推进港口、码头、船舶全面配备岸电设施，提升港口岸电使用率，"十四五"期基本完成 600 t 及以上内河干散货船和多用途船的受电设施改造工作。持续淘汰更新高污染高耗能老旧船舶，推动新能源、清洁能源等在内河船舶的应用。加强绿色环保、低碳节能的航道养护设备和技术的推广应用。加强中心公务船艇防污染监督检查，推进污染物"零排放"。

加快科技创新和智能航运发展。加强科技和信息化管理，补齐水运科技创新平台短板。会同有关部门加快水路交通运输数字化建设，推进行业管理信息化系统优化整合，推动数据资源共享。大力推进信息技术与水运基础设施融合发展，着力构建智能

航运。加快完成赣鄱黄金水道智能航运发展试点项目建设，全面建成智慧航道、智慧船闸"112"工程，着力推动航道（船闸）状态由"静态采集"向"动态感知"变革，航道（船闸）运行监管由"人工分散"向"远程联动"变革，航道（船闸）服务由"手段单一"向"泛在多元"飞跃，为航运企业和船舶航行提供精准、便捷、安全、高效的航道通航服务、船舶过闸服务和安全监管服务。

2.3.4 水质资源开发利用

赣江流域跨界（省界、市界）水域功能区有19个，其中跨省界3个均为入界水域，分别位于琴江（福建入境处，石城县）、上犹江（湖南汝城，崇义县丰州乡）、湘水（源于福建武平寻乌县罗塘），水质现状较好且规划为饮用水水源二级保护区Ⅲ类水质保护目标；跨市界水域16个，Ⅱ类水体1个Ⅲ类水体15个。按功能区类型分饮用水水源二级保护区7个、渔业用水区4个、景观娱乐用水区6个。根据水源地优先保护和专业用水区统筹考虑的原则，市界水环境功能区划取水质要求较高一方的水质目标并取得有关市双方的协调和同意。同时要求跨界水域水环境功能区水质保护目标均达到Ⅲ类或以上。由于许多市界入境水域有的不远处便存在集中式生活饮用地表水水源地，这就要求确保上游水质级别应保证在Ⅲ类以上，如果河流上游入境处为两地共界流域，希望左右两岸的水质平均能保持Ⅲ类以上，南昌市潦河、锦江入境水就存在上述问题。另外由于南昌境内锦江中下游有多处出境、入境河段且长度较短为方便区划和管理，将锦江入境至入赣江段共52.0 km均作为南昌境内流域功能区给予划定。

赣江流域共划分294个水环境功能水域，其中高功能水域有51个占17.3%。水环境功能区共划分管理区6个其中过渡区1个、混合区5个。吉安市过渡区和混合区的划分主要在拟建工业园区或重点企业和新城区（县城以上）的下游设置。南昌市划分两个混合区这两个混合区均在赣江南支。其一分叉口至叶楼以上0.4 km，共4.5 km长该水域的末端叶楼有省市控监测断面从分析结果看，经过该混合区，水体水质为Ⅴ类目标功能水质为Ⅳ类；其二尤口江氨化学工业有限公司排污口至尤口以下3.9 km，长4.0 km，设有省市控监测断面，经过该混合区后，其下一功能区水质为Ⅴ类，目标水质为Ⅳ类。赣州市共划有两个混合区，根据赣州市规划布局虎岗区为赣州市的工业区，工业区废水排入赣江上段。为保证水环境功能区的可达性将章贡橡胶坝至章贡两江汇合处 0.6 km 长的河段及章贡两江汇合处始往下游 4 km 的河段划为混合区，以接纳污水处理厂及周围工业企业排放的污水。

赣江水系共划分了 294 个水环境功能区，目前有水质监测断面的功能区有 54 个。根据 2001 年监测数据评价结果：在 54 个有监测断面的功能区中 92.3% 的功能区现状水质能够满足现状使用功能和规划主导功能的要求；吉安市和宜春市的所有功能区的现状水质都能满足现状使用功能和规划主导功能的要求。在赣江流域中饮用水源保护区有 94 个有监测断面的饮用水源保护区 18 个在有监测断面的饮用水源保护区中有 88.9% 的饮用水源保护区的水质能够达到要求。从评价结果来看，影响水质不能达标的主要因素是氨氮、氰化物和挥发酚。

赣江流域水环境功能区划共分 294 个功能区其中所定功能类别可达的 290 个占 98.6%；由于水域污染和其他原因难以达到地表水环境功能区划分类或通过污染控制及污染治理措施后可达目标的水域 4 个占 1.4%。该类水域大多数为流经城市的河流、城市附近的湖泊及较大污染源的纳污河段。各设区市在城区河段水域主要污染是受纳城市的工业、生活污水量相对较大，水体水质相对于上游有所下降。但通过调整水体纳污容量、强化实施总量控制手段，合理规划城市污水排放口或现有污水排放口改道现状水质恢复到区划水质目标是可以达到的。

2.4 本章小结

本章介绍了赣江水资源综合利用的概况。赣江航运资源丰富，对区域经济发展起着重要的支撑作用。不同水电站在不同的水文气象条件下通过合理的运行和管理方式，取得了显著发电效益。根据水质评价结果，大部分功能区的现状水质能够满足使用功能和规划要求。在赣江流域中，有一些城市河流的水质相对较差，但通过控制污染源、调整纳污容量等措施，可以恢复水体的水质到区划水质目标。

第 3 章 赣江航运能力现状评价和成因

3.1 航运能力现状评价和成因分析方法

以航电枢纽运行背景下河道航运能力为研究对象，开展河道水文水动力历史过程模拟，构建航运能力评价指标体系，评价赣江航运能力时空分布特征和设计航运标准达成度，分析航道运输能力受限的成因。

3.2 赣江航道现状

3.2.1 赣江梯级航电和水利枢纽

以航电枢纽运行背景下河道航运能力为研究对象，开展河道水文水动力历史过程模拟，构建航运能力评价指标体系，评价赣江航运能力时空分布特征和设计航运标准达成度，分析航道运输能力受限的成因。

江西水资源丰富，境内约有 2400 条江河，其中通航河流 101 条，素有"襟三江而带五湖，控蛮荆而引瓯越"的美誉，具有发展内河水运的天然优势。历史上，江西水运在国家南北水运大通道中发挥了重要作用，随着铁路、公路运输的快速发展，水运发展相对滞后。江西省以高等级航道建设为重点，大力推动内河水运发展，到 2020 年底，赣江、信江基本具备三级通航条件，已初步经形成系统的江西省水系控制水库群。

根据第一次全国水利普查情况，赣江流域已建或在建大型水库 20 座，中型水库 128 座，小型水库 4000 余座，总库容超 140 亿 m^3，兴利库容超 69 亿 m^3。在赣江干

第3章 赣江航运能力现状评价和成因

流，自上游到下游，已形成万安水库—井冈山航电枢纽—石虎塘航电枢纽—峡江水利枢纽—新干航电枢纽—龙头山水电站枢纽组成的水库群见表3.1。水库群调节入库天然径流，维持库区航运水面宽度和深度，保障航运能力；调节坝址出库径流，维持电力系统电量和电力需求，保障电力系统稳定和效益；调节库区水位和出库径流，维持库区和下游河道水位，保障社会经济供水安全和稳定。综上所述，赣江梯级航电和水利枢纽在保障发电、社会经济供水等效益基础上，串联了干流航运，是赣江航道航运能力维持的关键。

表3.1 赣江主要枢纽工程特性

工程名称	万安水库	井冈山航电枢纽	石虎塘航电枢纽	峡江水利枢纽	新干航电枢纽	龙头山水电站枢纽
县区	吉安万安县	吉安万安	吉安泰和县	吉安峡江县	吉安新干县	宜春丰城市
工程规模	大(1)型	大(2)型	大(2)型	大(1)型	大(2)型	大(2)型
流域面积/km^2	36900	40481	43770	62710	64776	72810
总库容/亿m^3	17.27	2.79	7.43	11.87	5	5.79 (0.2%)
死水位/m	85	67.1	56.20	44.00	32	23.7
死库容/亿m^3	5.97	1.81	1.57	4.88	1.75	2.18
汛限水位/m	85～88 m (0401～0620) 93.5～96 m (0621～0930)	66～67.5 m (0401～0930)	54.5-56.5 (0401～0930)	43.5～44.5 m (0401～0630) 43.5～45 m (0701～0930)	31～32.5 (0401～0930)	24 (0401～0630) 24.1 (0701～0930)
正常蓄水位/m	96	67.50	56.50	46.00	32.5	24.2
防洪高水位/m	93.60			49.00		
兴利库容/亿m^3	10.19	0.11	0.10	2.14	0.22	0.26
设计洪水位/m	100.00	68.28	59.48	49.00	36.57	27.47

续表

工程名称	万安水库	井冈山航电枢纽	石虎塘航电枢纽	峡江水利枢纽	新干航电枢纽	龙头山水电站枢纽
校核洪水位/m	100.70	69.54	61.03	49.00	37.95	28.94 (0.2%)
下游河道安全泄量/($m^3 \cdot s^{-1}$)	万安县城河段现状防洪能力为8年一遇,安全泄量为8800	/	/	现状条件下巴邱镇河段的安全泄量为14800	/	/
满发流量/($m^3 \cdot s^{-1}$)	2800	2302	2200	4738	2462	3640
最高水位/m	96.20 (2022-12-02)	67.72 (2022-2-28)	56.80 (2018-11-30)	46.05 (2016-11-12)	32.56 (2022-12-1)	24.40 (2022-2-19)
最低水位/m	84.06 (2022-5-24)	61.79 (2022-6-17)	49.63 (2022-6-17)	38.50 (2022-6-14)	26.09 (2022-6-26)	22.70 (2023-6-9)
坝顶高程/m	104.00	74.00	66.00	51.20	42	31
最大入库流量	14300 (1995-6-19)	10700 (2022-6-14)	11800 (2022-6-14)	16500 (2019-6-10)	13200 (2020-7-10)	14800 (2020-7-10)
最大出库流量	13200 (2002-11-04)	11600 (2022-6-15)	11800 (2022-6-15)	148000 (2019-6-10)	13200 (2020-7-10)	13400 (2020-7-11)
坝型	砼重力坝	黏土心墙坝	砼重力坝	砼实体重力坝	砼重力坝	WES堰闸坝
泄水建筑物	第一溢洪道9孔,最大泄流能力2800 m^3/s;第二溢洪道10孔,最大泄洪能力14300 m^3/s	开敞式平底闸左区8孔,右区15孔。设计下泄量为20400 m^3/s	开敞式拦河闸,23孔,设计下泄流量19600 m^3/s	平底闸,18孔,设计泄洪流量29100 m^3/s	宽顶堰,设计洪水位最大泄量23000 m^3/s	24孔溢流孔,设计洪水位最大泄量22800 m^3/s
年发电量/亿 kW·h	15.16	5.08	5.27	11.44	5.34	9.17
人口迁移线	96.0			47.81		25.2
耕地迁移线	96.0			46.79		24.7

3.2.2 航道分级标准

为全面评估赣江航运经济，本书基于历时逐日水文资料，对赣江典型段航运能力进行评价。评价依据选择《内河通航标准》（GB50139—2004）中天然和渠化河流航道尺度符合性规定开展，评价指标选择航道水深和宽度。依据标准中的航道水深、宽度和等级数据，构建航道等级评价模型，重点区分水深和宽度分布在不同等级时的航道级别。航道等级分级标准如下：

一级航道：一级航道是最高级别的航道，其水深要求为 3.5～4.0 m，宽度范围为 70～150 m。这样的航道条件非常适合大型船舶和货轮通行，可以满足各种大型船只的航行需求。一级航道通常位于繁忙的港口附近或重要的水上交通要道上，以确保货物和人员的快速、安全运输。

二级航道：二级航道的水深要求为 2.6～3.0 m，宽度范围为 40～100 m。这类航道适合中型船舶和货轮通行，可以满足中等规模的货物运输需求。二级航道通常位于一些较为繁忙的水域，如河流、湖泊等，用于连接不同的港口和地区。

三级航道：三级航道的水深要求为 2.0～2.4 m，宽度范围为 30～55 m。这类航道适合小型船舶和货轮通行，可以满足一些小规模的货物运输需求。

四级航道：四级航道的水深要求为 1.6～1.9 m，宽度范围为 30～45 m。这类航道适合小型船舶和货轮通行，可以满足一些小规模的货物运输需求。

五级航道：五级航道的水深要求为 1.3～1.6 m，宽度范围为 22～35 m。这类航道适合小型船舶和货轮通行，可以满足一些小规模的货物运输需求。

三、四、五级航道通常位于一些一般通行量的水域，如乡村河流、小溪等，用于连接附近的港口和地区。

六级航道：六级航道的水深要求为 1.0～1.2 m，宽度范围为 15～22 m。这类航道适合小型船舶和货轮通行，可以满足一些轻型货物运输需求。

七级航道：七级航道的水深要求为 0.7～0.9 m，宽度范围为 12～15 m。这类航道适合小型船舶和货轮通行，可以满足一些轻型货物运输需求。

六、七航道通常位于一些较为狭窄的水域,如乡村河流、小溪等,用于连接附近的港口和地区。

航道分级标准是根据航道的水深、宽度等因素进行划分的,以确保船舶在航行过程中的安全和顺畅。不同级别的航道适用于不同类型的船舶和货物运输需求,为水上交通提供了便利和保障。

3.3 基于智能算法的航道等级现状评价

3.3.1 航道等级情景设置方法

本书基于《内河通航标准》(GB50139—2004)中天然和渠化河流航道尺度符合性规定,结合 Matlab 软件中的智能算法,采用情景模拟的方法构建航道等级评价模型。航道等级情景设置时,根据标准中水深和宽度的变化范围,设置 0.1 m 为水深步长、1 m 为宽度步长,生成水深和宽度向量。水深变化范围设置为 0.1 m : 0.1 m : 20 m,宽度的变化范围设置为 10 m : 1 m : 300 m。水深和宽度采用全组合交叉生成评价指标。

3.3.2 航道等级情景生成

航道水深和宽度采用全组合交叉生成流程为:本书使用 matlab 软件中 meshgrid 函数对进行航道等级情景生成。meshgrid 函数用来生成网格矩阵,既可以是二维网格矩阵,又可以是三维网格矩阵。基于河道水深和宽度的变化向量,编译程序采用 meshgrid 函数生成等级评价模型所需的评价指标。若评价指标中航道宽度和深度分布在《内河通航标准》(GB50139—2004)中天然和渠化河流航道尺度符合性规定同一等级内,该情景点航道等级直接选用标准规定等级。若评价指标中航道宽度和深度分布在《内河通航标准》(GB50139—2004)中天然和渠化河流航道尺度符合性规定不同等级内,该情景点航道等级选用标准规定各等级中较小的等级。综上所示,本书采用航道评价指标(水深和宽度)全组合交叉方式,开展了航道等级情景模拟和评价,组合评价指标和评价结果,生成航道等级分级智能算法训练和验证样本。

3.3.3 航道等级分级智能算法优选程序

航道等级分级智能算法有五类：神经网络分类器、最邻近分类器、决策树、判别分析、支持向量机。

3.3.3.1 人工神经网络

人工神经网络（Artificial Neural Network，即 ANN）是 20 世纪 80 年代以来人工智能领域兴起的研究热点。它从信息处理角度对人脑神经元网络进行抽象，建立某种简单模型，按不同的连接方式组成不同的网络。在工程与学术界也常直接简称为神经网络或类神经网络。神经网络是一种运算模型，由大量的神经元之间相互连接构成。对于神经网络分类器，这里使用 BP 神经网络作为训练模型。BP（Back Propagation）神经网络可以分为两个部分，BP 和神经网络。BP 学习规则是使用最速下降法，通过反向传播来不断调整网络的权值和阈值，使网络的误差平方和最小，即最小化训练集 D 上的累计误差 E，见式 3.1：

$$E = \frac{1}{n}\sum_{k=1}^{n} E_k \tag{3.1}$$

其中 E_k 是对训练例 (x_k, y_k) 上的均方误差。

激活函数的引入为的是增加整个网络的表达能力（即非线性）。否则，若干线性操作层的堆叠仍然只能起到线性映射的作用，无法形成复杂的函数。因为线性模型的表达能力通常不够，所以我们需要引入非线性因素来增加其表达能力。

本书采用 Sigmoid 函数作为神经网络的激活函数，见式 3.2：

$$f(x) = \frac{1}{1+e^{-x}} \tag{3.2}$$

3.3.3.2 最邻近分类算法

最邻近分类算法（K-Nearest Neighbor，即 KNN）原理是：为了判断未知样本的类别，以所有已知类别的样本作为参照，计算未知样本与所有已知样本的距离，从中选取与未知样本距离最近的 K 个已知样本，根据少数服从多数的投票法则，将未知样本与 K 个最邻近样本中所属类别占比较多的归为一类。由于 KNN 最邻近分类算法在分类决策时只依据最邻近的一个或者几个样本的类别来决定待分类样本所属的类别，而不是靠判别类域的方法来确定所属类别的，因此对于类域的交叉或重叠较多的待分样本集来说，KNN 方法较其他方法更为适合。

对于最邻近分类器，关键的部分是如何度量两个样本之间的距离，因此需要一个距离函数用来计算两个样本之间的距离。通常使用的距离函数有：欧氏距离、余弦距离、汉明距离、曼哈顿距离等。该方法一般选用欧氏距离作为距离度量，但是欧式距离只适用于连续变量。在文本分类这种非连续变量情况下，汉明距离可以用来作为度量。通常情况下，如果运用一些特殊的算法来计算度量的话，K 近邻分类精度可显著提高，如运用大边缘最近邻法或者近邻成分分析法。

本书针对航道等级进行分级研究，航道等级随水位变动。水位是连续性变量，采用欧式距离法作为距离度量，见式 3.3：

$$d(x, y) = \sqrt{\sum_{i=1}^{n}(x_i - y_i)^2} \quad (3.3)$$

其中，x、y 表示 n 维空间中的点，x_i、y_i 表示点在 i 方向的分量。

经过比较验证精度，本书在所有 KNN 函数族中采用 Medium KNN 法进行分级研究。将邻点数设置为 10，也就是对于每个样本，都可以用它最接近的 10 个邻点来代表。

3.3.3.3 决策树

决策树是一种基本的分类与回归方法，此处主要讨论分类的决策树。决策树通常有三个步骤：特征选择、决策树的生成、决策树的修剪。决策树分类的步骤是：从根节点开始，对数据实例的某一特征进行测试，根据测试结果将数据实例分配到其子节点。此时每个子节点对应着该特征的一个取值，如此递归的对数据实例进行测试并分配，直到到达叶节点，最后将数据实例分到叶节点的类中。这里采用复杂树作为模型构建，其特点是有许多叶，用于精细的划分类别。

3.3.3.4 支持向量机

支持向量机（support vector machines，即 SVM）是一类按监督学习方式对数据进行二元分类的广义线性分类器。SVM 方法将实例的特征向量映射为空间中的一些点，方法的目的就是想要画出一条线，最好的区分这两类点，对于新样例点，这条线也能做出很好的分类，可以将问题化为一个求解凸二次规划的问题。具体来说就是在线性可分时，在原空间寻找两类样本的最优分类超平面。在样本空间中，划分超平面可通过如下线性方程来描述，见式 3.4：

$$\omega^T x + b = 0 \tag{3.4}$$

其中：ω 为法向量，决定了超平面的方向；b 为位移项，决定了超平面与原点之间的距离。

在线性不可分时，加入松弛变量并通过使用非线性映射将低维度输入空间的样本映射到高维度空间使其变为线性可分，这样就可以在该特征空间中寻找最优分类超平面。SVM 适合中小型数据样本、非线性、高维的分类问题。

本书引入核函数，经过比较不同核的精度，采用高斯核函数，见式 3.5：

$$\kappa(x_i, x_j) = \exp(-\frac{\|x - x\|^2}{2\sigma^2}) \tag{3.5}$$

3.3.3.5 线性判别分析

线性判别分析（Linear Discriminant Analysis）确定一组投影方向，借助线性变换函数将待分类数据从高维空间投影到低维空间，使投影后数据具备最佳可分离性。该方法数据监督分类，是基于数据的及其学习算法。该方法定义类内距离 S_0 和类间具体 S_1 为见式 3.6、式 3.7：

$$S_0 = \sum_{i=1}^{k} n \left(u - \bar{u} \right) \left(u - \bar{u} \right)^T \tag{3.6}$$

$$S_1 = \sum_{i=1}^{k} \sum_{j=i} n \left(u - \bar{u} \right) \left(u - \bar{u} \right)^T \tag{3.7}$$

其中：nj 为 Dj 数据的个数。

代价函数 J 为见式 3.8：

$$J = \frac{W^T S_0 w}{W^T S_1 w} \tag{3.8}$$

线性判别分析方法目标是寻找最佳投影向量 w 使 J 最大，即投影后数据有最小类内距离和最大类间距离。S_0 为正定矩阵，那么当 S_1 非奇异时，最优投影方向即为 $(S_1)^{-1} S_0$ 最大特征值 λ 对应的特征向量 w。对于多类别的分类问题，基于 LDA 可线性判别分析方法以选择多个特征向量对数据进行降维。

在调节和训练模型后，使用测试集来评估模型性能。这些模型设置的训练集为模拟数据的 70%，测试集为模拟数据的 30%。

3.3.4 优选结果

本书选择航道等级情景下航道深度、航道宽度为自变量，以分类后的航道等级为因变量，选择 Artifical nerual network、Medium KNN、Complex tree、Linear discriminant、Medium Gauss SVM5 种算法为待选算法，随机选择情景样本容量的 70% 作为建模期，选择样本容量剩余的 30% 数据为验证期，优选航道等级预测模型。根据全部模拟数据进行模型训练和验证后的结果，分别绘制 BP 人工神经网络、Medium KNN、复杂树、线性判别和中等高斯核支持向量机 5 种算法下航道等级情景分类结果。

本书计算建模期和验证期航道等级分类算法模拟精度，见表 3.2。表 3.2 表明：本书给定原假设为航道等级评价模型模拟精度较高，可以作为航道等级预测工具。其备注假设为航道等级预测模型模拟精度较差，不能用于航道等级预测工具。选择 Nash 效率系数和相关性系数 R 作为评价指标，给定 Nash 效率系数 $\geqslant 0.9$ 且相关系数 $R \geqslant 0.95$ 作为判断准则。若判断准则得到满足，接受原假设，认为航道等级评价模型模拟精度较高，可以作为航道等级预测工具；若判断准则不满足，接受其备择假设，认为航道等级预测模型模拟精度较差，不能用于航道等级预测工具。

表 3.2 航道等级分级算法评价

算法	训练期		验证期	
	Nash系数	R	Nash系数	R
Artifical nerual network	0.991	0.995	0.995	0.998
Medium KNN	0.997	0.999	1.000	1.000
Complex tree	0.998	0.999	0.998	0.999
Linear discriminant	0.996	0.994	0.998	0.997
Medium Gauss SVM	0.998	0.998	0.999	0.999

经计算，BP人工神经网络在训练期的 Nash 系数为 0.991，相关系数 R 为 0.995；在验证期的 Nash 系数为 0.995，相关系数 R 为 0.998。BP人工神经网络的 Nash 效率系数 ≥ 0.9 且相关系数 $R \geq 0.95$，可以作为航道等级预测工具。Medium KNN 在训练期的 Nash 系数为 0.997，相关系数 R 为 0.999；在验证期的 Nash 系数为 1.000，相关系数 R 为 1.000。Medium KNN 的 Nash 效率系数 ≥ 0.9 且相关系数 $R \geq 0.95$，可以作为航道等级预测工具。

复杂树在训练期的 Nash 系数为 0.998，相关系数 R 为 0.999；在验证期的 Nash 系数为 0.998，相关系数 R 为 0.999。复杂树的 Nash 效率系数 ≥ 0.9 且相关系数 $R \geq 0.95$，可以作为航道等级预测工具。线性判别分析在训练期的 Nash 系数为 0.996，相关系数 R 为 0.994；在验证期的 Nash 系数为 0.998，相关系数 R 为 0.997。线性判别分析的 Nash 效率系数 ≥ 0.9 且相关系数 $R \geq 0.95$，可以作为航道等级预测工具。中等高斯核支持向量机在训练期的 Nash 系数为 0.998，相关系数 R 为 0.998；在验证期的 Nash 系数为 0.999，相关系数 R 为 0.999。中等高斯核支持向量机的 Nash 效率系数 ≥ 0.9 且相关系数 $R \geq 0.95$，可以作为航道等级预测工具。综上所述，本书选取的 Artifical nerual network、Medium KNN、Complex tree、Linear discriminant、Medium Gauss SVM 这5种算法通过假设检验，表明诸算法模拟准确性高，可以作为航道等级预测工具。

3.4 航运能力现状的成因分析

3.4.1 主汛期

本书指定设计频率为 50%、75%、90%、95% 和 99% 保证率主汛期典型日 Mike21 模型的 100 个计算断面模拟宽度和水深数据，采用 Artifical nerual network、Medium KNN、Complex tree、Linear discriminant、Medium Gauss SVM 这 5 种算法，开展计算断面航道等级划分，见附表 1。附表 1 表明：在设计频率为 50% 时，Artifical nerual network 算法解算的航道计算断面等级在Ⅰ~Ⅱ级之间变化，航道断面等级平均值为 1.03；Ⅰ级航道是计算断面主要等级，占航道计算断面的 97%；Ⅱ级航道是计算断面的次要等级，占航道计算断面的 3%。Medium KNN 算法解算的航道计算断面等级在Ⅰ~Ⅱ级之间变化，航道断面等级平均值为 1.01；Ⅰ级航道是计算断面主要等级，占航道计算断面的 99%；Ⅱ级航道是计算断面的次要等级，占航道计算断面的 1%。Complex tree 算法解算的航道计算断面等级为Ⅰ级，占航道计算断面的 100%。Linear discriminant 算法解算的航道计算断面等级为Ⅰ级，占航道计算断面的 100%。Medium Gauss SVM 算法解算的航道计算断面等级在Ⅰ~Ⅱ级之间变化，航道断面等级平均值为 1.98；Ⅰ级航道是计算断面次要等级，占航道计算断面的 2%；Ⅱ级航道是计算断面的主要等级，占航道计算断面的 98%。综上所述：在设计频率为 50% 条件下，Artifical nerual network、Medium KNN、Complex tree、Linear discriminant、Medium Gauss SVM 这 5 种算法解算的航道等级具有稳定性，航道在Ⅰ~Ⅱ级之间变化，主要维持在Ⅰ级。

在设计频率为 75% 时，Artifical nerual network 算法解算的航道计算断面等级主要在Ⅰ~Ⅲ级之间变化，航道断面等级平均值为 1.66；Ⅰ级航道是计算断面主要等级，占航道计算断面的 45%；Ⅱ级航道是计算断面的另外一个主要等级，占航道计算断面的 50%；Ⅲ级航道是计算断面的另外一个次要等级，占航道计算断面的 2%。Medium KNN 算法解算的航道计算断面等级主要在Ⅰ~Ⅲ级之间变化，航道断面等级平均值为 1.58；Ⅰ级航道是计算断面主要等级，占航道计算断面的 52%；Ⅱ级航道是计算断面的另外一个主要等级，占航道计算断面的 43%；Ⅲ级航道是计算断面的另外一个次要等级，占航道计算断面的 2%。Complex tree 算法解算的航道计算断面等级主要在Ⅰ～Ⅲ级之间变化，航道断面等级平均值为 1.14；Ⅰ级航道是计算断面主要等级，占航道计算断面的 95%；Ⅱ级航道是计算断面的次要等级，占航道计算断面的 2%。Linear discriminant 算法解算的航道计算断面等级主要在Ⅰ～Ⅲ级之间变化，航道断面等级平均值为 1.16；Ⅰ级航道是计算断面主要等级，占航道计算断面的 91%；Ⅱ级航道是计算断面的次要等级，占航道计算断面的 5%；Ⅲ级航道是计算断面的另外一个次要等级，占航道计算断面的 1%。Medium Gauss SVM 算法解算的航道计算断面等级主要在Ⅰ～Ⅲ级之间变化，航道断面等级平均值为 1.89；Ⅰ级航道是计算断面次要等级，占航道计算断面的 17%；Ⅱ级航道是计算断面的主要等级，占航道计算断面的 80%；Ⅲ级航道是计算断面的另外一个次要等级，占航道计算断面的 1%。综上所述：在设计频率为 75%条件下，Artifical nerual network、Medium KNN、Complex tree、Linear discriminant、Medium Gauss SVM 这 5 种算法解算的航道等级具有稳定性，航道在Ⅰ～Ⅲ级之间变化，主要等级维持在Ⅰ～Ⅱ级间。

在设计频率为 90%时，Artifical nerual network 算法解算的航道计算断面等级在Ⅰ～Ⅱ级之间变化，航道断面等级平均值为 1.03；Ⅰ级航道是计算断面主要等级，占航道计算断面的 97%；Ⅱ级航道是计算断面的次要等级，占航道计算断面的 3%。Medium KNN 算法解算的航道计算断面等级在Ⅰ～Ⅱ级之间变化，航道断面等级平均值为 1.01；Ⅰ级航道是计算断面主要等级，占航道计算断面的 99%；Ⅱ级航道是计算断面的次要等级，占航道计算断面的 1%。Complex tree 算法解算的航道计算断面等级为Ⅰ级，占航道计算断面的 100%。Linear discriminant 算法解算的航道计算断面等级为Ⅰ级，占航道计算断面的 100%。Medium Gauss SVM 算法解算的航道计算断面等级在Ⅰ～Ⅱ级之间变化，航道断面等级平均值为 1.98；Ⅰ级航道是计算断面次要等级，占航道计算断面的 2%；Ⅱ级航道是计算断面的主要等级，占航道计算断面的 98%。综上所述：在设计频率为 90%条件下，Artifical nerual network、Medium KNN、Complex tree、Linear discriminant、Medium Gauss SVM 这 5 种算法解算的航道等级具有稳定性，航道在Ⅰ～Ⅱ级之间变化，主要维持在Ⅰ级。

在设计频率为 95% 时，Artifical nerual network 算法解算的航道计算断面等级主要在Ⅰ～Ⅲ级之间变化，航道断面等级平均值为 1.61；Ⅰ级航道是计算断面主要等级，占航道计算断面的 47%；Ⅱ级航道是计算断面的另外一个主要等级，占航道计算断面的 48%；Ⅲ级航道是计算断面的另外一个次要等级，占航道计算断面的 2%。Medium KNN 算法解算的航道计算断面等级主要在Ⅰ～Ⅲ级之间变化，航道断面等级平均值为 1.49；Ⅰ级航道是计算断面主要等级，占航道计算断面的 55%；Ⅱ级航道是计算断面的另外一个主要等级，占航道计算断面的 41%；Ⅲ级航道是计算断面的另外一个次要等级，占航道计算断面的 4%。Complex tree 算法解算的航道计算断面等级主要在Ⅰ～Ⅲ级之间变化，航道断面等级平均值为 1.08；Ⅰ级航道是计算断面主要等级，占航道计算断面的 95%；Ⅱ级航道是计算断面的次要等级，占航道计算断面的 2%；Ⅲ级航道是计算断面的另外一个次要等级，占航道计算断面的 3%。Linear discriminant 算法解算的航道计算断面等级主要在Ⅰ～Ⅲ级之间变化，航道断面等级平均值为 1.08；Ⅰ级航道是计算断面主要等级，占航道计算断面的 95%；Ⅱ级航道是计算断面的次要等级，占航道计算断面的 2%；Ⅲ级航道是计算断面的另外一个次要等级，占航道计算断面的 3%。Medium Gauss SVM 算法解算的航道计算断面等级主要在Ⅰ～Ⅲ级之间变化，航道断面等级平均值为 1.74；Ⅰ级航道是计算断面次要等级，占航道计算断面的 29%；Ⅱ级航道是计算断面的主要等级，占航道计算断面的 68%；Ⅲ级航道是计算断面的另外一个次要等级，占航道计算断面的 3%。综上所述：在设计频率为 95% 条件下，Artifical nerual network、Medium KNN、Complex tree、Linear discriminant、Medium Gauss SVM 这 5 种算法解算的航道等级具有稳定性，航道在Ⅰ～Ⅲ级之间变化，主要等级维持在Ⅰ～Ⅱ级间。

在设计频率为 99% 时，Artifical nerual network 算法、Medium KNN 算法、Complex tree 算法、Linear discriminant 算法解算的航道计算断面等级均为Ⅰ级，Medium Gauss

SVM 算法解算的航道计算断面等级均为Ⅱ级。

3.4.2 后汛期

本书指定设计频率为 50%、75%、90%、95% 和 99% 保证率主汛期典型日 Mike21 模型的 100 个计算断面模拟宽度和水深数据，采用 Artifical nerual network、Medium KNN、Complex tree、Linear discriminant、Medium Gauss SVM 这 5 种算法，开展计算断面航道等级划分，见附表 2。附表 2 表明：在设计频率为 50% 时，Artifical nerual network 算法解算的航道计算断面等级在Ⅰ～Ⅲ级之间变化，航道断面等级平均值为 1.47；Ⅰ级航道是计算断面主要等级，占航道计算断面的 61%；Ⅱ级航道是计算断面的次要等级，占航道计算断面的 34%；Ⅲ级航道是计算断面的另外一个次要等级，占航道计算断面的 2%。Medium KNN 算法解算的航道计算断面等级在Ⅰ～Ⅲ级之间变化，航道断面等级平均值为 1.36；Ⅰ级航道是计算断面主要等级，占航道计算断面的 67%；Ⅱ级航道是计算断面的次要等级，占航道计算断面的 30%；Ⅲ级航道是计算断面的另外一个次要等级，占航道计算断面的 3%。Complex tree 算法解算的航道计算断面等级在Ⅰ～Ⅲ级之间变化，航道断面等级平均值为 1.08；Ⅰ级航道是计算断面主要等级，占航道计算断面的 95%；Ⅱ级航道是计算断面的次要等级，占航道计算断面的 2%；Ⅲ级航道是计算断面的另外一个次要等级，占航道计算断面的 3%。Linear discriminant 算法解算的航道计算断面等级在Ⅰ～Ⅲ级之间变化，航道断面等级平均值为 1.08；Ⅰ级航道是计算断面主要等级，占航道计算断面的 95%；Ⅱ级航道是计算断面的次要等级，占航道计算断面的 2%；Ⅲ级航道是计算断面的另外一个次要等级，占航道计算断面的 3%。Medium Gauss SVM 算法解算的航道计算断面等级在Ⅰ～Ⅲ级之间变化，航道断面等级平均值为 1.79；Ⅰ级航道是计算断面次要等级，占航道计算断面的 24%；Ⅱ级航道是计算断面的主要等级，占航道计算断面的 73%；Ⅲ级航道是计算断面的另外一个次要等级，占航道计算断面的 3%。综上所述：在设计频率为 50% 条件下，Artifical nerual network、Medium KNN、Complex tree、Linear discriminant、Medium Gauss SVM 这 5 种算法解算的航道等级具有稳定性，航道在Ⅰ～Ⅱ级之间变化，主要维持在Ⅰ级。

在设计频率为 75% 时，Artifical nerual network 算法、Medium KNN 算法、Complex tree 算法、Linear discriminant 算法解算的航道计算断面等级均为Ⅰ级，Medium Gauss SVM 算法解算的航道计算断面等级均为Ⅱ级。

在设计频率为 90% 时，Artifical nerual network 算法解算的航道计算断面等级在Ⅰ～Ⅲ级之间变化，航道断面等级平均值为 1.52；Ⅰ级航道是计算断面主要等级，占航道计算断面的 54%；Ⅱ级航道是计算断面的次要等级，占航道计算断面的 42%；Ⅲ级航道是计算断面的另外一个次要等级，占航道计算断面的 2%。Medium KNN 算法解算的航道计算断面等级在Ⅰ～Ⅲ级之间变化，航道断面等级平均值为 1.4；Ⅰ级航道是计算断面主要等级，占航道计算断面的 63%；Ⅱ级航道是计算断面的次要等级，占航道计算断面的 34%；Ⅲ级航道是计算断面的另外一个次要等级，占航道计算断面的 3%。Complex tree 算法解算的航道计算断面等级在Ⅰ～Ⅲ级之间变化，航道断面等级平均值为 1.08；Ⅰ级航道是计算断面主要等级，占航道计算断面的 95%；Ⅱ级航道是计算断面的次要等级，占航道计算断面的 2%；Ⅲ级航道是计算断面的另外一个次要等级，占航道计算断面的 3%。Linear discriminant 算法解算的航道计算断面等级在Ⅰ～Ⅲ级之间变化，航道断面等级平均值为 1.08；Ⅰ级航道是计算断面主要等级，占航道计算断面的 95%；Ⅱ级航道是计算断面的次要等级，占航道计算断面的 2%；Ⅲ级航道是计算断面的另外一个次要等级，占航道计算断面的 3%。Medium Gauss SVM 算法解算的航道计算断面等级在Ⅰ～Ⅲ级之间变化，航道断面等级平均值为 1.74；Ⅰ级航道是计算断面次要等级，占航道计算断面的 29%；Ⅱ级航道是计算断面的主要等级，占航道计算断面的 68%；Ⅲ级航道是计算断面的另外一个次要等级，占航道计算断面的 3%。综上所述：在设计频率为 90% 条件下，Artifical nerual network、Medium KNN、Complex tree、Linear discriminant、Medium Gauss SVM 这 5 种算法解算的航道等级具有稳定性，航道在Ⅰ～Ⅱ级之间变化，主要维持在Ⅰ和Ⅱ级。

在设计频率为 95% 时，Artifical nerual network 算法解算的航道计算断面等级在Ⅰ～Ⅲ级之间变化，航道断面等级平均值为 1.39；Ⅰ级航道是计算断面主要等级，占航道计算断面的 64%；Ⅱ级航道是计算断面的次要等级，占航道计算断面的 33%；Ⅲ级航道是计算断面的另外一个次要等级，占航道计算断面的 3%。Medium KNN 算法解算的航道计算断面等级在Ⅰ~Ⅲ级之间变化，航道断面等级平均值为 1.26；Ⅰ级航道是计算断面主要等级，占航道计算断面的 77%；Ⅱ级航道是计算断面的次要等级，占航道计算断面的 20%；Ⅲ级航道是计算断面的另外一个次要等级，占航道计算断面的 3%。Complex tree 算法解算的航道计算断面等级在Ⅰ~Ⅱ级之间变化，航道断面等级平均值为 1.03；Ⅰ级航道是计算断面主要等级，占航道计算断面的 97%；Ⅱ级航道是计算断面的次要等级，占航道计算断面的 3%。Linear discriminant 算法解算的航道计算断面等级在Ⅰ~Ⅲ级之间变化，航道断面等级平均值为 1.08；Ⅰ级航道是计算断面主要等级，占航道计算断面的 95%；Ⅱ级航道是计算断面的次要等级，占航道计算断面的 2%；Ⅲ级航道是计算断面的另外一个次要等级，占航道计算断面的 3%。Medium Gauss SVM 算法解算的航道计算断面等级在Ⅰ~Ⅲ级之间变化，航道断面等级平均值为 1.84；Ⅰ级航道是计算断面次要等级，占航道计算断面的 17%；Ⅱ级航道是计算断面的主要等级，占航道计算断面的 82%；Ⅲ级航道是计算断面的另外一个次要等级，占航道计算断面的 31%。综上所述：在设计频率为 90% 条件下，Artifical nerual network、Medium KNN、Complex tree、Linear discriminant、Medium Gauss SVM 这 5 种算法解算的航道等级具有稳定性，航道在Ⅰ~Ⅱ级之间变化，主要维持在Ⅰ和Ⅱ级。

在设计频率为 99% 时，Artifical nerual network 算法解算的航道计算断面等级在Ⅰ~Ⅲ级之间变化，航道断面等级平均值为 1.52；Ⅰ级航道是计算断面主要等级，占航道计算断面的 54%；Ⅱ级航道是计算断面的另外一个主要等级，占航道计算断面的 42%；Ⅲ级航道是计算断面的另外一个次要等级，占航道计算断面的 2%。Medium KNN 算法解算的航道计算断面等级在Ⅰ~Ⅲ级之间变化，航道断面等级平均值为 1.43；Ⅰ级航道是计算断面主要等级，占航道计算断面的 60%；Ⅱ级航道是计算断面的次要等级，占航道计算断面的 37%；Ⅲ级航道是计算断面的另外一个次要等级，占航道计算断面的 3%。Complex tree 算法解算的航道计算断面等级在Ⅰ~Ⅲ级之间变化，航道断面等级平均值为 1.08；Ⅰ级航道是计算断面主要等级，占航道计算断面的 95%；Ⅱ级航道是计算断面的次要等级，占航道计算断面的 2%；Ⅲ级航道是计算断面的另外一个次要等级，占航道计算断面的 3%。Linear discriminant 算法解算的航道计算断面等级在Ⅰ~Ⅲ级之间变化，航道断面等级平均值为 1.08；Ⅰ级航道是计算断面主要等级，占航道计算断面的 95%；Ⅱ级航道是计算断面的次要等级，占航道计算断面的 2%；Ⅲ级航道是计算断面的另外一个次要等级，占航道计算断面的 3%。Medium Gauss SVM 算法解算的航道计算断面等级在Ⅰ~Ⅲ级之间变化，航道断面等级平均值为 1.67；Ⅰ级航道是计算断面次要等级，占航道计算断面的 36%；Ⅱ级航道是计算断面的主要等级，占航道计算断面的 61%；Ⅲ级航道是计算断面的另外一个次要等级，占航道计算断面的 3%。综上所述：在设计频率为 99% 条件下，Artifical nerual network、Medium KNN、Complex tree、Linear discriminant、Medium Gauss SVM 这 5 种算法解算的航道等级具有稳定性，航道在Ⅰ~Ⅱ级之间变化，主要维持在Ⅰ和Ⅱ级。

3.4.3 枯水期

本书指定设计频率为 50%、75%、90%、95% 和 99% 保证率主汛期典型日 Mike21 模型的 100 个计算断面模拟宽度和水深数据，采用 Artifical nerual network、Medium KNN、Complex tree、Linear discriminant、Medium Gauss SVM 这 5 种算法，开展计算断面航道等级划分，见附表 3。附表 3 表明：在设计频率为 50% 时，Artifical nerual network 算法、Medium KNN 算法、Complex tree 算法、Linear discriminant 算法解算的航道计算断面等级均为Ⅰ级，Medium Gauss SVM 算法解算的航道计算断面等级均为Ⅱ级。

在设计频率为 75% 时，Artifical nerual network 算法解算的航道计算断面等级在Ⅰ~Ⅲ级之间变化，航道断面等级平均值为 1.32；Ⅰ级航道是计算断面主要等级，占航道计算断面的 71%；Ⅱ级航道是计算断面的次要等级，占航道计算断面的 26%；Ⅲ级航道是计算断面的另外一个次要等级，占航道计算断面的 3%。Medium KNN 算法解算的航道计算断面等级在Ⅰ~Ⅲ级之间变化，航道断面等级平均值为 1.24；Ⅰ级航道是计算断面主要等级，占航道计算断面的 79%；Ⅱ级航道是计算断面的次要等级，占航道计算断面的 18%；Ⅲ级航道是计算断面的另外一个次要等级，占航道计算断面的 3%。Complex tree 算法解算的航道计算断面等级在Ⅰ～Ⅱ级之间变化，航道断面等级平均值为 1.03；Ⅰ级航道是计算断面主要等级，占航道计算断面的 97%；Ⅱ级航道是计算断面的次要等级，占航道计算断面的 3%。Linear discriminant 算法解算的航道计算断面等级在Ⅰ～Ⅲ级之间变化，航道断面等级平均值为 1.05；Ⅰ级航道是计算断面主要等级，占航道计算断面的 97%；Ⅱ级航道是计算断面的次要等级，占航道计算断面的 1%；Ⅲ级航道是计算断面的另外一个次要等级，占航道计算断面的 2%。Medium Gauss SVM 算法解算的航道计算断面等级在Ⅰ～Ⅱ级之间变化，航道断面等级平均值为 1.83；Ⅰ级航道是计算断面次要等级，占航道计算断面的 17%；Ⅱ级航道是计算断面的主要等级，占航道计算断面的 83%。综上所述：在设计频率为 50% 条件下，Artifical nerual network、Medium KNN、Complex tree、Linear discriminant、Medium Gauss SVM 这 5 种算法解算的航道等级具有稳定性，航道在Ⅰ～Ⅱ级之间变化，主要维持在Ⅰ级。

在设计频率为 90% 时，Artifical nerual network 算法解算的航道计算断面等级在Ⅰ～Ⅲ级之间变化，航道断面等级平均值为 1.5；Ⅰ级航道是计算断面主要等级，占航道计算断面的 53%；Ⅱ级航道是计算断面的次要等级，占航道计算断面的 44%；Ⅲ级航道是计算断面的另外一个次要等级，占航道计算断面的 3%。Medium KNN 算法解算的航道计算断面等级在Ⅰ～Ⅲ级之间变化，航道断面等级平均值为 1.37；Ⅰ级航道是计算断面主要等级，占航道计算断面的 66%；Ⅱ级航道是计算断面的次要等级，占航道计算断面的 31%；Ⅲ级航道是计算断面的另外一个次要等级，占航道计算断面的 3%。Complex tree 算法解算的航道计算断面等级在Ⅰ～Ⅱ级之间变化，航道断面等级平均值为 1.03；Ⅰ级航道是计算断面主要等级，占航道计算断面的 97%；Ⅱ级航道是计算断面的次要等级，占航道计算断面的 3%。Linear discriminant 算法解算的航道计算断面等级在Ⅰ～Ⅲ级之间变化，航道断面等级平均值为 1.08；Ⅰ级航道是计算断面主要等级，占航道计算断面的 95%；Ⅱ级航道是计算断面的次要等级，占航道计算断面的 2%；

Ⅲ级航道是计算断面的另外一个次要等级，占航道计算断面的3%。Medium Gauss SVM算法解算的航道计算断面等级在Ⅰ~Ⅲ级之间变化，航道断面等级平均值为1.7；Ⅰ级航道是计算断面次要等级，占航道计算断面的32%；Ⅱ级航道是计算断面的主要等级，占航道计算断面的66%；Ⅲ级航道是计算断面的另外一个次要等级，占航道计算断面的2%。综上所述：在设计频率为90%条件下，Artifical nerual network、Medium KNN、Complex tree、Linear discriminant、Medium Gauss SVM这5种算法解算的航道等级具有稳定性，航道在Ⅰ~Ⅱ级之间变化，主要维持在Ⅰ和Ⅱ级。

在设计频率为95%时，Artifical nerual network算法解算的航道计算断面等级在Ⅰ~Ⅲ级之间变化，航道断面等级平均值为2.13；Ⅰ级航道是计算断面次要等级，占航道计算断面的19%；Ⅱ级航道是计算断面的主要等级，占航道计算断面的56%；Ⅲ级航道是计算断面的另外一个次要等级，占航道计算断面的21%。Medium KNN算法解算的航道计算断面等级在Ⅰ~Ⅲ级之间变化，航道断面等级平均值为1.89；Ⅰ级航道是计算断面次要等级，占航道计算断面的28%；Ⅱ级航道是计算断面的主要等级，占航道计算断面的61%；Ⅲ级航道是计算断面的另外一个次要等级，占航道计算断面的8%。Complex tree算法解算的航道计算断面等级在Ⅰ~Ⅲ级之间变化，航道断面等级平均值为1.41；Ⅰ级航道是计算断面主要等级，占航道计算断面的69%；Ⅱ级航道是计算断面的次要等级，占航道计算断面的27%；Ⅲ级航道是计算断面的另外一个次要等级，占航道计算断面的1%。Linear discriminant算法解算的航道计算断面等级在Ⅰ~Ⅲ级之间变化，航道断面等级平均值为1.55；Ⅰ级航道是计算断面主要等级，占航道计算断面的55%；Ⅱ级航道是计算断面的次要等级，占航道计算断面的39%；Ⅲ级航道是计算断面的另外一个次要等级，占航道计算断面的3%。Medium Gauss SVM算法解算的航道计算断面等级在Ⅰ~Ⅲ级之间变化，航道断面等级平均值为1.81；Ⅰ级航道是计算断面次要等级，占航道计算断面的29%；Ⅱ级航道是计算断面的主要等级，占航道计算断面的67%；Ⅲ级航道是计算断面的另外一个次要等级，占航道计算断面的1%。综上所述：在设计频率为90%条件下，Artifical nerual network、Medium

KNN、Complex tree、Linear discriminant、Medium Gauss SVM 这 5 种算法解算的航道等级具有稳定性，航道在Ⅰ～Ⅲ级之间变化，主要维持在Ⅱ级。

在设计频率为 99%时，Artifical nerual network 算法解算的航道计算断面等级在Ⅰ～Ⅲ级之间变化，航道断面等级平均值为 2.36；Ⅰ级航道是计算断面次要等级，占航道计算断面的 8%；Ⅱ级航道是计算断面的主要等级，占航道计算断面的 57%；Ⅲ级航道是计算断面的另外一个次要等级，占航道计算断面的 30%。Medium KNN 算法解算的航道计算断面等级在Ⅰ～Ⅲ级之间变化，航道断面等级平均值为 2.16；Ⅰ级航道是计算断面次要等级，占航道计算断面的 15%；Ⅱ级航道是计算断面的主要等级，占航道计算断面的 61%；Ⅲ级航道是计算断面的另外一个次要等级，占航道计算断面的 20%。Complex tree 算法解算的航道计算断面等级在Ⅰ～Ⅲ级之间变化，航道断面等级平均值为 1.61；Ⅰ级航道是计算断面主要等级，占航道计算断面的 54%；Ⅱ级航道是计算断面的次要等级，占航道计算断面的 39%；Ⅲ级航道是计算断面的另外一个次要等级，占航道计算断面的 3%。Linear discriminant 算法解算的航道计算断面等级在Ⅰ～Ⅲ级之间变化，航道断面等级平均值为 1.73；Ⅰ级航道是计算断面主要等级，占航道计算断面的 45%；Ⅱ级航道是计算断面的另外一个主要等级，占航道计算断面的 43%；Ⅲ级航道是计算断面的另外一个次要等级，占航道计算断面的 8%。Medium Gauss SVM 算法解算的航道计算断面等级在Ⅰ～Ⅲ级之间变化，航道断面等级平均值为 1.96；Ⅰ级航道是计算断面次要等级，占航道计算断面的 20%；Ⅱ级航道是计算断面的主要等级，占航道计算断面的 71%；Ⅲ级航道是计算断面的另外一个次要等级，占航道计算断面的 5%。综上所述：在设计频率为 99%条件下，Artifical nerual network、Medium KNN、Complex tree、Linear discriminant、Medium Gauss SVM 这 5 种算法解算的航道等级具有稳定性，航道在Ⅰ～Ⅲ级之间变化，主要维持在Ⅱ级。

3.4.4　成因分析

对比主汛期、后汛期和枯水期 Artifical nerual network、Medium KNN、Complex tree、Linear discriminant、Medium Gauss SVM 这 5 种算法解算的航道等级，结果表明：

航道等级主要在Ⅰ～Ⅲ级之间变化，大部分计算断面主要维持在Ⅰ、Ⅱ级。个别断面航道等级出现低于Ⅲ级，属于航道运输的"盲肠"。究其原因，个别计算断面航道宽度和深度并未达到标准要求，主要为河道冲淤、非法采砂等原因导致，需要进行重点治理。

3.5　本章小结

本章基于水文水动力模拟结果，采用人工神经网络（Artificial Neural Network，即ANN）、最邻近分类算法（K-Nearest Neighbor，即KNN）、复杂树（Complex Tree）、线性判别分析（Linear Discriminant Analysis，即LDA）、支持向量机（support vector machines，即SVM）对将研究区航道进行分级。结果表明模型Nash效率系数、相关系数较高，可以用于后续分析。在主汛期、后汛期和枯水期，Artifical nerual network、Medium KNN、Complex tree、Linear discriminant、Medium Gauss SVM这5种算法解算的航道等级具有稳定性，航道等级主要在Ⅰ～Ⅲ级之间变化，大部分计算断面主要维持在Ⅰ、Ⅱ级。个别断面航道等级出现低于Ⅲ级，属于航道运输的"盲肠"。

第4章　不同水文情势下赣江航运经济效益评估

4.1　航运经济效益评估方法

以赣江典型段水利工程运行背景下航运经济效益为研究对象，调查航运货源和单价，开展不同水文情势下设计条件下航运效益评估，量化航运效益函数，揭示其边界效应。

4.2　不同水文情势下航运能力分析

4.2.1　设计频率的选择

本书旨在分析航运、发电、社会经济供水等不同用水户经济效益，寻找最优决策。航运、发电、社会经济供水等不同用水户重要程度不同，供水遭受破坏造成的经济影响差异较大，需要进行多破坏率下的经济分析，探寻最有经济策略。拟定1%、5%、10%、25%为设计破坏率，评估不同水文情势下赣江航运经济效益。

4.2.2　设计水文情势

4.2.2.1　主汛期

本书基于2020—2022年新干航电枢纽坝前逐日水位数据，选取4—6月为主汛期，筛选主汛期逐日水位数据，构建新干航电枢纽坝前主汛期水位向量。拟定Lognormal、Logistic、Gamma、Generalized Extreme Value Distribution、Tlocationscale、Stable 分布为待选水位概率分布类型。指定显著性水平为0.05，借助Matlab软件中ecdf函数和

mle 函数，采用极大似然法估计逐日水位在指定概率分布类型下的参数（表 4.1），绘制经验和理论概率分布图（图 4.1），计算经验和理论点间 Nash 效率系数和相关系数 R。由表 4.1 可知：Lognormal 概率分布类型参数分别为 3.459、0.034，Nash 效率系数和相关系数 R 分别为 0.497 和 0.866。由显著性水平为 0.05 和样本容量为 273 个可知，相关系数临界值为 0.113。Student's t 检验给定原假设 H_0 为新干航电枢纽坝前逐日水位服从 Lognormal 概率分布类型，其备择假设 H_1 为新干航电枢纽坝前逐日水位不服从 Lognormal 概率分布类型。对相关系数进行检验可知，相关系数超越显著性水平，接受原假设 H_0，认为新干航电枢纽坝前逐日水位服从 Lognormal 概率分布类型。给定 Nash 系数临界值为 0.95，给定原假设 H_0 为新干航电枢纽坝前逐日水位服从 Lognormal 概率分布类型，其备择假设 H_1 为新干航电枢纽坝前逐日水位不服从 Lognormal 概率分布类型。Nash 效率系数小于其临界值，接受备择假设，认为新干航电枢纽坝前逐日水位不服从 Lognormal 概率分布类型。综上可知，新干航电枢纽主汛期坝前逐日水位不服从 Lognormal 概率分布类型。

表 4.1 新干航电枢纽坝前逐日水位概率分布类型拟合优度检验

概率分布类型	参数1	参数2	参数3	参数4	Nash效率系数	相关系数
Lognormal	3.459	0.034	—	—	0.497	0.866
Logistic	31.994	0.367	—	—	0.900	0.965
Gamma	902.756	0.035	—	—	0.514	0.870
Generalized Extreme Value Distribution	−0.972	0.675	31.810	—	0.947	0.981
Tlocationscale	32.072	0.256	1.519	—	0.973	0.993
Stable	1.136	−1.000	0.205	32.189	0.979	0.990

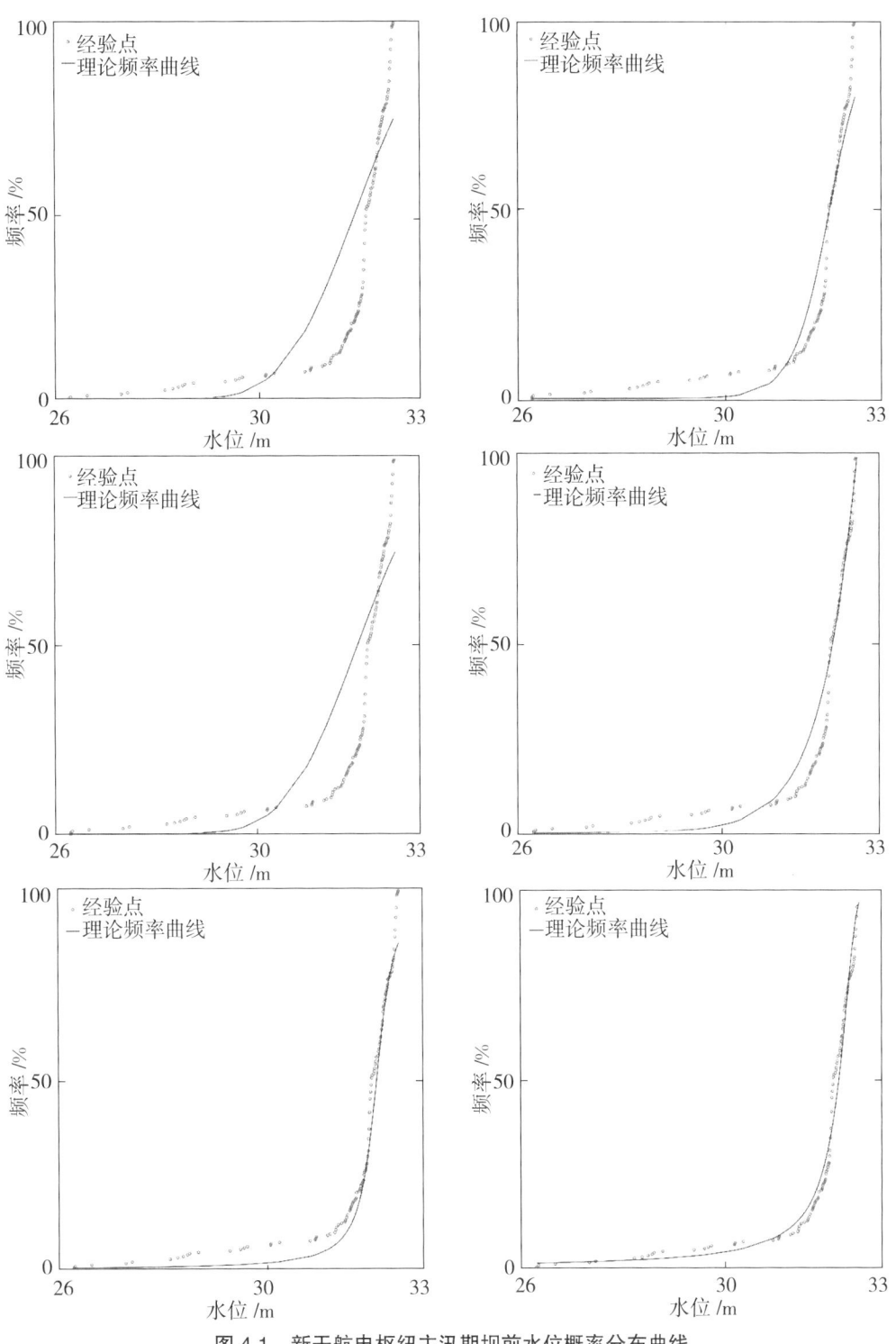

图 4.1 新干航电枢纽主汛期坝前水位概率分布曲线

Logistic 概率分布类型参数分别为 31.994、0.367，Nash 效率系数和相关系数 R 分别为 0.900 和 0.965。由显著性水平为 0.05 和样本容量为 273 个可知，相关系数临界值为 0.113。Student's t 检验给定原假设 H_0 为新干航电枢纽坝前逐日水位服从 Logistic 概率分布类型，其备择假设 H_1 为新干航电枢纽坝前逐日水位不服从 Logistic 概率分布类型。对相关系数进行检验可知，相关系数超越显著性水平，接受原假设 H_0，认为新干航电枢纽坝前逐日水位服从 Logistic 概率分布类型。给定 Nash 系数临界值为 0.95，给定原假设 H_0 为新干航电枢纽坝前逐日水位服从 Logistic 概率分布类型，其备择假设 H_1 为新干航电枢纽坝前逐日水位不服从 Logistic 概率分布类型。Nash 效率系数小于其临界值，接受备择假设，认为新干航电枢纽坝前逐日水位不服从 Logistic 概率分布类型。综上可知，新干航电枢纽主汛期坝前逐日水位不服从 Logistic 概率分布类型。

Gamma 概率分布类型参数分别为 902.756、0.035，Nash 效率系数和相关系数 R 分别为 0.514 和 0.870。由显著性水平为 0.05 和样本容量为 273 个可知，相关系数临界值为 0.113。Student's t 检验给定原假设 H_0 为新干航电枢纽坝前逐日水位服从 Gamma 概率分布类型，其备择假设 H_1 为新干航电枢纽坝前逐日水位不服从 Gamma 概率分布类型。对相关系数进行检验可知，相关系数超越显著性水平，接受原假设 H_0，认为新干航电枢纽坝前逐日水位服从 Gamma 概率分布类型。给定 Nash 系数临界值为 0.95，给定原假设 H_0 为新干航电枢纽坝前逐日水位服从 Gamma 概率分布类型，其备择假设 H_1 为新干航电枢纽坝前逐日水位不服从 Gamma 概率分布类型。Nash 效率系数小于其临界值，接受备择假设，认为新干航电枢纽坝前逐日水位不服从 Gamma 概率分布类型。综上可知，新干航电枢纽主汛期坝前逐日水位不服从 Gamma 概率分布类型。

Generalized Extreme Value Distribution 概率分布类型参数分别为 –0.972、0.675、31.810，Nash 效率系数和相关系数 R 分别为 0.947 和 0.981。由显著性水平为 0.05 和样本容量为 273 个可知，相关系数临界值为 0.113。Student's t 检验给定原假设 H_0 为新干

航电枢纽坝前逐日水位服从 Generalized Extreme Value Distribution 概率分布类型，其备择假设 H_1 为新干航电枢纽坝前逐日水位不服从 Generalized Extreme Value Distribution 概率分布类型。对相关系数进行检验可知，相关系数超越显著性水平，接受原假设 H_0，认为新干航电枢纽坝前逐日水位服从 Generalized Extreme Value Distribution 概率分布类型。给定 Nash 系数临界值为 0.95，给定原假设 H_0 为新干航电枢纽坝前逐日水位服从 Generalized Extreme Value Distribution 概率分布类型，其备择假设 H_1 为新干航电枢纽坝前逐日水位不服从 Generalized Extreme Value Distribution 概率分布类型。Nash 效率系数小于其临界值，接受备择假设，认为新干航电枢纽坝前逐日水位不服从 Generalized Extreme Value Distribution 概率分布类型。综上可知，新干航电枢纽主汛期坝前逐日水位不服从 Generalized Extreme Value Distribution 概率分布类型。

Tlocationscale 概率分布类型参数分别为 32.072、0.256、1.519，Nash 效率系数和相关系数 R 分别为 0.973 和 0.993。由显著性水平为 0.05 和样本容量为 273 个可知，相关系数临界值为 0.113。Student's t 检验给定原假设 H_0 为新干航电枢纽坝前逐日水位服从 Tlocationscale 概率分布类型，其备择假设 H_1 为新干航电枢纽坝前逐日水位不服从 Tlocationscale 概率分布类型。对相关系数进行检验可知，相关系数超越显著性水平，接受原假设 H_0，认为新干航电枢纽坝前逐日水位服从 Tlocationscale 概率分布类型。给定 Nash 系数临界值为 0.95，给定原假设 H_0 为新干航电枢纽坝前逐日水位服从 Tlocationscale 概率分布类型，其备择假设 H_1 为新干航电枢纽坝前逐日水位不服从 Tlocationscale 概率分布类型。Nash 效率系数大于其临界值，接受原假设，认为新干航电枢纽坝前逐日水位服从 Tlocationscale 概率分布类型。综上可知，新干航电枢纽主汛期坝前逐日水位服从 Tlocationscale 概率分布类型。

Stable 概率分布类型参数分别为 1.136、−1.000、0.205、32.189，Nash 效率系数和相关系数 R 分别为 0.979 和 0.990。由显著性水平为 0.05 和样本容量为 273 个可知，相关系数临界值为 0.113。Student's t 检验给定原假设 H_0 为新干航电枢纽坝前逐日水位服从 Stable 概率分布类型，其备择假设 H_1 为新干航电枢纽坝前逐日水位不服从 Stable 概率分布类型。对相关系数进行检验可知，相关系数超越显著性水平，接受原假设 H_0，认为新干航电枢纽坝前逐日水位服从 Stable 概率分布类型。给定 Nash 系数临界值为 0.95，给定原假设 H_0 为新干航电枢纽坝前逐日水位服从 Stable 概率分布类型，其备择假设 H_1 为新干航电枢纽坝前逐日水位不服从 Stable 概率分布类型。Nash 效率系数大于其临界值，接受原假设，认为新干航电枢纽坝前逐日水位服从 Stable 概率分布类型。综上可知，新干航电枢纽主汛期坝前逐日水位服从 Stable 概率分布类型。

4.2.2.2 后汛期

本书基于 2020—2022 年新干航电枢纽坝前逐日水位数据，选取 7—9 月为后汛期，筛选后汛期逐日水位数据，构建新干航电枢纽坝前后汛期水位向量。拟定 Lognormal、Logistic、Gamma、Generalized Extreme Value Distribution、Tlocationscale、Stable 分布为待选水位概率分布类型。指定显著性水平为 0.05，借助 Matlab 软件中 ecdf 函数和 mle 函数，采用极大似然法估计逐日水位在指定概率分布类型下的参数（表 4.2），绘制经验和理论概率分布图（图 4.2），计算经验和理论点间 Nash 效率系数和相关系数 R。由表 4.2 可知：Lognormal 概率分布类型参数分别为 3.466、0.021，Nash 效率系数和相关系数 R 分别为 0.747 和 0.919。由显著性水平为 0.05 和样本容量为 276 个可知，相关系数临界值为 0.113。Student's t 检验给定原假设 H_0 为新干航电枢纽坝前逐日水位服从 Lognormal 概率分布类型，其备择假设 H_1 为新干航电枢纽坝前逐日水位不服从 Lognormal 概率分布类型。对相关系数进行检验可知，相关系数超越显著性水平，接受原假设 H_0，认为新干航电枢纽坝前逐日水位服从 Lognormal 概率分布类型。给定 Nash 系数临界值为 0.95，给定原假设 H_0 为新干航电枢纽坝前逐日水位服从 Lognormal 概率分布类型，其备择假设 H_1 为新干航电枢纽坝前逐日水位不服从 Lognormal 概率分布类型。Nash 效率系数小于其临界值，接受备择假设，认为新干航电枢纽坝前逐日水位不服从 Lognormal 概率分布类型。综上可知，新干航电枢纽后汛期坝前逐日水位不服从 Lognormal 概率分布类型。

表 4.2　新干航电枢纽后汛期坝前逐日水位概率分布类型拟合优度检验

概率分布类型	参数1	参数2	参数3	参数4	Nash效率系数	相关系数
Lognormal	3.466	0.021	—	—	0.747	0.919
Logistic	32.113	0.257	—	—	0.959	0.981
Gamma	2322.185	0.014	—	—	0.754	0.920
Generalized Extreme Value Distribution	−1.174	0.491	32.072	—	0.957	0.984
Tlocationscale	32.166	0.241	1.965	—	0.971	0.992
Stable	1.050	−1.000	0.158	32.285	0.964	0.983

Logistic 概率分布类型参数分别为 32.113、0.257，Nash 效率系数和相关系数 R 分别为 0.959 和 0.981。由显著性水平为 0.05 和样本容量为 276 个可知，相关系数临界值为 0.113。Student's t 检验给定原假设 H_0 为新干航电枢纽坝前逐日水位服从 Logistic 概率分布类型，其备择假设 H_1 为新干航电枢纽坝前逐日水位不服从 Logistic 概率分布类型。对相关系数进行检验可知，相关系数超越显著性水平，接受原假设 H_0，认为新干航电枢纽坝前逐日水位服从 Logistic 概率分布类型。给定 Nash 系数临界值为 0.95，给定原假设 H_0 为新干航电枢纽坝前逐日水位服从 Logistic 概率分布类型，其备择假设 H_1 为新干航电枢纽坝前逐日水位不服从 Logistic 概率分布类型。Nash 效率系数大于其临界值，接受原假设，认为新干航电枢纽坝前逐日水位服从 Logistic 概率分布类型。综上可知，新干航电枢纽后汛期坝前逐日水位服从 Logistic 概率分布类型。

Gamma 概率分布类型参数分别为 2322.185、0.014，Nash 效率系数和相关系数 R 分别为 0.754 和 0.920。由显著性水平为 0.05 和样本容量为 276 个可知，相关系数临界值为 0.113。Student's t 检验给定原假设 H_0 为新干航电枢纽坝前逐日水位服从 Gamma 概率分布类型，其备择假设 H_1 为新干航电枢纽坝前逐日水位不服从 Gamma 概率分布类型。对相关系数进行检验可知，相关系数超越显著性水平，接受原假设 H_0，认为新干航电枢纽坝前逐日水位服从 Gamma 概率分布类型。给定 Nash 系数临界值为 0.95，给定原假设 H_0 为新干航电枢纽坝前逐日水位服从 Gamma 概率分布类型，其备择假设

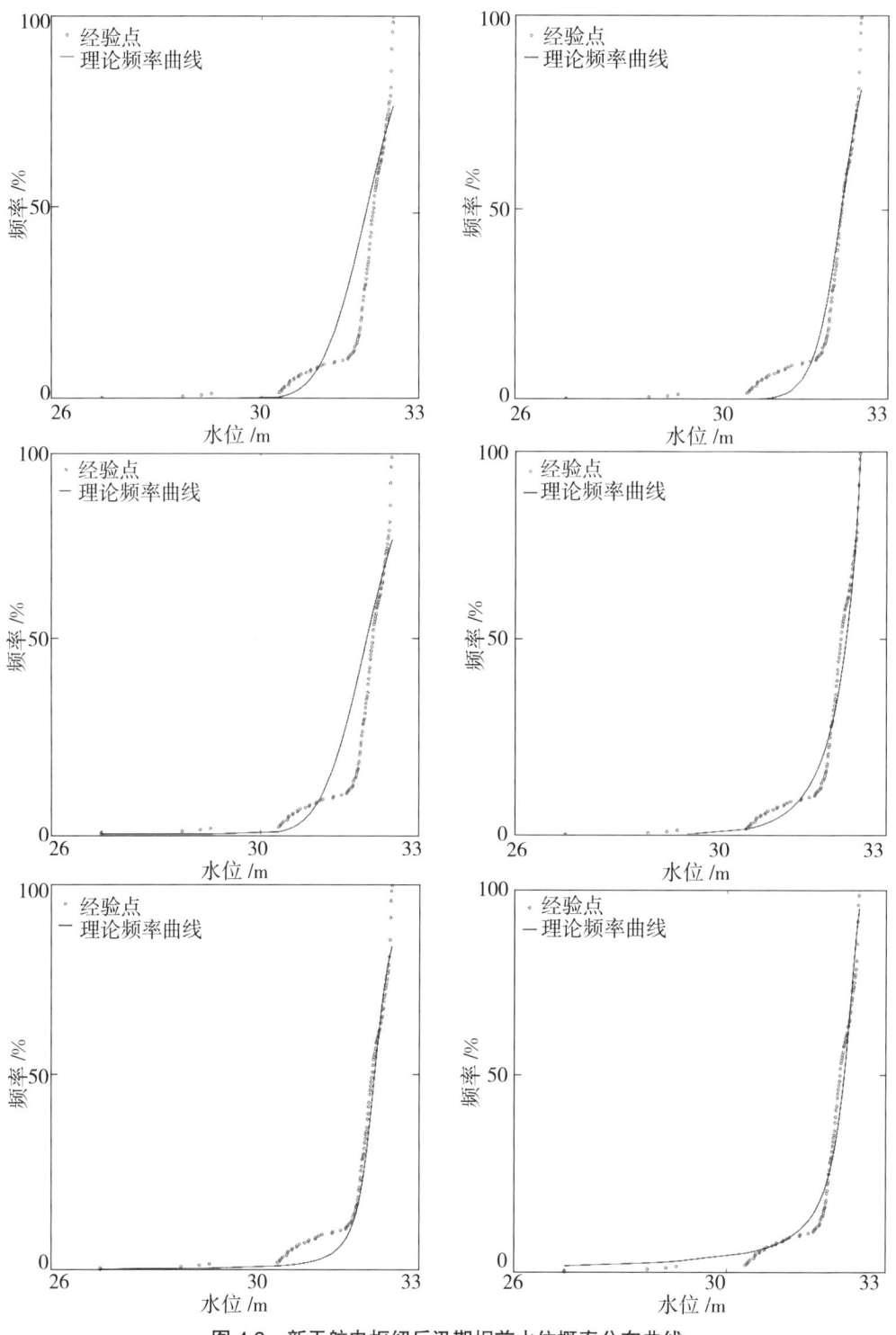

图 4.2 新干航电枢纽后汛期坝前水位概率分布曲线

H_1 为新干航电枢纽坝前逐日水位不服从 Gamma 概率分布类型。Nash 效率系数小于其临界值，接受备择假设，认为新干航电枢纽坝前逐日水位不服从 Gamma 概率分布类型。综上可知，新干航电枢纽后汛期坝前逐日水位不服从 Gamma 概率分布类型。

Generalized Extreme Value Distribution 概率分布类型参数分别为 −1.174、0.491、32.072，Nash 效率系数和相关系数 R 分别为 0.754 和 0.920。由显著性水平为 0.05 和样本容量为 276 个可知，相关系数临界值为 0.113。Student's t 检验给定原假设 H_0 为新干航电枢纽坝前逐日水位服从 Generalized Extreme Value Distribution 概率分布类型，其备择假设 H_1 为新干航电枢纽坝前逐日水位不服从 Generalized Extreme Value Distribution 概率分布类型。对相关系数进行检验可知，相关系数超越显著性水平，接受原假设 H_0，认为新干航电枢纽坝前逐日水位服从 Generalized Extreme Value Distribution 概率分布类型。给定 Nash 系数临界值为 0.95，给定原假设 H_0 为新干航电枢纽坝前逐日水位服从 Generalized Extreme Value Distribution 概率分布类型，其备择假设 H_1 为新干航电枢纽坝前逐日水位不服从 Generalized Extreme Value Distribution 概率分布类型。Nash 效率系数大于其临界值，接受原假设，认为新干航电枢纽坝前逐日水位服从 Generalized Extreme Value Distribution 概率分布类型。综上可知，新干航电枢纽后汛期坝前逐日水位服从 Generalized Extreme Value Distribution 概率分布类型。

Tlocationscale 概率分布类型参数分别为 32.166、0.241、1.965，Nash 效率系数和相关系数 R 分别为 0.957 和 0.984。由显著性水平为 0.05 和样本容量为 276 个可知，相关系数临界值为 0.113。Student's t 检验给定原假设 H_0 为新干航电枢纽坝前逐日水位服从 Tlocationscale 概率分布类型，其备择假设 H_1 为新干航电枢纽坝前逐日水位不服从 Tlocationscale 概率分布类型。对相关系数进行检验可知，相关系数超越显著性水平，接受原假设 H_0，认为新干航电枢纽坝前逐日水位服从 Tlocationscale 概率分布类型。给定 Nash 系数临界值为 0.95，给定原假设 H_0 为新干航电枢纽坝前逐日水位服从 Tlocationscale 概率分布类型，其备择假设 H_1 为新干航电枢纽坝前逐日水位不服从 Tlocationscale 概率分布类型。Nash 效率系数大于其临界值，接受原假设，认为新干航电枢纽坝前逐日水位服从 Tlocationscale 概率分布类型。综上可知，新干航电枢纽后汛期坝前逐日水位服从 Tlocationscale 概率分布类型。

Stable 概率分布类型参数分别为 1.050、−1.000、0.158、32.285，Nash 效率系数和相关系数 R 分别为 0.964 和 0.983。由显著性水平为 0.05 和样本容量为 276 个可知，相关系数临界值为 0.113。Student's t 检验给定原假设 H_0 为新干航电枢纽坝前逐日水位服从 Stable 概率分布类型，其备择假设 H_1 为新干航电枢纽坝前逐日水位不服从 Stable 概率分布类型。对相关系数进行检验可知，相关系数超越显著性水平，接受原假设 H_0，认为新干航电枢纽坝前逐日水位服从 Stable 概率分布类型。给定 Nash 系数临界值为 0.95，给定原假设 H_0 为新干航电枢纽坝前逐日水位服从 Stable 概率分布类型，其备择假设 H_1 为新干航电枢纽坝前逐日水位不服从 Stable 概率分布类型。Nash 效率系数大于其临界值，接受原假设，认为新干航电枢纽坝前逐日水位服从 Stable 概率分布类型。综上可知，新干航电枢纽后汛期坝前逐日水位服从 Stable 概率分布类型。

4.2.2.3 枯水期

本书基于 2020—2022 年新干航电枢纽坝前逐日水位数据，选取 1—3 月和 9—12 月为枯水期，筛选枯水期逐日水位数据，构建新干航电枢纽坝前枯水期水位向量。拟定 Lognormal、Logistic、Gamma、Generalized Extreme Value Distribution、Tlocationscale、Stable 分布为待选水位概率分布类型。指定显著性水平为 0.05，借助 Matlab 软件中 ecdf 函数和 mle 函数，采用极大似然法估计逐日水位在指定概率分布类型下的参数（表 4.3），绘制经验和理论概率分布图（图 4.3），计算经验和理论点间 Nash 效率系数和相关系数 R。由表 3 可知：Lognormal 概率分布类型参数分别为 3.443、0.038，Nash 效率系数和相关系数 R 分别为 0.870 和 0.944。由显著性水平为 0.05 和样本容量为 547 个可知，相关系数临界值为 0.088。Student's t 检验给定原假设 H_0 为新干航电枢纽坝前逐日水位服从 Lognormal 概率分布类型，其备择假设 H_1 为新干航电枢纽坝前逐日水位不服从 Lognormal 概率分布类型。对相关系数进行检验可知，相关系数超越显著性水平，接受原假设 H_0，认为新干航电枢纽坝前逐日水位服从 Lognormal 概率分布类型。给定 Nash 系数临界值为 0.95，给定原假设 H_0 为新干航电枢纽坝前逐日水位服从 Lognormal 概率分布类型，其备择假设 H_1 为新干航电枢纽坝前逐日水位不服从 Lognormal 概率分布类型。Nash 效率系数小于其临界值，接受备择假设，认为新干航电枢纽坝前逐日水位不服从 Lognormal 概率分布类型。综上可知，新干航电枢纽枯水期坝前逐日水位不服从 Lognormal 概率分布类型。

表 4.3　新干航电枢纽枯水期坝前逐日水位概率分布类型拟合优度检验

概率分布类型	参数1	参数2	参数3	参数4	Nash效率系数	相关系数
Lognormal	3.443	0.038	—	—	0.870	0.944
Logistic	31.477	0.660	—	—	0.917	0.958
Gamma	695.742	0.045	—	—	0.873	0.945
Generalized Extreme Value Distribution	−1.056	1.092	31.455	—	0.955	0.987
Tlocationscale	31.298	1.171	475685.344	—	0.878	0.947
Stable	0.917	−1.000	0.371	32.038	0.969	0.985

Logistic 概率分布类型参数分别为 31.477、0.660，Nash 效率系数和相关系数 R 分别为 0.917 和 0.958。由显著性水平为 0.05 和样本容量为 547 个可知，相关系数临界值为 0.088。Student's t 检验给定原假设 H_0 为新干航电枢纽坝前逐日水位服从 Logistic 概率分布类型，其备择假设 H_1 为新干航电枢纽坝前逐日水位不服从 Logistic 概率分布类型。对相关系数进行检验可知，相关系数超越显著性水平，接受原假设 H_0，认为新干航电枢纽坝前逐日水位服从 Logistic 概率分布类型。给定 Nash 系数临界值为 0.95，给定原假设 H_0 为新干航电枢纽坝前逐日水位服从 Logistic 概率分布类型，其备择假设 H_1 为新干航电枢纽坝前逐日水位不服从 Logistic 概率分布类型。Nash 效率系数小于其临界值，接受备择假设，认为新干航电枢纽坝前逐日水位不服从 Logistic 概率分布类型。综上可知，新干航电枢纽枯水期坝前逐日水位不服从 Logistic 概率分布类型。

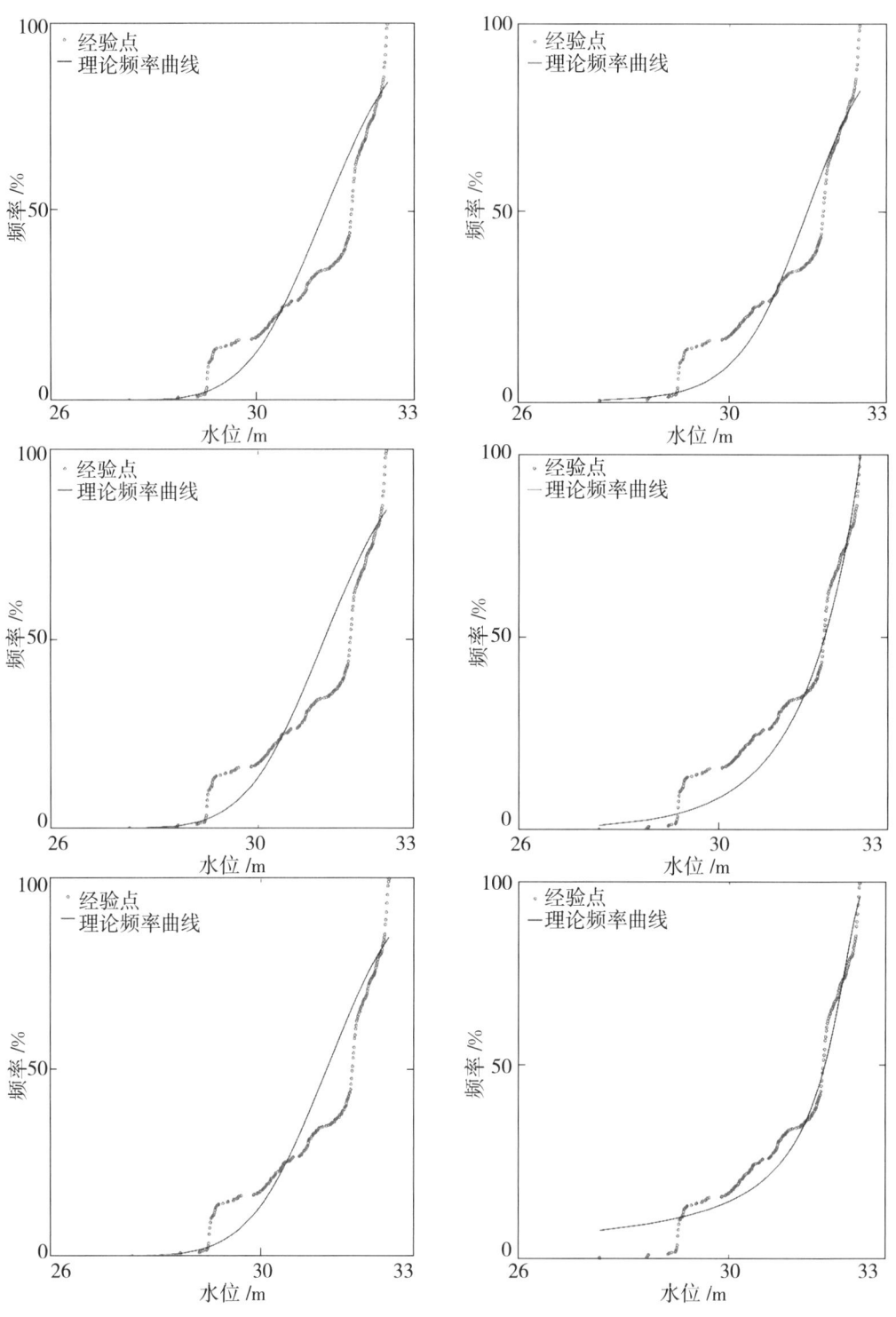

图 4.3 新干航电枢纽枯水期坝前水位概率分布曲线

Gamma 概率分布类型参数分别为 695.742、0.045，Nash 效率系数和相关系数 R 分别为 0.873 和 0.945。由显著性水平为 0.05 和样本容量为 547 个可知，相关系数临界值为 0.088。Student's t 检验给定原假设 H_0 为新干航电枢纽坝前逐日水位服从 Gamma 概率分布类型，其备择假设 H_1 为新干航电枢纽坝前逐日水位不服从 Gamma 概率分布类型。对相关系数进行检验可知，相关系数超越显著性水平，接受原假设 H_0，认为新干航电枢纽坝前逐日水位服从 Gamma 概率分布类型。给定 Nash 系数临界值为 0.95，给定原假设 H_0 为新干航电枢纽坝前逐日水位服从 Gamma 概率分布类型，其备择假设 H_1 为新干航电枢纽坝前逐日水位不服从 Gamma 概率分布类型。Nash 效率系数小于其临界值，接受备择假设，认为新干航电枢纽坝前逐日水位不服从 Gamma 概率分布类型。综上可知，新干航电枢纽枯水期坝前逐日水位不服从 Gamma 概率分布类型。

Generalized Extreme Value Distribution 概率分布类型参数分别为 −1.056、1.092、31.455，Nash 效率系数和相关系数 R 分别为 0.955 和 0.987。由显著性水平为 0.05 和样本容量为 547 个可知，相关系数临界值为 0.088。Student's t 检验给定原假设 H_0 为新干航电枢纽坝前逐日水位服从 Generalized Extreme Value Distribution 概率分布类型，其备择假设 H_1 为新干航电枢纽坝前逐日水位不服从 Generalized Extreme Value Distribution 概率分布类型。对相关系数进行检验可知，相关系数超越显著性水平，接受原假设 H_0，认为新干航电枢纽坝前逐日水位服从 Generalized Extreme Value Distribution 概率分布类型。给定 Nash 系数临界值为 0.95，给定原假设 H_0 为新干航电枢纽坝前逐日水位服从 Generalized Extreme Value Distribution 概率分布类型，其备择假设 H_1 为新干航电枢纽坝前逐日水位不服从 Generalized Extreme Value Distribution 概率分布类型。Nash 效率系数大于其临界值，接受原假设，认为新干航电枢纽坝前逐日水位服从 Generalized Extreme Value Distribution 概率分布类型。综上可知，新干航电枢纽枯水期坝前逐日水位服从 Generalized Extreme Value Distribution 概率分布类型。

Tlocationscale 概率分布类型参数分别为 31.298、1.171、475685.344，Nash 效率系

数和相关系数 R 分别为 0.878 和 0.947。由显著性水平为 0.05 和样本容量为 547 个可知，相关系数临界值为 0.088。Student's t 检验给定原假设 H_0 为新干航电枢纽坝前逐日水位服从 Tlocationscale 概率分布类型，其备择假设 H_1 为新干航电枢纽坝前逐日水位不服从 Tlocationscale 概率分布类型。对相关系数进行检验可知，相关系数超越显著性水平，接受原假设 H_0，认为新干航电枢纽坝前逐日水位服从 Tlocationscale 概率分布类型。给定 Nash 系数临界值为 0.95，给定原假设 H_0 为新干航电枢纽坝前逐日水位服从 Tlocationscale 概率分布类型，其备择假设 H_1 为新干航电枢纽坝前逐日水位不服从 Tlocationscale 概率分布类型。Nash 效率系数小于其临界值，接受备择假设，认为新干航电枢纽坝前逐日水位不服从 Tlocationscale 概率分布类型。综上可知，新干航电枢纽枯水期坝前逐日水位不服从 Tlocationscale 概率分布类型。

Stable 概率分布类型参数分别为 0.917、−1.000、0.371、32.038，Nash 效率系数和相关系数 R 分别为 0.969 和 0.985。由显著性水平为 0.05 和样本容量为 547 个可知，相关系数临界值为 0.088。Student's t 检验给定原假设 H_0 为新干航电枢纽坝前逐日水位服从 Stable 概率分布类型，其备择假设 H_1 为新干航电枢纽坝前逐日水位不服从 Stable 概率分布类型。对相关系数进行检验可知，相关系数超越显著性水平，接受原假设 H_0，认为新干航电枢纽坝前逐日水位服从 Stable 概率分布类型。给定 Nash 系数临界值为 0.95，给定原假设 H_0 为新干航电枢纽坝前逐日水位服从 Stable 概率分布类型，其备择假设 H_1 为新干航电枢纽坝前逐日水位不服从 Stable 概率分布类型。Nash 效率系数大于其临界值，接受原假设，认为新干航电枢纽坝前逐日水位服从 Stable 概率分布类型。综上可知，新干航电枢纽坝枯水期前逐日水位服从 Stable 概率分布类型。

4.2.2.4 年尺度

本书基于 2020—2022 年新干航电枢纽坝前逐日水位数据，选取 1—12 月为全年数据，构建新干航电枢纽坝前全年水位向量。拟定 Lognormal、Logistic、Gamma、Generalized Extreme Value Distribution、Tlocationscale、Stable 分布为待选水位概率分布类型。指定显著性水平为 0.05，借助 Matlab 软件中 ecdf 函数和 mle 函数，采用极大似然法估计逐日水位在指定概率分布类型下的参数（表 4.4），绘制经验和理论概率分布图（图 4.4），计算经验和理论点间 Nash 效率系数和相关系数 R。由表 4.4 可知：Lognormal 概率分布类型参数分别为 3.453、0.035，Nash 效率系数和相关系数 R 分别为 0.804 和 0.918。由显著性水平为 0.05 和样本容量为 1096 个可知，相关系数临界值为 0.062。Student's t 检验给定原假设 H_0 为新干航电枢纽坝前逐日水位服从 Lognormal 概率分布类型，其备择假设 H_1 为新干航电枢纽坝前逐日水位不服从 Lognormal 概率分布类型。对相关系数进行检验可知，相关系数超越显著性水平，接受原假设 H_0，认为新干航电枢纽坝前逐日水位服从 Lognormal 概率分布类型。给定 Nash 系数临界值为 0.95，给定原假设 H_0 为新干航电枢纽坝前逐日水位服从 Lognormal 概率分布类型，其备择假设 H_1 为新干航电枢纽坝前逐日水位不服从 Lognormal 概率分布类型。Nash 效率系数小于其临界值，接受备择假设，认为新干航电枢纽坝前逐日水位不服从 Lognormal 概率分布类型。综上可知，新干航电枢纽年尺度坝前逐日水位不服从 Lognormal 概率分布类型。

表 4.4 新干航电枢纽年尺度坝前逐日水位概率分布类型拟合优度检验

概率分布类型	参数1	参数2	参数3	参数4	Nash效率系数	相关系数
Lognormal	3.453	0.035	—	—	0.804	0.918
Logistic	31.814	0.516	—	—	0.910	0.954
Gamma	835.032	0.038	—	—	0.808	0.920
Generalized Extreme Value Distribution	−1.152	1.028	31.607	—	0.970	0.987
Tlocationscale	32.046	0.341	1.263	—	0.896	0.989
Stable	0.871	−1.000	0.239	32.202	0.980	0.991

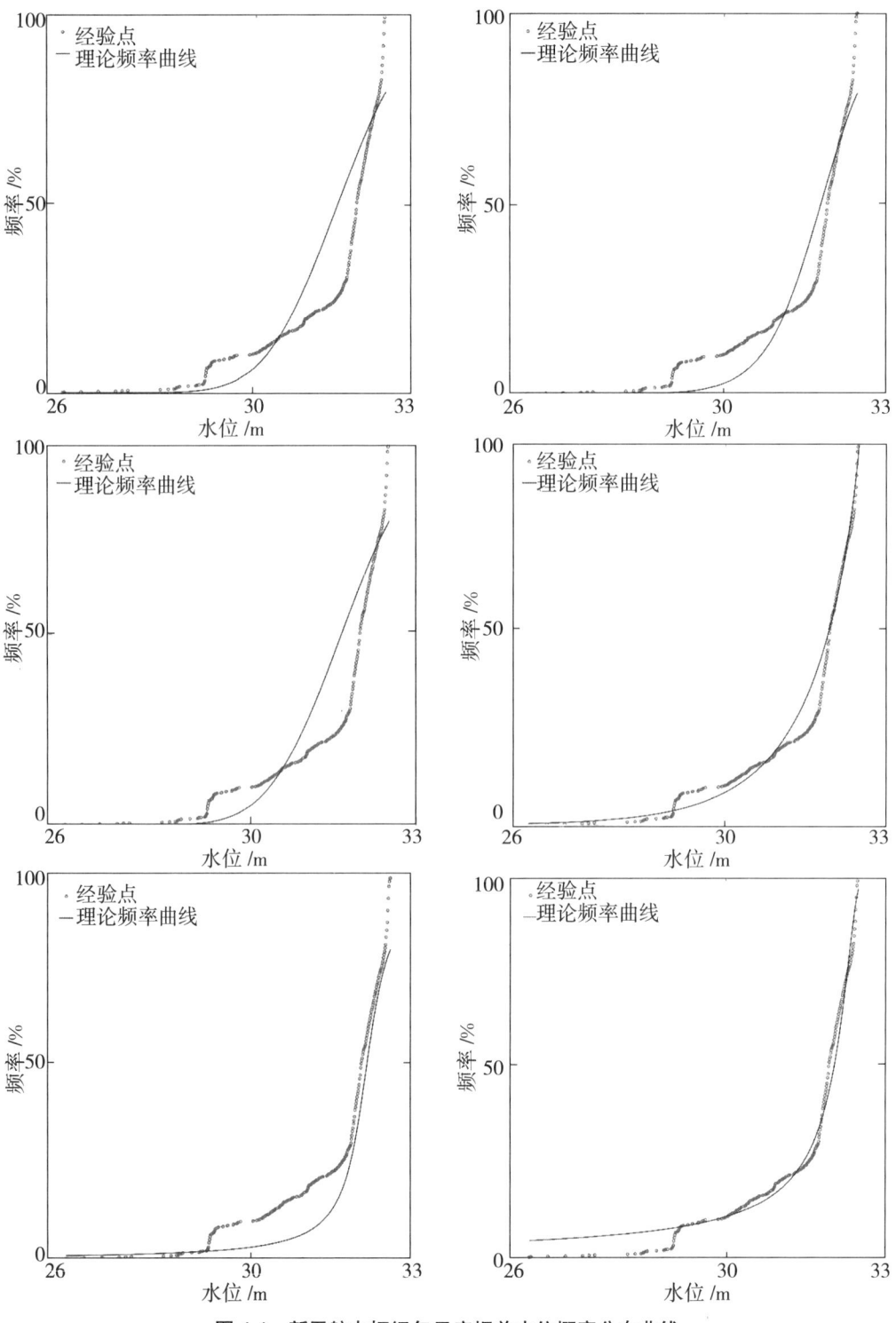

图 4.4 新干航电枢纽年尺度坝前水位概率分布曲线

Logistic 概率分布类型参数分别为 31.814、0.516，Nash 效率系数和相关系数 R 分别为 0.910 和 0.954。由显著性水平为 0.05 和样本容量为 1096 个可知，相关系数临界值为 0.062。Student's t 检验给定原假设 H_0 为新干航电枢纽坝前逐日水位服从 Logistic 概率分布类型，其备择假设 H_1 为新干航电枢纽坝前逐日水位不服从 Logistic 概率分布类型。对相关系数进行检验可知，相关系数超越显著性水平，接受原假设 H_0，认为新干航电枢纽坝前逐日水位服从 Logistic 概率分布类型。给定 Nash 系数临界值为 0.95，给定原假设 H_0 为新干航电枢纽坝前逐日水位服从 Logistic 概率分布类型，其备择假设 H_1 为新干航电枢纽坝前逐日水位不服从 Logistic 概率分布类型。Nash 效率系数小于其临界值，接受备择假设，认为新干航电枢纽坝前逐日水位不服从 Logistic 概率分布类型。综上可知，新干航电枢纽年尺度坝前逐日水位不服从 Logistic 概率分布类型。

Gamma 概率分布类型参数分别为 835.032、0.038，Nash 效率系数和相关系数 R 分别为 0.808 和 0.920。由显著性水平为 0.05 和样本容量为 1096 个可知，相关系数临界值为 0.062。Student's t 检验给定原假设 H_0 为新干航电枢纽坝前逐日水位服从 Gamma 概率分布类型，其备择假设 H_1 为新干航电枢纽坝前逐日水位不服从 Gamma 概率分布类型。对相关系数进行检验可知，相关系数超越显著性水平，接受原假设 H_0，认为新干航电枢纽坝前逐日水位服从 Gamma 概率分布类型。给定 Nash 系数临界值为 0.95，给定原假设 H_0 为新干航电枢纽坝前逐日水位服从 Gamma 概率分布类型，其备择假设 H_1 为新干航电枢纽坝前逐日水位不服从 Gamma 概率分布类型。Nash 效率系数小于其临界值，接受备择假设，认为新干航电枢纽坝前逐日水位不服从 Gamma 概率分布类型。综上可知，新干航电枢纽年尺度坝前逐日水位不服从 Gamma 概率分布类型。

Generalized Extreme Value Distribution 概率分布类型参数分别为 −1.152、1.028、31.607，Nash 效率系数和相关系数 R 分别为 0.970、0.987。由显著性水平为 0.05 和样本容量为 1096 个可知，相关系数临界值为 0.062。Student's t 检验给定原假设 H_0 为新干航电枢纽坝前逐日水位服从 Generalized Extreme Value Distribution 概率分布类型，其备择假设 H_1 为新干航电枢纽坝前逐日水位不服从 Generalized Extreme Value Distribution

概率分布类型。对相关系数进行检验可知，相关系数超越显著性水平，接受原假设 H_0，认为新干航电枢纽坝前逐日水位服从 Generalized Extreme Value Distribution 概率分布类型。给定 Nash 系数临界值为 0.95，给定原假设 H_0 为新干航电枢纽坝前逐日水位服从 Generalized Extreme Value Distribution 概率分布类型，其备择假设 H_1 为新干航电枢纽坝前逐日水位不服从 Generalized Extreme Value Distribution 概率分布类型。Nash 效率系数大于其临界值，接受原假设，认为新干航电枢纽坝前逐日水位服从 Generalized Extreme Value Distribution 概率分布类型。综上可知，新干航电枢纽年尺度坝前逐日水位服从 Generalized Extreme Value Distribution 概率分布类型。

Tlocationscale 概率分布类型参数分别为 32.046、0.341、1.263，Nash 效率系数和相关系数 R 分别为 0.896 和 0.989。由显著性水平为 0.05 和样本容量为 1096 个可知，相关系数临界值为 0.062。Student's t 检验给定原假设 H_0 为新干航电枢纽坝前逐日水位服从 Tlocationscale 概率分布类型，其备择假设 H_1 为新干航电枢纽坝前逐日水位不服从 Tlocationscale 概率分布类型。对相关系数进行检验可知，相关系数超越显著性水平，接受原假设 H_0，认为新干航电枢纽坝前逐日水位服从 Tlocationscale 概率分布类型。给定 Nash 系数临界值为 0.95，给定原假设 H_0 为新干航电枢纽坝前逐日水位服从 Tlocationscale 概率分布类型，其备择假设 H_1 为新干航电枢纽坝前逐日水位不服从 Tlocationscale 概率分布类型。Nash 效率系数小于其临界值，接受备择假设，认为新干航电枢纽坝前逐日水位不服从 Tlocationscale 概率分布类型。综上可知，新干航电枢纽年尺度坝前逐日水位不服从 Tlocationscale 概率分布类型。

Stable 概率分布类型参数分别为 0.871、−1.000、0.239、32.202，Nash 效率系数和相关系数 R 分别为 0.980 和 0.991。由显著性水平为 0.05 和样本容量为 1096 个可知，相关系数临界值为 0.062。Student's t 检验给定原假设 H_0 为新干航电枢纽坝前逐日水位服从 Stable 概率分布类型，其备择假设 H_1 为新干航电枢纽坝前逐日水位不服从 Stable 概率分布类型。对相关系数进行检验可知，相关系数超越显著性水平，接受原假设 H_0，认为新干航电枢纽坝前逐日水位服从 Stable 概率分布类型。给定 Nash 系数临界值为

0.95，给定原假设 H_0 为新干航电枢纽坝前逐日水位服从 Stable 概率分布类型，其备择假设 H_1 为新干航电枢纽坝前逐日水位不服从 Stable 概率分布类型。Nash 效率系数大于其临界值，接受原假设，认为新干航电枢纽坝前逐日水位服从 Stable 概率分布类型。综上可知，新干航电枢纽年尺度坝前逐日水位服从 Stable 概率分布类型。

现分别对研究区采取主汛期（4—6月），后汛期（7—9月）和枯水期（1—3月，9—12月）的分期方式，采用最优频率分布，在不同频率下进行设计水位的计算。取破坏率分别为 0.01、0.05、0.1、0.25，计算成果见表 4.5。表 4.5 可知：在频率为 1% 的情况下，主汛期设计水位相较于后汛期设计水位和枯水期设计水位更低；在频率为 5% 的情况下，枯水期设计水位相比主汛期设计水位和后汛期设计水位更低；在频率为 10% 的情况下，主汛期水位和后汛期水位比较接近，两者都比枯水期水位要高；在频率为 25% 的情况下，主汛期水位、后汛期水位和枯水期水位比较接近，后汛期水位最高，主汛期水位其次，枯水期水位最低。

表 4.5 研究区分汛期设计频率计算结果

	P/%	1	5	10	25
水位/m	主汛期	24.5	30.2	31	31.8
	后汛期	30.4	31.5	31.7	32
	枯水期	27.3	29.2	30	31

4.2.3 设计水文情势下航运能力分析

本书依据新干航电枢纽在主汛期、后汛期、枯水期运行水位，筛选典型日。收集典型日新干航电枢纽水位、峡江下泄流量及各计算断面宽度、水深，采用航运能力评价模型估算设计水文情势下航运能力。

4.3 航运货物类型调查与评价

4.3.1 煤炭

4.3.1.1 江西省煤炭产能及产量

煤炭资源在江西省分布广泛，又相对集中。江西省 100 个县（市、区）中 84 个县（市、区）有煤炭分布。按照行政区划来统计，煤炭资源主要集中于宜春、萍乡和景德镇三市，其探明储量占江西省总量的 73.8%。其次是上饶、吉安、新余和赣州四市，占 25.1%，而九江、鹰潭、南昌和抚州四市储量甚少，仅占 1.1%。

江西省煤炭品种牌号较齐全，除褐煤外气煤、肥煤、焦煤、瘦煤、贫煤和无烟煤均有生产。和全国一些富煤省比较，江西省煤炭的煤质偏差，多属中灰和高灰。

目前，共有 8 个市（宜春、萍乡、景德镇、上饶、吉安、新余、赣州、九江）和江西省能源集团公司下属萍乡矿业集团、丰城矿务局、新余煤业公司、乐平矿务局等 4 个矿务局（公司）生产煤炭。2013 年江西省煤矿数量 579 处，其中省能源集团公司 37 处，地方国有及乡镇煤矿 542 处。在这些矿井中煤与瓦斯突出矿井 4 处，高瓦斯矿井 70 处，低瓦斯矿井 127 处。

江西省煤矿的特点是地质条件复杂，急倾斜煤层多，灾害重，数量多，生产规模小，平均单井产量不足 5 万 t/a。

按各监察分局管辖范围分：赣西南分局管辖煤矿企业 79 处，其中萍乡市 54 处、吉安市 15 处、赣州市 10 处；赣中分局管辖煤矿企业 74 处，其中新余市 32 处、宜春市 42 处；赣东北分局管辖煤矿企业 48 处，其中上饶市 37 处、景德镇市 6 处、九江市 5 处。

根据江西省人民政府的资料，2023 上半年，江西省规模以上工业原煤产量 97.74 万 t，同比增长 9.6%，增速比一季度提高 17.3 %。其中，一般烟煤产量 80.61 万 t，增长 15.2；无烟煤产量 10.14 万 t，下降 10.1%；炼焦烟煤产量 7.00 万 t，下降 11.3%。

4.3.1.2 江西省供需格局及发展趋势

（1）江西省煤炭需求现状及发展趋势

近年来，江西经济进入快速发展阶段，江西省煤炭需求量从2005年的4243万t增长到2019年的8100万t。其中2019年江西省各统调火电厂耗用电煤3910万t。钢厂（包括炼焦）调入煤炭1470万t，水泥用煤1200万t，化工用煤680万t，其他用煤840万t。根据调查，江西省未来煤炭新增动力主要来自电厂扩建，如上饶电厂（中电投）、信丰电厂（合资）、余江的黄金埠电厂，景德镇电厂扩建，九江国电扩建以及丰城电厂四期扩建。根据权威部门研究和分析，以上电厂扩建全部的可能性比较小，但部分实现的可能性大。预测2025年9500万t，2030年11000万t。随着天然气和内陆核电工程的启动，远期江西省煤炭需求动力或减弱。估计高峰煤炭需求在12000万t，以后会逐渐降低。

（2）本地生产现状

江西省历史上煤炭生产高峰曾超过4000万t，随着国家对环境的治理、煤矿生产安全强化以及能源结构调整。2016—2018年江西省按照国家去产能的计划，不断关停并转不合国家规定的煤窑。根据统计2016年江西省煤炭产量1289万t、2017年704万t、2018年612万t、到2019年年底，江西省只余下萍乡、新余两市63处煤炭开采点，产能691万t，2018年实际生产553万t，2019年实际煤炭产量仅441万t。

（3）江西省煤炭调运格局及趋势

根据不完全统计，2019年江西省8200万t煤炭总需求中，本地煤炭供应441万t（本地生产有50万t出省），水路海进江煤炭3735万t，铁路3975万t。江西省水运中转运输主要通过九江港、南昌港、新余港、宜春港、鄱阳港（上饶）等。

根据江西省水路、铁路发展规划，未来江西省煤炭进口主要依靠铁路和水路两大部分。水路方面，煤炭进口主要通过九江港新建的银砂湾作业区和江煤通用码头，九江三角线作业区、闽赣214码头、四方作业区码头的散货泊位功能按照九江港总体规划和九江市城市总体规划将在近两年完成功能转换，其土地转为工业用地或市政用地，其散货功能需要向下游江煤码头、国华电厂、国电九江电厂、九江钢厂、新建的银沙湾散货码头等主要进口煤炭保障自用。

铁路方面，除了京九铁路、武九铁路、皖赣铁路、浙赣铁路和湘赣铁路，以及南向的向莆铁路、鹰厦铁路外，江西省未来的煤炭调入变化来源于浩吉铁路即将建成，可为江西省煤炭提供了新的运输通道。

（4）江西省未来煤炭供需及调运格局

根据二航院和江西省港航院联合对江西省全范围港口普查，以及参考2018年长江水系航运统计资料，虽然进行了长江岸线整治，影响了江西省煤炭进出口量，2018年整个江西省通过水路进出口量2905万t，其中进口2712万t，出口193万t。分析其流向。其中出口煤炭中基本转入本省，其净进口量2519万t。以及考虑水运一些企事业和民营码头未上报等原因，江西省2018年通过水路进口煤炭在2600万t。

对江西省2025—2030年的煤炭供需及调运格局预测见表4.6。

表4.6 江西省2025—2030年的煤炭供需及调运方式量预测

单位：万t

序号	项目	水平年	
		2025	2030
一	江西省总需求	9500	11000
二	总供给	9500	11000
1	本地供应	440	440
（1）	本地生产量	500	500
（2）	本地外调量	60	60
（3）	本地可供给量	440	440
2	铁路直达调入	5260	5960
（1）	京九铁路	3500	3500
（2）	浩吉铁路	1200	1800
（3）	其他铁路	560	660

续表

序号	项目	水平年	
		2025	2030
3	水路调入	3800	4600
(1)	九江港供给净量	3500	4200
	九江港上岸转铁路	1600	2100
	九江港上岸就地消耗	900	900
	九江港上岸转下水	1000	1200
(2)	南昌港供给净量	200	300
	南昌港上岸就地消耗	500	700
	其中:来自九江港中转	300	400
	自沿江直达运输上岸就地消耗	200	300
(3)	其他港口供给净量	100	100
	其中来自九江港中转	700	800
	自沿江直达运输上岸就地消耗	100	100

资料来源：中煤协会研究报告。

4.3.2 金属矿石

4.3.2.1 铁矿石

（1）江西省钢厂产能及产量概况

江西省钢铁产能主要集中在3个企业。其中最大产能集中在方大集团，旗下有方大特钢、萍乡钢厂和九江钢厂。方大集团总产能1600万t，其中九江钢厂产能550万t，萍乡基地690万t，南昌基地360万t。其次是新余钢铁集团产能1000万t，南昌钢铁仅140万t，三大钢厂合计总产能2740万t。

（2）南昌钢厂进口铁矿运输方式

南昌钢厂原料未来的铁矿石内外贸矿可能有所调整，计划内贸矿调整为250万t，外贸矿调整为500万t（规划澳矿350万t、巴西矿50万t、印度矿等200万t）。钢厂希望运输路径采用在南昌南新码头上岸然后转汽车进厂方式。但南新码头属于临时，需要进行提升。尤其是南新码头的集疏运条件较差，需要大力改善。

（3）九江萍钢进口铁矿运输方式

九江萍钢钢铁有限公司技改后年产钢将达到550万t。根据该厂物流公司经理介绍，2019年该厂实际进口量约650万t，满负荷运行需求矿石790万t。九江钢厂计划全部从国外进口。国外进口矿运输路径如下：国外矿山—国外矿石码头—海运—长江运输—九江钢厂码头。

（4）新余钢厂进口铁矿运输方式

计划国外进口1200万t铁矿石，钢厂直接与巴西、澳洲和印度等地直接进口矿830万t，从中间贸易商在国内沿海港口采矿贸易矿370万t。国外进口矿运输路径如下：

①国外矿山—国外矿石码头—海运—长江运输—九江港四方作业区、三角线作业区、九鼎码头等—铁路300万t。

②国外矿山—国外矿石码头—海运—宁波北仑矿石码头—火车450万t。

③国外矿山—国外矿石码头—海运—福建湄洲湾罗屿码头—火车200万t。

④国外矿山—国外矿石码头—海运—长江运输—南昌港等—公路450万t。

根据调查，新余钢厂铁矿石进口不会采用单一运输路径，会跟各个通道保持合作，但会根据成本变化，随时调整不同路径的运输量。公司希望最有运输方式是在吉安王家村、樟树和丰城的同田选择铁矿石二程或三程中转点接卸，希望江西港口集团能解决铁路直达进厂问题。

（5）萍乡钢厂进口铁矿运输方式

萍乡萍钢安源钢铁有限公司有两个厂址，其中老萍钢（湘东区）产能250万t炼钢能力、新厂址在安源，产能为350万t炼钢能力。根据该公司原料部介绍，满负荷运行，该厂年需求890万t铁矿石，其中30%（310万t）由本地自产和从广东、湖南等地通过公路、铁路保障供应，另外70%（580万t）则需要从国外进口（其中澳矿95%、巴西、印度等地矿5%）。该厂铁矿石最佳的运输方式是国外矿山—国外矿石码头—海运—南昌港或宜春樟树港区或吉安新干港区—火车进厂。若南昌或宜春樟树或吉安新干有铁矿石码头，且具备铁水联运优势，可以安排至少200万t以上铁矿石运输量。

（6）联达球团项目

联达球团项目还处在前期论证之中，总体水运需求160万t。运输方式同九江钢厂。

（7）九江、南昌、宜春、吉安、新余五港铁矿石吞吐量规划

九江港、南昌港、宜春港和新余港的铁矿石吞吐量比较难确定，这涉及未来江西港口集团关于铁矿石运输系统设计。新余港铁矿石吞吐量，由于宜春的樟树、丰城，吉安的新干、南昌的厚田、姚湾等距离新余都比较近，因此新余港的铁矿石吞吐量不确定因素较多。

4.3.2.2 铅锌矿石

江铜集团铅锌冶炼项目一期生产电铅10万t、电锌14万t、硫酸40万t及其他产品。根据调查，湖口项目刚投产，一切还在调试中，2019年实际只进口铅锌矿13万t。目前二期在筹建之中，据该厂物流部介绍，达产后，铅锌精矿年进口量在75万t。三期工程工程完工后，全长电铅40万t、电锌40万t，硫酸110万t及其他产品年需要进口铅锌矿120万t。

铅锌矿的进口运输方式：国外矿山—国外矿石码头—海运—长江运输—江铜码头。

4.3.2.3 锂矿砂及锂盐

新余市的锂电项目占世界的1/4，全国的1/3，年进口锂矿8万t，年出口锂盐2万t。

锂矿砂和锂盐的运输量较少，较多的运输量采用汽车从其他港（如镇江港）或从沿海港口通过铁水联运方式运输，江西港口集团可以在南昌或周边选择一处港点，专门承接锂矿砂及锂盐进出口业务。

4.3.3 石油及制品

石油及制品主要集中在九江。其中九江石化与港口集团未来的业务关联不大，关

联比较大的主要在彭泽的华亿项目、南昌的 2 个油码头和罐区,以及未来上饶油品进口业务。九江地区石油(成品油)水运需求 710 万 t。上饶成品油水运在 30 万 t。由于涉及中石化和中石油,港口集团最佳方式是与两大油企合作建设码头和罐区。南昌富昌和隆达两个项目则应尽快按照政府要求,完成产权交割,开展正式营运。南昌港油品运输需求为 105 万 t。因此,整个江西省水上成品油水运需求 845 万 t。

4.3.4 钢铁

根据前面调查,江西省各地钢铁水运需求见表 4.7。

表 4.7 江西省各市潜在水运钢铁需求调查

单位:万 t

序号	设区市	本地企业钢铁直接水运需求	序号	设区市	本地企业钢铁直接水运需求
1	南昌	350	7	新余	600
2	九江	620	8	萍乡	0
3	景德镇	40	9	吉安	20
4	上饶	0	10	赣州	40
5	鹰潭	40	11	抚州	0
6	宜春	0			
合计					1710

南昌本地钢材出口少,进口钢材主要是江铃汽车、海立压缩机以及南昌北钢材市场贸易商从市外进口钢材,合计进口量 247 万 t,随着机械制造业的发展、基础设施建设投入的增加,尤其是腹地江铃汽车未来的生产规模将扩大到 100 万辆,海立压缩机,以及其他电器、设备,钢材进口量将达到 350 万 t。九江市的九江钢厂通过水路外运钢材 360 万 t,位于其上游的联达公司,计划建设 100 万 t 废钢加工项目,合计废钢项目钢铁运输需求 170 万 t;九江各工矿企业,尤其是昌河汽车九江基地,年进口来自河北唐山、上海宝钢、武钢、马钢的薄板(汽车板),大致钢材量 90 万 t;九江市本地钢材水运需求合计 620 万 t。景德镇机械制造业用的钢铁主要为钢板和线材,主要用于汽车

及配套、航空及配套产业以及工业厂房钢结构件等，钢铁潜在水运需求在40万t（全部为进口）。鹰潭市建筑用材和机械制造业用的钢铁主要为建筑钢材、盘圆、线材，钢板，主要来自江西省内九江钢厂、南昌方大、省外湖北、安徽、上海、江苏等地，用于水工专用设备、工业厂房钢结构件、铜加工、汽摩配等，鹰潭钢铁水运需求大致在40万t。新余市规划以渝水区为核心，以新钢集团公司为龙头，形成以钢铁冶炼、钢材深加工、装备制造为主的完整钢铁产业链，预计有600万t需要水路外运。吉安地区无钢厂，所需钢材全部需要从周边方大、新钢和九钢等地进口，建筑钢材主要采用汽车运输，但是由于产品品种限制，吉安还需要从长江沿线的武钢、马钢、宝钢等的进口镀锌薄板、汽车板、硅钢等，年进口量在20万t以上。赣州市钢铁进口量较大，但由于受航道和枢纽的影响，南昌、新余及长江沿线方向极少数采用水运。随着航道条件的改善，未来腹地赣州地区经济建设与机电、汽车等产业进一步发展，钢铁及制品需求量保持一定的增长，主要从长江沿线和赣江下游调入，赣州市钢材水运需求在40万t以上。

4.3.5 矿建材料

4.3.5.1 砂石料（包括骨料机制砂等）

（1）江西省砂石料生产情况

江西省位于华东地区，成矿地质条件优越，矿产资源配套程度相对较高。目前，江西省经济正面临转型升级的关口，矿业面临供给侧结构性改革。江西省的南昌、九江、鹰潭、抚州等地河砂开采均已经或准备收归国有，成立国营采砂企业，江西省河道采砂国有化呈扩大之势。江西省矿产资源丰富且种类齐全，在整体的资源规划上，《江西省矿产资源总体规划（2016—2020年）》提出了矿业转型升级以及绿色矿山建设的概念，江西省砂石骨料市场或将面临机遇与挑战共存的境况。

2011—2013年，江西省砂石骨料产量增长迅速，2013年该省砂石骨料总产量一度接近8亿~9亿t，但从2014年起，砂石骨料产量增速逐渐放缓。2018年，江西省砂石骨料产量均呈现负增长趋势，产量在8亿t。其中省内需求7.4亿t，外销0.6亿t，主要通过水路下水运往江苏、上海等地。

（2）江西省各地砂石料水运需求

根据前面调查，江西省各市潜在水运砂石料需求调查见表4.8。

表4.8 江西省各市潜在水运砂石料需求调查

单位：万 t

序号	设区市	本地企业砂石料直接水运需求	序号	设区市	本地企业砂石料直接水运需求
1	南昌	1500	7	新余	200
2	九江	8000	8	萍乡	0
3	景德镇	760	9	吉安	2500
4	上饶	1800	10	赣州	2150
5	鹰潭	380	11	抚州	400
6	宜春	400			
合计					18090

4.3.5.2 灰渣、水渣等

根据前面调查，江西省各市潜在水运灰渣、水渣需求调查见表4.9。

表4.9 江西省各市潜在水运灰渣、水渣需求调查

单位：万 t

序号	设区市	本地企业灰渣、水渣直接水运需求	序号	设区市	本地企业灰渣、水渣直接水运需求
1	南昌	0	7	新余	100
2	九江	960	8	萍乡	0
3	景德镇	80	9	吉安	0
4	上饶	80	10	赣州	0
5	鹰潭	0	11	抚州	0
6	宜春	0			
合计					1220

4.3.6 非金属矿

根据前面调查，江西省各市潜在水运非金属矿需求调查见表4.10。

表4.10 江西省各市潜在水运非金属矿需求调查

单位：万t

序号	设区市	本地企业非金属矿直接水运需求	序号	设区市	本地企业非金属矿直接水运需求
1	南昌	0	7	新余	112
2	九江	730	8	萍乡	30
3	景德镇	375	9	吉安	40
4	上饶	0	10	赣州	0
5	鹰潭	35	11	抚州	0
6	宜春	340			
合计					1662

九江市主要非金属矿需求主要来自九江发电有限公司维持机组运行所需的石灰石；亚东水泥公司和庐山海螺水泥有限公司生产时需要石膏、砂岩、尾矿等；诺贝尔瓷砖正常年份进口的瓷土以及部分公司项目扩建所需的石灰石、磷矿等合计730万t。景德镇是世界瓷都，陶瓷是特色产业，需要进口大量的石灰石、磷矿和瓷土。景德镇港非金属矿石吞吐量为375万t（其中进口15万t，出口360万t）。鹰潭市贵溪化肥厂按照实际生产需求，满负荷运行该厂需求磷矿35万t。宜春市高安建筑陶瓷产业集群为我国第二大建筑陶瓷产区，瓷土原料需求量巨大，每年约在280万t瓷土原料需要从外省购进；宏宇能源年生产玻璃需要进口石英砂40万t，需从吉安鄂城下河装船运往樟树；丰城泰山石膏板厂年进口石膏20万t；整个宜春非金属矿水运进出口需求340万t。新余市钢厂需求溶剂600万t，主要是石灰石、石膏、白云石等，其中有未来有100万t可以采用水路运输；新余市硅灰石的年产量20万t以上，主要出口，其中采用散货运输8万t（汽车运往镇江等地），另有12万t采用集装箱外运出口。萍乡市陶瓷产品主要有工业陶瓷、电瓷、建筑陶瓷三种，基本形成了以芦溪县为中心的电瓷产业集群、

以湘东区为中心的工业陶瓷产业集群和以安源区为中心的建筑陶瓷产业集群，萍乡市瓷土通过水路货运量需求在 30 万 t，最佳运输方式是以散货形式由南昌港或樟树、吉安新干通过铁路或公路疏运至相关企业。

4.3.7 木材

根据前面调查，江西省各市木材潜在水运需求调查见表 4.11。

表 4.11 江西省各市木材潜在水运需求调查

单位：万 m³

序号	设区市	本地企业非金属矿直接水运需求	序号	设区市	本地企业非金属矿直接水运需求
1	南昌	30	7	新余	0
2	九江	400	8	萍乡	0
3	景德镇	0	9	吉安	0
4	上饶	0	10	赣州	50
5	鹰潭	0	11	抚州	0
6	宜春	0			
合计					480

根据对南昌港航处调查，南昌市木材（包括毛竹）进口量规模不大，主要进口锯材和板材，原木进口非常少，进口主要是南昌内大型木材经销商，近两年基本在 15 万～25 万 t，未来估计增加的量可能性也比较小。九江市的木材进口主要集中在瑞昌港区工业城内的华中国际木业有限公司，公司规划占地面积 4000 亩，规划建设 160 万 m² 的标准厂房、专用码头和铁路专用线，按"一港四区"布局，设计年加工进口木材 300 万 m³，预计经营物流销售估计 100 万 m³。赣州南康市是全国有名的家具生产基地，年原木及锯材等需求在 500 万 m³ 以上。现在赣州的木材主要通过公路从深圳口岸运输，由于公路运输成本过高，未来随着航道及枢纽条件的改善，通过水路运输的机会大增，调查年运输需求在 50 万 m³ 以上。

4.3.8 粮食

根据前面调查，江西省各市潜在水运粮食需求调查见表4.12。

表 4.12 江西省各市潜在水运粮食需求调查

单位：万 t

序号	设区市	本地企业粮食直接水运需求	序号	设区市	本地企业粮食直接水运需求
1	南昌	332	7	新余	0
2	九江	150	8	萍乡	0
3	景德镇	20	9	吉安	30
4	上饶	0	10	赣州	30
5	鹰潭	20	11	抚州	
6	宜春	80			
合计					662

经调查整个南昌市范围内的粮食需求为大豆 200 万 t、玉米、豆粕 132 万 t；其中益海嘉里粮油的进口大豆为 200 万 t，玉米 50 万 t，豆粕 30 万 t；饲料厂家规模企业每年需要玉米和豆粕量 132 万 t，减去益海嘉里粮油供应量 80 万 t，实际需求在 52 万 t。九江工业项目合计水运进出水运需求 107 万 t；此外，还有粮库项目，加上地方上直接进口玉米、大豆的数量，九江沿江粮食类的水运需求在 150 万 t。景德镇全年对粮食仍有一定的需求，主要为饲料厂家生产所需的原料；另外，居民和食品加工，需要一定的大豆；景德镇粮食进口水运运输需求为 20 万 t。鹰潭全年对粮食仍有一定的需求，主要为饲料厂家生产所需的原料，整个鹰潭市年饲料生产能力 60 万 t，年需要玉米 35 万 t，另外，居民和食品加工，需要一定的大豆；鹰潭粮食进口水运运输需求为 20 万 t。宜春市高安、丰城生产饲料企业比较多，大北农集团高安畜牧科技园、核美饲料、漓源饲料等，两地饲料产能在 150 万 t，年玉米需求量 80 万 t。吉安成规模的饲料厂家（双胞胎、振邦、中粮）年玉米需求在 60 万～80 万 t，目前主要通过铁路直达运输，或从南昌港转运，通过汽车到厂，水路通航后调查大致 30 万 t 的玉米从水路进口。

赣州市现在规模性饲料企业有 3 家，年饲料生产量约 200 万 t，年玉米需求在 80 万 t，目前主要从广东方向将东北中转到南方的玉米通过汽车运输到赣州生产厂家。随着航道和枢纽建设完成，粮食水运需求调查年运输量在 30 万 t。

4.3.9 水泥及制品

根据前面调查，江西省各市潜在水运水泥及制品需求调查见表 4.13。

表 4.13　江西省各市潜在水运水泥及制品需求调查

单位：万 t

序号	设区市	本地企业水泥及制品直接水运需求	序号	设区市	本地企业水泥及制品直接水运需求
1	南昌	770	7	新余	0
2	九江	1179	8	萍乡	0
3	景德镇	70	9	吉安	90
4	上饶	0	10	赣州	0
5	鹰潭	120	11	抚州	30
6	宜春	300			
合计					2559

南昌市的江西赣江海螺水泥有限责任公司除 400 万 t 水泥生产所需原材料进口外，还有 100 万 t 水泥散装出口；南昌亚东水泥有限公司散装水泥进口量约为 250 万 t，其他水泥生产厂家均没有码头因此只能采用袋装水泥直接进口，由于受成本限制，袋装水泥在南昌没有竞争力，估计袋装水泥的进口量不会超过 20 万 t。九江市亚东水泥、南方水泥（彭泽县）、海螺水泥（濂溪区）水路外运水泥及熟料 1179 万 t，以出口为主。景德镇市乐平的江西锦溪水泥有限公司是赣东北地区水泥建材生产的核心基地，年产熟料 200 万 t、水泥 130 万 t，其中熟料 70 万 t 销往外地。鹰潭市贵溪南方水泥有限公司产出的水泥除满足本地消耗外，主要运往江西省内及江西省外长江沿线城市；弋阳海螺水泥有限责任公司是赣东北地区最大的熟料生产基地，部分产成品通过鹰潭港走水路运输运往江西省内及江西省外长江沿线城市；鹰潭水泥及熟料外运水运需求为

120万t。宜春市高安水泥熟料水运主要由安徽、湖北、江苏调入，年进口量约300万t。吉安市主要为万安、泰和、中心城区等地需要进口水泥，而峡江、新干则有全国最大的白水泥生产厂家安福水泥厂，该厂白水泥产量40万t，其中30万t需要通过水路下水外运到沿江和沿海等地，此外，玉枝山水泥厂有水泥和熟料外运，合计水泥进口水运需求30万t，水路出口60万t。抚州市红狮集团在临川区抚北工业园区建设日产2000 t水泥对水运需求强烈，若水运条件能够改善，部分水泥和熟料可以通过水运运输南昌，约在30万t。

4.3.10 盐

根据前面调查，江西省各市潜在水运盐需求调查见表4.14。

表4.14 江西省各市潜在水运盐需求调查

单位：万t

序号	设区市	本地企业盐直接水运需求	序号	设区市	本地企业盐直接水运需求
1	南昌	0	7	新余	0
2	九江	108	8	萍乡	0
3	景德镇	20	9	吉安	0
4	上饶	0	10	赣州	0
5	鹰潭	0	11	抚州	0
6	宜春	150			
	合计				278

九江港盐的进口主要在濂溪区姑塘的九宏码头，随着九宏二期主体工程以及为赛得利中国的配套，工业盐的实际需求在100万t，工业盐主要来自江西省内的樟树、湖北的潜江和重庆万州，少量来自湖南常德地区；此外，理文化工年需要8万t工业盐，合计总需求108万t。景德镇乐平工业园内有较多化工医药企业，目前以世龙公司为主导，世龙公司工业盐年需求量约30万t，其中水运需求20万t。宜春市樟树昊晶两个盐厂，年生产能力为200万t精制盐，年外运量在150万t以上。

4.3.11 化肥

根据前面调查,江西省各市潜在水运化肥需求调查见表 4.15。

表 4.15 江西省各市潜在水运化肥需求调查

单位:万 t

序号	设区市	本地企业化肥直接水运需求	序号	设区市	本地企业化肥直接水运需求
1	南昌	2	7	新余	0
2	九江	237	8	萍乡	0
3	景德镇	0	9	吉安	0
4	上饶	0	10	赣州	0
5	鹰潭	0	11	抚州	0
6	宜春	0	合计		239

南昌是一个工业城市,农业相对比重比较小,化肥及农药需求不大,但基本上以自产自销为主,未来的产销格局基本没有大的变化;九江地区化肥运输需求主要为瑞昌的新洋丰年肥业的水运需求 19 万 t 和心连心在建项目的化肥进出口量 196 万 t,其他社会化肥进口量非常小,运输需求小于 5 万 t。

4.3.12 液体化工品

根据前面调查,江西省各市潜在水运液体化工品需求调查见表 4.16。

表 4.16 江西省各市潜在水运液体化工品需求调查

单位:万 t

序号	设区市	本地企业液体化工品直接水运需求	序号	设区市	本地企业液体化工品直接水运需求
1	南昌	0	7	新余	0
2	九江	602	8	萍乡	0
3	景德镇	0	9	吉安	300
4	上饶	0	10	赣州	0
5	鹰潭	30	11	抚州	0
6	宜春	150	合计		1082

九江市理文化工进出口液体化工品约 70 万 t。主要品种分别为甲醇、硫酸、卤水，出口液碱；赛得利（中国）每个月的液碱（32%）年需要进口 36 万 t，硫酸（60% 和 90%）年需要 20 万 t；彭泽矿山工业园已有、在建项目需求约 203 万 t；九宏新材料有限公司一二期项目总体液体化工原料进出水运需求 106 万 t，水运需求总计 602 万 t。鹰潭市江铜集团贵溪冶炼厂是国内规模最大技术最先进的闪速炼铜工厂，40% 硫酸依托公路运输销往省内如九江、新余、宜春等地，硫酸价格低，适合价低的水路运输，估计水运需求 30 万 t。宜春市樟树昊晶两个盐厂卤水年需求量在 150 万 t，主要来自吉安等地，也可以采用水运方式船运进厂。吉安市新干盐卤药化产业集群位于新干盐化工业城，已成为江西省化工产业的重要发展基地，新干卤水下水量计划 300 万 t。

4.3.13　商品车

根据前面调查，江西省各市潜在水运商品汽车需求调查见表 4.17。

表 4.17　江西省各市潜在水运商品汽车需求调查

单位：万辆

序号	设区市	本地企业液体化工品直接水运需求	序号	设区市	本地企业液体化工品直接水运需求
1	南昌	10	7	新余	0
2	九江	30	8	萍乡	0
3	景德镇	0	9	吉安	0
4	上饶	0	10	赣州	0
5	鹰潭	0	11	抚州	0
6	宜春	0			
合计					40

2016 年 8 月 10 日，国家五部委（交通运输部、国家发展和改革委员会、工业和信息化部、公安部、国家质量监督检验检疫总局）联合制定和发布《车辆运输车治理工作方案》，对车辆运输车治理工作做出来明确安排。

按照新标准规定：平头 / 长头铰接列车只能装载 6 辆（上层 3 辆，下层 3 辆）商品车；中置轴车辆运输车只能装载 8 辆（上层 4 辆，下层 4 辆）商品车。在国家公路治超政策实施的背景下，商品车水路运输的比例将逐步提高，滚装运输业务量将稳步增长。公路运输方式将被重新定位为首末端短驳及应急运输，长途干线运输主要由水运及铁路来承担。

基于上述政策因素，九江和南昌发展滚装业务有一定良好基础。南昌港滚装业务要解决好滚装船问题，建议与安吉物流、长航滚装运输公司、民生滚装运输公司合作，解决好滚装船队伍问题。

4.3.14 集装箱

4.3.14.1 外贸集装箱

（1）江西省外贸进出口的情况

根据对南昌海关调查，2010—2019 年整个江西省的外贸进出口额统计见表 4.18 和表 4.19。

表 4.18　2000—2019 年整个江西省的外贸进出口额统计

单位：万美元

年度	进出口	进口	出口
2010	2160529	1341606	818923
2011	3146881	2187606	959275
2012	3341383	2511279	830104
2013	3674663	2816665	857998
2014	4273082	3202532	1070550
2015	4239961	3311674	928287
2016	4002841	2979840	1023001
2017	4433899	3248827	1185072
2018	4818759	3394269	1424490
2019	5091736	3619867	1471869

表 4.19　2019 年江西省各市外贸进出口额

单位：万元

设区市	进出口	出口	进口
南昌市	1537260	934662	602598
景德镇市	92955	91388	1567
萍乡市	171646	169715	1932
九江市	511787	426775	85012
新余市	216749	109594	107154
鹰潭市	432582	118165	314417
赣州市	578344	491559	86885
宜春市	301545	276416	25129
上饶市	320293	289329	30964
吉安市	706965	509015	197950
抚州市	221610	203351	18260
合计	5091736	3619867	1471869

从江西 11 个地市 2011—2019 年进出口贸易额变化不一，但整体不断增长。2019 年江西 11 个地市外贸进出口总额超过 509 亿美元，比 2010 年增长 293.12 亿美元。其中南昌、九江、吉安、上饶、赣州进出口规模靠前均超过 43 亿美元。

（2）外贸进出口商品结构

江西省外贸进出口货物绝大多数为适箱货源，以出口为例，机电产品占总出口额 41.4%，进口产品中机电产品占据 49%。此外通过研究发现，11 个地市主要进出口商品存在相似性，见表 4.20。

表 4.20 江西 11 个地市主要进出口商品

设区市	主要进出口商品
南昌市	机电、矿石、日用品
景德镇市	机电产品、陶瓷等
萍乡市	矿石、机电产品、鞭炮等
九江市	矿石、机电产品、化工原料、纸浆
新余市	矿石、钢材、机电产品
鹰潭市	铜精矿、铜、铜产品、眼镜原料及产品
赣州市	机电产品、木材
宜春市	盐、陶瓷、电池、机电产品
上饶市	光伏组件
吉安市	新能源系列产品、机电产品
抚州市	机电产品

（3）外贸进出口运输方式

江西省外贸进出口货物的运输方式在不断变化，其中江海运输所占比重在下降，而铁路及汽车运输比例在稳步上升。

从表 4.21 可以看出，江西省通过汽车到省外再进出口的比重快速上升，说明，江西省集装箱及外贸货货源流失非常严重。

表 4.21 江西省外贸进出口货物运输方式

运输方式	占比			
	2011	2013	2016	2019
江海运输	84.62	80.61	72.36	63.41
铁路运输	0.35	0.35	0.49	0.93
汽车运输	5.90	10.61	16.08	25.26
其他	9.47	8.78	11.07	10.4

（4）江西省外贸集装箱生成量预测

根据南昌海关和中远海运等公司分析，2019年江西省集装箱生成系数大致为0.17～0.19 TEU（一个约6米长的标准集装箱用来表示船舶装载集装箱能力，简称TEU）。测算江西省外贸集装箱生成量92万TEU。其中南昌市大致为27万TEU、吉安大致为12万TEU、赣州大致为10万TEU、上饶6万TEU、九江大致为10万TEU、鹰潭大致为9万TEU，宜春6万TEU，其余合计大致为18万TEU。

4.3.14.2 内贸集装箱

内贸集装箱生成量目前没有经过系统测算过，目前只能从全国的内贸集装箱占比可以推断，根据统计，全国港口集装箱吞吐量中，内贸集装箱吞吐量占比超过了32%。参考全国的平均水平测算，江西省的内贸集装箱生成量大致为43万TEU。江西省内贸集装箱主要集中在宜春、南昌、九江、景德镇等地。

4.3.14.3 江西省各地集装箱生成量和水运需求大致估算

江西省各市潜在水运集装箱需求调查见表4.22。

表4.22 江西省各市潜在水运集装箱需求调查

单位：万TEU

序号	市别	集装箱生成量			水运吸引比例	水运需求
		外贸箱生成量	内贸箱生成量	合计		
1	南昌市	27	9	36	0.7	25.2
2	九江市	10	3	13	0.8	10.8
3	景德镇	3	5	8	0.5	4
4	上饶	6	3	9	0.3	2.7
5	鹰潭	9	4	13	0.3	3.9
6	宜春	6	9	15	0.7	10.5
7	新余	3	1	4	0.5	2
8	萍乡	2	1	3		1
9	吉安	12	3	15	0.5	7.5
10	赣州	10	4	14	0.5	7
11	抚州	4	1	5	0.6	3
合计		92	43	135		77.6

考虑有部分集装箱需要在九江港中转，产生二次转运，转运系数估算为0.3。故江西省水运业务的集装箱量为77.6×1.3=100.88万TEU。

4.3.15 其他

江西省各市潜在水运其他类需求调查见表4.23。

表4.23 江西省各市潜在水运其他类需求调查

单位：万t

序号	市别	本地企业其他类直接水运需求	备注
1	南昌市	150	
2	九江市	1000	
3	景德镇	0	
4	上饶	100	
5	鹰潭	40	
6	宜春	30	
7	新余	20	
8	萍乡	0	
9	吉安	20	
10	赣州	30	
11	抚州	0	
合计		1390	

4.3.16 江西省港口货源调查总结

江西省潜在水运需求调查结果见表4.24。

表4.24 江西省潜在水运需求调查

序号	货种	水运运输需求	备注
1	煤炭及制品	4889	
2	金属矿石/万t	2700	
	(1)铁矿石/万t	2570	
	(2)铅锌矿石/万t	120	
	(3)锂矿/万t	10	

续表

序号	货种	水运运输需求	备注
3	石油及制品 / 万 t	845	
4	钢铁 / 万 t	1710	
5	矿建材料	19310	
	(1) 砂石料	18090	
	(2) 灰渣、水渣	1220	
6	非金属矿	1662	
7	木材 / 万 m³	480	
	(折合重量) / 万 t	480	
8	粮食	662	
9	水泥及制品	2559	
10	盐	278	
11	化肥	239	
12	液体化工品	1082	
13	商品汽车 / 万辆	40	
	(折合重量) / 万 t	400	
14	其他	1390	
15	集装箱 / 万 TEU	77.6	
	(折合重量) / 万 t	776	
16	合计	39082	

从上述水运需求调查，主要货物还是集中在矿建材料、煤炭、金属矿石和水泥及熟料四大货种上。上述四大货种水运需求为 29348 万 t，占总体水运需求的比重为 75.09%，尤其是矿建材料占总体需求比重为 49.40%。危险品（成品油、液体化工品）1827 万 t，占比 4.93%。集装箱占比 1.99%。

4.4 航运货物单价调查与评价

4.4.1 煤炭

根据调查，浩吉铁路由于煤源处于延安以北地区，主要集中在榆林、鄂尔多斯两地。与江西省外运距超过了 1800 km，按照铁总公司 0.178 元 /（t·km）测算，加上 20 元 /t 送达费，测算运费为 340 元 /t，加上铁路装车费和到站后的卸车、短板，测算到厂价格普遍在 680 元 /t 以上。与海进江和海铁联运（浙江温州港、福建可门港、东吴港——江西主要电厂）相比，价格相差非常大。与海进江水转水运输路线相比，价格更是无优势。因此，用户普遍还是愿意采用传统水水中转、水铁联运、水公联运和海铁联运。

4.4.2 金属矿石

江西省钢铁产能主要集中在 3 个企业。其中最大产能集中在方大集团，旗下有方大特钢、萍乡钢厂和九江钢厂。方大集团总产能 1600 万 t，其中九江钢厂产能 550 万 t，萍乡基地 690 万 t，南昌基地 360 万 t。其次是新余钢铁集团产能 1000 万 t，南昌钢铁仅 140 万 t，三大钢厂合计总产能 2740 万 t。从吉安到南昌运距 180 km 的运费为 15 元 /t。

4.4.3 石油及制品

石油及制品主要集中在九江。其中九江石化与港口集团未来的业务关联不大，关联比较大的主要在彭泽的华亿项目、南昌的 2 个油码头和罐区，以及未来上饶油品进口业务。九江地区石油（成品油）水运需求 710 万 t。上饶成品油水运在 30 万 t。由于涉及中石化和中石油，港口集团最佳方式是与两大油企合作建设码头和罐区。南昌富昌和隆达两个项目则应尽快按照政府要求，完成产权交割，开展正式营运。南昌港油品运输需求大致为 105 万 t。因此，整个江西省水上成品油水运需求 845 万 t。运输费用从吉安到南昌，运距 180 km 的运输单价为 15 元 /t。

4.4.4 钢铁

根据前面调查，江西省各地钢铁水运需求如下：九江市 620 万 t，景德镇 40 万 t、鹰潭 40 万 t、新余 600 万 t、吉安 20 万 t、赣州 40 万 t，共计 1710 万 t，运价为从吉安到南昌，运距 180 km 的运输单价为 15 元 /t。

4.4.5 矿建材料

根据调查，随着天然砂石资源越发趋紧和环境保护日益增强，砂石采集点和矿山数量大幅减少，砂石供应略显紧张，年底砂石均价较年初上涨 10%。天然砂产量的减少，市场供不应求，导致长江流域及沿海重点城市天然砂价格普遍上涨 20～30 元 /t，其中重庆、郑州、武汉、福州、合肥、长沙等地天然砂均价涨至 170 元 /t 以上，从吉安到南昌运距 180 km 的运费为 15 元 /t。

4.4.6 非金属矿

根据前面调查，江西省各地非金属矿水运需求如下：九江市 730 万 t、景德镇 375 万 t、鹰潭 35 万 t、宜春 340 万 t、新余 112 万 t、萍乡 30 万 t、吉安 40 万 t，共计 1662 万 t，从吉安到南昌运距 180 km 的运费为 15 元 /t。

4.4.7 木材

根据前面调查，江西省各地木材水运需求如下：南昌市 30 万 m³、九江市 400 万 m³、赣州 50 万 m³、总计 480 万 m³，从吉安到南昌运距 180 km 的运费为 15 元 /t。

4.4.8 粮食

根据前面调查，江西省各地粮食水运需求如下：南昌市 332 万 t、九江市 150 万 t、景德镇 20 万 t、鹰潭 20 万 t、宜春 80 万 t、吉安 30 万 t、赣州 30 万 t、共计 662 万 t，从吉安到南昌运距 180 km 的运费为 15 元 /t。

4.4.9 水泥及制品

根据前面调查，江西省各地水泥及制品水运需求如下：南昌市 770 万 t、九江市 1179 万 t、景德镇 70 万 t、鹰潭 120 万 t、宜春 300 万 t、吉安 90 万 t、抚州 30 万 t、共计 2559 万 t，从吉安到南昌运距 180 km 的运费为 15 元 /t。

4.4.10 盐

根据前面调查，江西省各地盐水运需求如下：九江市 108 万 t、景德镇 20 万 t、宜春 150 万 t、共计 278 万 t。从吉安到南昌运距 180 km 的运费为 15 元 /t。

4.4.11 化肥

根据前面调查，江西省各地化肥水运需求如下：南昌市 2 万 t、九江市 237 万 t、合计 239 万 t，从吉安到南昌运距 180 km 的运费为 15 元 /t。

4.4.12 液体化工品

根据前面调查，江西省各地液体化工品水运需求如下：九江市 602 万 t、鹰潭 30 万 t、宜春 150 万 t、吉安 300 万 t、共计 1082 万 t，从吉安到南昌运距 180 km 的运费为 15 元 /t。

4.4.13 商品车

根据前面调查，江西省各地商品汽车水运需求如下：南昌市 10 万辆、九江市 30 万辆，共计 40 万辆。

4.4.14 集装箱

南昌市外贸箱生成量 27 万 TEU、内贸箱生成量 9 万 TEU、集装箱生成量 36 万 TEU；九江市外贸箱生成量 10 万 TEU、内贸箱生成量 3 万 TEU、集装箱生成量 13 万 TEU；景德镇外贸箱生成量万 3 万 TEU、内贸箱生成量 5 万 TEU、集装箱生成量 8 万 TEU；上饶外贸箱生成量 6 万 TEU、内贸箱生成量 3 万 TEU、集装箱生成量 9 万 TEU；鹰潭外贸箱生成量 9 万 TEU、内贸箱生成量 4 万 TEU、集装箱生成量 13 万 TEU；宜春外贸箱生成量 6 万 TEU、内贸箱生成量 9 万 TEU、集装箱生成量 15 万 TEU；新余外贸箱生成量 3 万 TEU、内贸箱生成量 1 万 TEU、集装箱生成量 4 万 TEU；萍乡外贸箱生成量 2 万 TEU、内贸箱生成量 1 万 TEU、集装箱生成量 3 万 TEU；吉安外贸箱生成量 12 万 TEU、内贸箱生成量 3 万 TEU、集装箱生成量 15 万 TEU；赣州外贸箱生成量 10 万 TEU、内贸箱生成量 4 万 TEU、集装箱生成量 14 万 TEU；抚州外贸箱生成量 4 万 TEU、内贸箱生成量 1 万 TEU、集装箱生成量 5 万 TEU；共计外贸箱生成量 92 万 TEU、内贸箱生成量 43 万 TEU、集装箱生成量 135 万 TEU。

4.4.15 其他

根据前面调查，江西省其他水运需求调查结果约为1390万t。

4.5 不同水文情势下航运效益评估

不同货源采取不同的运输方式时存在经济效益差异。通过定量评价多种货源的货运经济效益差异，判别赣江水资源的综合利用与研究流域水运经济发展所呈现的耦合作用类型及其特征，探讨两者耦合协调水平及其变化规律，本报告以峡江水库—新干航电枢纽水域为研究区，面向流域内货运经济挖掘水路运输优劣特性，提出赣江水运经济效益评价方法，开展多源货物运输下经济效益差异评价及对策研究。

4.5.1 运输方式情景设置

假定本次货物运输经济评价以峡江水库为界，峡江水库上游的码头货物70%向下游方向运输，30%向上游方向运输，峡江水库下游的码头货物70%向上游方向运输，30%向下游方向运输，由此方式计算赣江码头三年公路运输，铁路运输，水路运输货物总费用。

4.5.2 公路运输

研究区内公路运输经济评价主要依据《汽车货运价格费率表》见表4.25，按照其费率标准进行三年的货物经济计算。

表 4.25 汽车货运价格费率

费别	计算单位	费率	
		一级线路	二级线路
普通货物	km/t	0.28	0.35

（1）一级线路运输费用计算

一级线路主要连接重要的政治和经济中心，通向重要的工业和矿区，使用年限一般为20年。在该研究区内，经勘测，一级线路长度为61 km。一级线路三年运输费用计算公式见式4.1：

$$W_1 = 3 \times M_1 \times A_1 \times x \qquad (4.1)$$

在式 4.1 中，M_1 为货物的年设计通过能力（单位为 t），A_1 为一级线路的长度（单位为米），x 为一级线路的费率（单位为元），W_1 为一级线路三年的运输费用。峡江水库上游码头一级线路三年货物公路运输计算结果见表 4.26：

表 4.26 峡江水库上游码头一级线路运输计算结果

单位：万元

	地名	线路等级	70%向下游运	30%向上游运	三年
峡江水库上游	赣州港(水运)综合枢纽五云货运码头	一级线路	10043.0	4304.2	14347.2
	赣州港(水运)综合枢纽五云货运码头二期工程		10760.4	4611.6	15372.0
	赣州港赣县港区龙爪角货运码头一期工程		4483.5	1921.5	6405.0
	泰和沿溪综合货运码头		1793.4	768.6	2562.0
	吉安港中心城区港区张家渡码头一期工程		6456.2	2767.0	9223.2
	吉安港中心城区港区张家渡码头一期工程		11477.8	4919.0	16396.8

峡江水库下游码头一级线路三年货物公路运输计算结果见表 4.27：

表 4.27 峡江水库下游码头一级线路运输计算结果

单位：万元

	地名	线路等级	70%向下游运	30%向上游运	三年
峡江水库下游	新干港河西综合码头	一级线路	3945.5	1690.9	5636.4
	新干城北货运码头		197.3	84.5	281.8
	樟树港河西作业区码头		55236.7	23672.9	78909.6
	樟树港区江边码头		1363.0	584.1	1947.1
	樟树四码头		1901.0	814.7	2715.7

续表

	地名	线路等级	70%向下游运	30%向上游运	三年
峡江水库下游	樟树五码头	一级线路	1901.0	814.7	2715.7
	樟树市水运口岸作业区码头		2833.6	1214.4	4048.0
	丰城尚庄货运码头		14705.9	6302.5	21008.4
	江西丰城港曲江码头有限公司码头		17934.0	7686.0	25620.0
	江西新越沥青有限公司沥青专用码头		1255.4	538.0	1793.4
	丰城同田综合码头		22596.8	9684.4	32281.2
	南昌港官塘作业区综合码头		27259.7	11682.7	38942.4
	南昌港东新港区姚湾作业区综合码头		49856.5	21367.1	71223.6
	昌北防洪排涝工程管理处防汛码头		4017.2	1721.7	5738.9
	南昌市亚力水泥制品有限公司码头		2510.8	1076.0	3586.8
	江西晨鸣纸业有限公司码头		12410.3	5318.7	17729.0
	江西长运港务公司白水湖件杂货码头		11119.1	4765.3	15884.4
	南昌富昌石油储运有限公司码头		717.4	307.4	1024.8
	南昌龙头岗综合码头		6456.2	2767.0	9223.2
	南昌龙头岗综合码头二期工程		15064.6	6456.2	21520.8
	江西赣江海螺水泥码头		16678.6	7148.0	23826.6
	江西省龙达港务营运有限公司码头		11836.4	5072.8	16909.2

（2）二级线路

二级公路为供汽车行驶的双车道公路，连接政治、经济中心或大工矿区等地的干线公路，或运输繁忙的城郊公路，用年限一般为15年。在该研究区内，经勘测，二级线路长度为67 km。二级线路三年运输费用计算公式见式4.2：

$$W_2 = 3 \times M_2 \times B \times y \tag{4.2}$$

其中：M_2为货物的年设计通过能力（单位为吨），B为二级线路的长度（单位为米），y为二级线路的费率（单位为元），W_2为二级线路三年的运输费用。峡江水库上游码头二级线路三年货物公路运输计算结果见表4.28：

表 4.28 峡江水库上游码头二级线路运输计算结果

单位：万元

	地名	线路等级	70%向下游运	30%向上游运	三年
峡江水库上游	赣州港(水运)综合枢纽五云货运码头	二级线路	13788.6	5909.4	19698.0
	赣州港(水运)综合枢纽五云货运码头二期工程		14773.5	6331.5	21105.0
	赣州港赣县港区龙爪角货运码头一期工程		6155.6	2638.1	8793.8
	泰和沿溪综合货运码头		2462.3	1055.3	3517.5
	吉安港中心城区港区张家渡码头一期工程		8864.1	3798.9	12663.0
	吉安港中心城区港区张家渡码头一期工程		15758.4	6753.6	22512.0

峡江水库下游码头二级线路三年货物公路运输计算结果见表 4.29：

表 4.29 峡江水库下游码头二级线路运输计算结果

单位：万元

	地名	线路等级	70%向下游运	30%向上游运	三年
峡江水库下游	新干港河西综合码头	二级线路	5417.0	2321.6	7738.5
	新干城北货运码头		270.8	116.1	386.9
	樟树港河西作业区码头		75837.3	32501.7	108339.0
	樟树港区江边码头		1871.3	802.0	2673.3
	樟树四码头		2610.0	1118.6	3728.6
	樟树五码头		2610.0	1118.6	3728.6
	樟树市水运口岸作业区码头		3890.4	1667.3	5557.7
	丰城尚庄货运码头		20190.5	8653.1	28843.5
	江西丰城港曲江码头有限公司码头		24622.5	10552.5	35175.0
	江西新越沥青有限公司沥青专用码头		1723.6	738.7	2462.3

续表

地名		线路等级	70%向下游运	30%向上游运	三年
峡江水库下游	丰城同田综合码头	二级线路	31024.4	13296.2	44320.5
	南昌港官塘作业区综合码头		37426.2	16039.8	53466.0
	南昌港东新港区姚湾作业区综合码头		68450.6	29336.0	97786.5
	昌北防洪排涝工程管理处防汛码头		5515.4	2363.8	7879.2
	南昌市亚力水泥制品有限公司码头		3447.2	1477.4	4924.5
	江西晨鸣纸业有限公司码头		17038.8	7302.3	24341.1
	江西长运港务公司白水湖件杂货码头		15266.0	6542.6	21808.5
	南昌富昌石油储运有限公司码头		984.9	422.1	1407.0
	南昌龙头岗综合码头		8864.1	3798.9	12663.0
	南昌龙头岗综合码头二期工程		20682.9	8864.1	29547.0
	江西赣江海螺水泥码头		22898.9	9813.8	32712.8
	江西省龙达港务营运有限公司码头		16250.9	6964.7	23215.5

4.5.3 铁路运输

研究区内铁路运输经济评价主要依据《铁路货物运价规则》(铁运〔2005〕46号)，见表4.30，按照其规范进行三年的铁路运输经济计算。

表4.30 铁路货物运价率

类别	运价号	基价1		基价2	
		单位	标准	单位	标准
整车	1	元/t	7.1	元/(t·km)	0.0418
	2	元/t	7.8	元/(t·km)	0.0502
	3	元/t	9.8	元/(t·km)	0.0562
	4	元/t	12.2	元/(t·km)	0.0629
	5	元/t	13.4	元/(t·km)	0.0722
	6	元/t	19.6	元/(t·km)	0.0989
	7			元/(轴·km)	0.3275

（1）铁路货物运价计算

该研究区内货物通过京九铁路运输，同时根据规范将货源分为不同运价号的货物以及标箱。铁路货物三年运输费用采取的计算公式见式4.3：

$$W_r = M_r \times (Q_a + Q_b \times C) \times 3 \quad (4.3)$$

其中：M_r为货物的年设计通过能力（单位为t），C为研究区内京九铁路的长度（单位为米），Q_a为铁路运输费率的基价一（单位为元/t），Q_b为铁路运输费率的基价二[单位为元/（t·km）]，W_r为研究区内不同货源三年的铁路运输费用。

峡江水库上游码头三年货物铁路运输计算结果见表4.31：

表4.31 峡江水库上游码头三年货物铁路运输计算结果

单位：万元

地名	下行货运	上行货运	三年
赣州港(水运)综合枢纽五云货运码头	14157.4	6067.4	20224.8
赣州港(水运)综合枢纽五云货运码头二期工程	25070.9	10744.7	35815.5
赣州港赣县港区龙爪角货运码头一期工程	6429.8	2755.6	9185.4
泰和沿溪综合货运码头	2706.4	1159.9	3866.3
吉安港中心城区港区张家渡码头一期工程	11430.7	4898.9	16329.6
吉安港石溪头货运码头	1786.1	765.5	2551.5

峡江水库下游码头三年货物铁路运输计算结果见表4.32：

表4.32 峡江水库上游码头三年货物铁路运输计算结果

单位：万元

地名	下行货运	上行货运	三年
新干港河西综合码头	3929.3	1684.0	5613.3
新干城北货运码头	196.5	84.2	280.7
樟树港河西作业区码头	62462.0	26769.4	89231.4
樟树港区江边码头	822.7	352.6	1175.3
樟树四码头	1427.7	611.9	2039.6
樟树五码头	1427.7	611.9	2039.6
樟树市水运口岸作业区码头	2128.1	912.0	3040.1

续表

地名	下行货运	上行货运	三年
丰城尚庄货运码头	14645.6	6276.7	20922.3
江西丰城港曲江码头有限公司码头	17860.5	7654.5	25515.0
江西新越沥青有限公司沥青专用码头	1250.2	535.8	1786.1
丰城同田综合码头	22504.2	9644.7	32148.9
南昌港官塘作业区综合码头	28694.3	12297.6	40991.9
南昌港东新港区姚湾作业区综合码头	37443.5	16047.2	53490.7
昌北防洪排涝工程管理处防汛码头	4000.8	1714.6	5715.4
南昌市亚力水泥制品有限公司码头	2500.5	1071.6	3572.1
江西国际集装箱码头	4278.8	1833.8	6112.5
江西晨鸣纸业有限公司码头	12359.5	5296.9	17656.4
江西长运港务公司白水湖件杂货码头	10531.6	4513.5	15045.1
南昌富昌石油储运有限公司码头	17834.4	7643.3	25477.7
南昌龙头岗综合码头	23544.8	10090.6	33635.4
南昌龙头岗综合码头二期工程	39941.1	17117.6	57058.7
江西赣江海螺水泥码头	16610.3	7118.7	23729.0
江西省龙达港务营运有限公司码头	7813.7	3348.7	11162.5

4.5.4 水路运输

研究区内水路运输经济评价主要依据《内河航道分级标准》见表4.33，按照其航道分级标准对研究流域进行航道等级评级以及水路运输经济评价。

表 4.33 内河航道分级标准

航道等级	水深/m	宽度/m	通航能力/t
一级航道	3.5～4	70～125	3000
二级航道	2.6～3	40～100	2000
三级航道	2.0～2.4	30～55	1000
四级航道	1.6～1.9	30～45	500
五级航道	1.3～1.6	22～35	300
六级航道	1.0～1.2	15～22	100
七级航道	0.7～0.9	12～15	50

（1）研究区内设计航运能力

运用 Mike 软件对研究区内进行水动力模型构建，设置好边界条件并完成参数率定后，可以得到研究流域内任意一点的水位、流量、流速以及水深模拟值，在研究区域内拟取 100 个断面，现已知各断面的水位 H_e(m)，流量 Q(m³/s)，流速 V(m/s)以及岸边水深 H_1(m)和河中心水深 H_2(m)，采取等效宽度法得到断面宽度 B(m)。

假定河道截面形状是规则的，见图 4.5，同时指定坡比为 1:2。

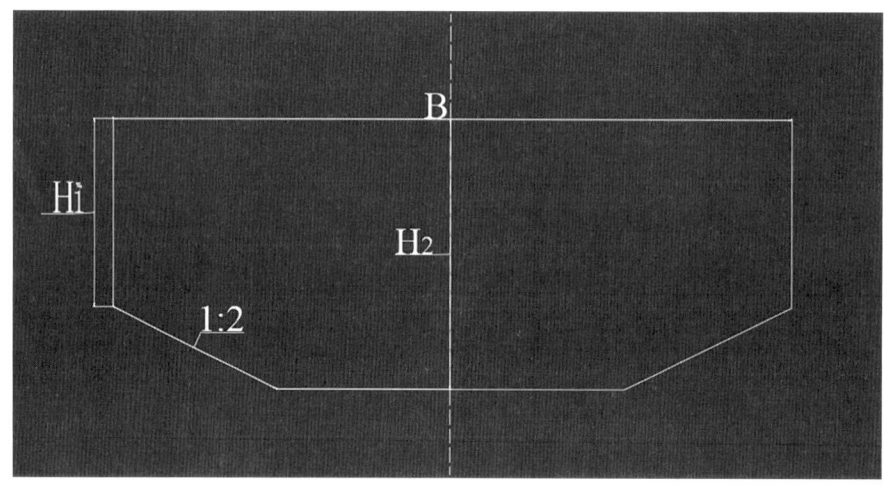

图 4.5　河道截面形状

采取式 4.4 计算断面宽度 B(m)：

$$B = \frac{\left[\dfrac{Q}{v} - 2\left(h_2^2 - h_1^2\right)\right]}{h_2} + 4(h_2 - h_1) \tag{4.4}$$

航道等级主要取决于水深（m）和宽度（m），采用 matlab 软件，应用以下五种智能算法：神经网络分类器、最邻近分类器、决策树、判别分析、支持向量机对研究区内选取的 100 个断面进行航道等级划分。时间跨度为 2020 年 1 月 1 日至 2022 年 12 月 31 日，选取该 100 个断面中航道分级中最低等级（一级航道为最高级）作为研究区内航道等级的日数据，将此日数据乘以水运货物单价可得日经济效益，以一年三个汛期：分别为主汛期（4—6 月），后汛期（7—9 月），枯水期（1—3 月，10—12 月）划分，并绘制三维散点图。散点图以新干航电枢纽的日水位数据作为 x 轴变量，以日流量数据作为 y 轴变量，以日经济效益作为 z 轴变量。

通过神经网络分类器对宽度和水深数据分类，主汛期经济效益主要表现为一级、二级航道贡献经济效益，少量断面为四级航道至六级航道贡献；后汛期经济效益主要表现为二级航道至四级航道贡献的经济效益，少量表现为三级以下航道贡献；枯水期经济效益主要表现为三级以下航道贡献的经济效益，少量为二级航道和三级航道贡献，极少量表现为一级航道贡献。综上可知：基于神经网络分类器方法评估的航道经济效益与水位和流量呈现出正相关，主要为设计通航能力以上航道贡献，枯水期经济效益主要为设计同行能力以下航道贡献。

通过复杂树对宽度和水深数据进行分类，主汛期经济效益主要为一级航道和二级航道贡献经济效益，少量表现为三级航道至四级航道贡献；后汛期经济效益主要为二级航道和三级航道贡献的经济效益，少量为三级以下航道贡献；枯水期经济效益主要为三级以下航道贡献经济效益，少量为二级航道和三级航道贡献。综上所述，基于复杂树方法评估的经济效益与水位和流量呈现出正相关，主要为设计通航能力以上航道贡献，枯水期经济效益主要为设计同行能力以下航道贡献。

通过最邻近分类算法对宽度和水深数据开展分类，主汛期经济效益主要表现为一级航道和二级航道贡献经济效益，少量表现为三级航道贡献，极少量表现为三级以下航道贡献；后汛期经济效益主要表现为二级航道和三级航道贡献经济效益，少量表现为三级以下航道贡献；枯水期经济效益主要表现为三级以下航道贡献经济效益，少量表现三级航道贡献。综上所述，基于最邻近分类算法方法评估的经济效益与水位和流量呈现出正相关，主要为设计通航能力以上航道贡献，枯水期经济效益主要为设计同行能力以下航道贡献。

通过线性判别分析来对宽度和水深数据进行分类，主汛期经济效益主要表现为一级航道和二级航道贡献经济效益，少量表现为三级航道贡献，极少量表现为四级航道贡献；后汛期经济效益主要表现为二级航道和三级航道贡献经济效益，少量表现为三级以下航道贡献；枯水期经济效益主要表现为三级及以下航道贡献经济效益，少量表现三级以上航道贡献。综上所述，基于线性判别分析方法评估的经济效益与水位和流量呈现出正相关，主要为设计通航能力以上航道贡献，枯水期经济效益主要为设计同行能力以下航道贡献。

通过支持向量机对宽度和水深数据进行分类，主汛期经济效益主要表现为二级航道贡献经济效益，少量表现为三级以下航道贡献；后汛期经济效益主要表现为二级航道和三级航道贡献经济效益，少量表现为三级以下航道贡献；枯水期经济效益主要表现为三级以下航道贡献经济效益，少量表现三级以上航道贡献。综上所述，基于支持向量机方法评估的经济效益与水位和流量呈现出正相关，主要为设计通航能力以上航道贡献，枯水期经济效益主要为设计同行能力以下航道贡献。

设计研究区内的航道为双向航道，通过查询有关文献《峡江水利枢纽工程船闸设计及应力分析》，设计每过30分钟通过一艘船，一天航道通行时间为20个小时，计算设计情况下研究区内水路运输的费用，计算成果见表4.34。

表4.34 研究区内设计通航能力计算结果

单位：万 t

方法	航道类型	年通航能力	三年通航能力
ANN	双向航道	5728	17184
CT	双向航道	7168	21504
KNN	双向航道	7472	22416
LDA	双向航道	7020	21060
SVM	双向航道	5056	15168

设计通航能力乘以水运货物单价即为设计水路运输效益，计算结果见表4.35。

表4.35 研究区内设计通航能力计算结果

单位：亿元

方法	航道类型	年通航费用	三年通航费用
ANN	双向航道	2.01	6.02

续表

方法	航道类型	年通航费用	三年通航费用
CT	双向航道	2.51	7.53
KNN	双向航道	2.62	7.85
LDA	双向航道	2.46	7.37
SVM	双向航道	1.77	5.31

研究区内实际航运效益计算：将研究区内各码头的货物按照水运的方式进行运输，计算其运输经济效益，并与公路运输和铁路运输的费用进行比较，分析研究区内航运经济效益，成果见表4.36。表4.36表明：水路运输的费用大致为公路运输中一级线路运输费用的20.5%，二级线路运输费用的14.9%，铁路运输费用的17.44%。综上可知，水路运输可以节省大量的运输成本，产生明显经济效益。

表4.36 研究区内不同运输方式费用对比结果

单位：亿元

运输方式	运输路线	运输费用
公路运输	一级线路	48.22
	二级线路	66.2
铁路运输	京九线	56.54
水路运输	峡江水库—新干航电枢纽	9.86

4.6 赣江流域航运经济效益情景评价

现已知研究区内各码头的货物年设计通过能力、各级航道的年设计通过能力，拟对已知条件进行多种运输方式（航运、公路运输、铁路运输）的情景设计，以此来对研究区内航运所带来的经济效益进行评价。

4.6.1 假定条件的设定

随着研究区内水位上涨,航道等级也随之变化:水位为 27.52～29.05 m 时,假定为五级航道;水位为 27.52～29.04 m 时,假定为五级航道;水位为 29.05～30.85 m 时,假定为四级航道;水位为 30.92～32 m 时,假定为三级航道;水位为 32.01～32.29 m 时,假定为二级航道;水位为 32.3～32.48 m 时,假定为一级航道。假定每 30 分钟水闸通航一艘船,研究区航道为双向航道,即可两船并行,每天船闸工作时间假定为 20 小时。

4.6.2 年航运效益的限制条件

年航运效益 B 主要受限于以下两个条件:航道的年通航能力 N_1 和货物的年需求量 M。当航道的通航能力 N_1 越强,航运效益 B 就越大;若航运能力 N_1 无法满足货物的需求量M时,即需采取其他运输方式,从而导致经济效益 B 降低;若航运能力 N_1 足以满足货物的需求量M时,即无需采取其他运输方式,经济效益 B 不会受到影响。

4.6.3 运输情景设计

本次情景设计了 15 种运输情景。

情景 1:运输方式采取五级航道和一级公路运输的情景,由于五级航道的年设计通过能力无法满足研究区内各码头的货物年设计通过能力,因此除了采取五级航道运输以外,再采取一级公路运输,以此来满足研究区内各码头的货物年设计通过能力。

情景 2:运输方式采取五级航道和二级公路运输的情景,由于五级航道的年设计通过能力无法满足研究区内各码头的货物年设计通过能力,因此除了采取五级航道运输以外,再采取二级公路运输,以此来满足研究区内各码头的货物年设计通过能力。

情景 3:运输方式采取五级航道和铁路运输的情景,由于五级航道的年设计通过能力无法满足研究区内各码头的货物年设计通过能力,因此除了采取五级航道运输以外,再采取铁路运输,以此来满足研究区内各码头的货物年设计通过能力。

情景 4:运输方式采取四级航道和一级公路运输的情景,由于四级航道的年设计通过能力无法满足研究区内各码头的货物年设计通过能力,因此除了采取四级航道运输以外,再采取一级公路运输,以此来满足研究区内各码头的货物年设计通过能力。

情景5：运输方式采取四级航道和二级公路运输的情景，由于四级航道的年设计通过能力无法满足研究区内各码头的货物年设计通过能力，因此除了采取四级航道运输以外，再采取二级公路运输，以此来满足研究区内各码头的货物年设计通过能力。

情景6：运输方式采取四级航道和铁路运输的情景，由于四级航道的年设计通过能力无法满足研究区内各码头的货物年设计通过能力，因此除了采取四级航道运输以外，再采取铁路运输，以此来满足研究区内各码头的货物年设计通过能力。

情景7：运输方式采取三级航道和一级公路运输的情景，由于三级航道的年设计通过能力无法满足研究区内各码头的货物年设计通过能力，因此除了采取三级航道运输以外，再采取一级公路运输，以此来满足研究区内各码头的货物年设计通过能力。

情景8：运输方式采取三级航道和二级公路运输的情景，由于三级航道的年设计通过能力无法满足研究区内各码头的货物年设计通过能力，因此除了采取三级航道运输以外，再采取二级公路运输，以此来满足研究区内各码头的货物年设计通过能力。

情景9：运输方式采取三级航道和铁路运输的情景，由于三级航道的年设计通过能力无法满足研究区内各码头的货物年设计通过能力，因此除了采取三级航道运输以外，再采取铁路运输，以此来满足研究区内各码头的货物年设计通过能力。

情景10：运输方式采取二级航道和一级公路运输的情景，由于二级航道的年设计通过能力无法满足研究区内各码头的货物年设计通过能力，因此除了采取二级航道运输以外，再采取一级公路运输，以此来满足研究区内各码头的货物年设计通过能力。

情景11：运输方式采取二级航道和二级公路运输的情景，由于二级航道的年设计通过能力无法满足研究区内各码头的货物年设计通过能力，因此除了采取二级航道运输以外，再采取二级公路运输，以此来满足研究区内各码头的货物年设计通过能力。

情景12：运输方式采取二级航道和铁路运输的情景，由于二级航道的年设计通过能力无法满足研究区内各码头的货物年设计通过能力，因此除了采取二级航道运输以外,再采取铁路运输,以此来满足研究区内各码头的货物年设计通过能力。

情景 13:运输方式采取一级航道和一级公路运输的情景,由于一级航道的年设计通过能力可以满足研究区内各码头的货物年设计通过能力,因此采取一级航道运输以外,无须采取一级公路运输,即可来满足研究区内各码头的货物年设计通过能力。

情景 14:运输方式采取一级航道和二级公路运输的情景,由于一级航道的年设计通过能力可以满足研究区内各码头的货物年设计通过能力,因此采取一级航道运输以外,无须采取二级公路运输,即可来满足研究区内各码头的货物年设计通过能力。

情景 15:运输方式采取一级航道和铁路运输的情景,由于一级航道的年设计通过能力可以满足研究区内各码头的货物年设计通过能力,因此采取一级航道运输以外,无须采取铁路运输,即可来满足研究区内各码头的货物年设计通过能力。

4.6.4 运输成本计算

(1)各级航道水运成本计算

运输成本为运货能力与单价的乘积,设运输成本为W_1(元),各级航道一年运货能力为N_1(万 t),成本单价为Q_1[元/(t·km)],各级航道的单位通航能力为 K(t/船),见式 4.5 至式 4.6。

$$N_1 = 365 \times K \times 2 \times 20 \times 2 \tag{4.5}$$

$$W_1 = N_1 \times Q_1 \tag{4.6}$$

(2)公路运输及铁路运输成本计算

运输成本为运货能力与单价的乘积,设运输成本为W_2(元),运货量为N_2(万 t),成本单价为Q_2[元/(t·km)],其中N_2即为研究区内各码头的货物年设计通过能力,为常量,见式 4.7。

$$W_2 = N_2 \times Q_2 \tag{4.7}$$

（3）航运效益计算

在运货量相同的情况下，航运效益为公路运输及铁路运输成本减各级航道水运成本，设效益为B（万元），见式4.8。

$$B = W_2 - W_1 \qquad (4.8)$$

计算结果见表4.37、表4.38。

表4.37 成本计算表

航道等级	运货能力/万t	航运成本/万元	一级公路运输成本/万元	二级公路运输成本/万元	铁路运输成本/万元
五级航道	876.80	2893.44	14975.74	20560.96	14914.37
四级航道	1461.33	4822.40	24959.57	34268.27	24857.28
三级航道	2922.67	9644.80	49919.15	68536.53	49714.56
二级航道	5845.33	19289.60	99838.29	137073.07	99429.12
一级航道	8768.00	28934.40	149757.44	205609.60	149143.68

表4.38 效益计算表

单位：万元

航道等级	对比一级公路航运效益	对比二级公路航运效益	对比铁路航运效益
五级航道	12082.30	17667.52	12020.93
四级航道	20137.17	29445.87	20034.88
三级航道	40274.35	58891.73	40069.76
二级航道	80548.69	117783.47	80139.52
一级航道	120823.04	176675.20	120209.28

4.6.5 运输情景下年航运效益计算

由于运输情景下年航运效益B_a主要受限于以下两个条件：航道的年通航能力N_1（万t）；货物的年需求量M（万t），因此设航道运输能力C_1（万t），研究区内货物需求量为C（万t），采取的其他运输方式的运货量为C_2（万t），水运成本单价为Q_1[元/(t·km)]，其他运输方式成本单价为Q_2（元/[t·km)]，见式4.39至式4.40。

$$C_2 = C - C_1 \quad (C_2 \geq 0) \tag{4.39}$$

$$B_\alpha = Q_1 \times C_1 + Q_2 \times C_2 - Q_2 \times C \tag{4.40}$$

计算结果如表 4.39：

表 4.39 运输情景下年航运效益计算表

情景评价	运输方式	运货量/万t	成本总量/万元	对比运输效益/万元
情景 1	五级航道	876.80	2893.44	12082.30
	一级公路运输	5718.74	97676.08	
情景 2	五级航道	876.80	2893.44	17667.52
	二级公路运输	5718.74	134104.45	
情景 3	五级航道	876.80	2893.44	12020.93
	铁路运输	5718.74	97275.77	
情景 4	四级航道	1461.33	4822.40	20137.17
	一级公路运输	5134.21	87692.25	
情景 5	四级航道	1461.33	4822.40	29445.87
	二级公路运输	5134.21	120397.15	
情景 6	四级航道	1461.33	4822.40	20034.88
	铁路运输	5134.21	87332.86	
情景 7	三级航道	2922.67	9644.80	40274.35
	一级公路运输	3672.87	62732.68	
情景 8	三级航道	2922.67	9644.80	58891.73
	二级公路运输	3672.87	86128.88	
情景 9	三级航道	2922.67	9644.80	40069.76
	铁路运输	3672.87	62475.58	
情景 10	二级航道	5845.33	19289.60	80548.69
	一级公路运输	750.21	12813.53	
情景 11	二级航道	5845.33	19289.60	117783.47
	二级公路运输	750.21	17592.35	

续表

情景评价	运输方式	运货量/万t	成本总量/万元	对比运输效益/万元
情景12	二级航道	5845.33	19289.60	80139.52
	铁路运输	750.21	12761.02	
情景13	一级航道	6595.54	21765.28	90886.54
	一级公路运输	—	—	
情景14	一级航道	6595.54	21765.28	132900.131
	二级公路运输	—	—	
情景15	一级航道	6595.54	21765.28	90424.8534
	铁路运输	—	—	

4.6.6 评价结果

总体上随着航道等级的增加，研究区航运能力也随之增加，同时运输效益也在增加。

当河段水位为 27.52 m 至 32.29 m 时，即航道等级为五级至二级时，由于航运能力无法满足研究区内码头的货物需求量，所以必须采取额外的运输方式（一级公路运输、二级公路运输、铁路运输），在这额外采取的三种运输方式中，二级公路运输所产生的运输成本最高，即二级公路运输产生的对比运输效益相比其他两种运输方式所产生的对比运输效益是最小的，所以应尽量避免采取二级公路运输的运输方式；铁路运输相较于一级公路运输所产生的运输成本略低一些，即铁路运输产生的对比运输效益相比一级公路运输方式所产生的对比运输效益是更大的，所以应酌情选用该两种运输方式。

当河段水位为 32.3 m 以上时，即当航道等级达到一级时，由于航运能力可以满足研究区内码头的货物需求量，所以无须采取其他的运输方式，此时应全部采取水路运输的运输方式，此时的运输情景下航运效益相比其他运输情景是最大的。所以应尽量采用水路运输的方式。

由于上述四种运输方式（水路运输、一级公路运输、二级公路运输、铁路运输）各有不同的限制条件和实际制约因素，所以应综合考虑研究区内的货物运输方式，以达到运输效益最大化。

4.7　本章小结

本章节对研究区不同货源进行调查，评价了研究区码头运输的货物类型和单价。指定 1%、5%、10%、25% 为设计破坏率，厘清了主汛期、后汛期、枯水期水位概率分布类型，计算不同水文情势下运行水位，评估了研究区航运相对铁路和公路运输的经济效益。结果表明：选取 Stable 概率分布作为研究区主汛期、后汛期逐日水位最优概率分布函数，选取 Tlocationscale 概率分布作为枯水期逐日水位最优概率分布函数。主汛期、后汛期、枯水期运行水位在 24.5～31.8 m、30.4～32 m、27.3～31 m 之间变化，航运成本随之浮动。航运费用约为公路运输中一级线路运输费用的 20.5%，二级线路运输费用的 14.9%，铁路运输费用的 17.44%。航运可以节省大量的运输成本，产生明显经济效益。对于赣江流域航运经济效益情景进行评价，针对水位为 27.52 m 及以上的水位条件设置了 15 种运输情景，得出了不同情景下使得航运效益最大化的方案。

第 5 章　赣江水资源综合利用和航运经济耦合规律

5.1　赣江水资源综合利用和水运经济耦合方法

以赣江典型段水利工程运行背景下发电和社会经济供水为研究对象，开展不同水文形势下发电、社会经济供水指标构建和效益评估，量化发电、社会经济供水效益函数，揭示研究区水资源综合利用和航运经济耦合规律。

5.2　赣江水文水动力现状过程和情景模拟

5.2.1　水文水动力边界条件

5.2.1.1　计算网格构建

本书综合考虑模型精度、计算时间等因素，将峡江水库—新干航电枢纽水域作为整体进行建模计算，见图 5.1。综合考虑地下水地形图空间分辨率、模拟计算时间等，结合湖泊实际边界，本书通过 Mike21 软件划分研究湖泊三角形网格。网格单位共 3045 块，网格节点 2348 个。为提高计算速度，网格剖分后进行平滑处理，优化网格夹角。

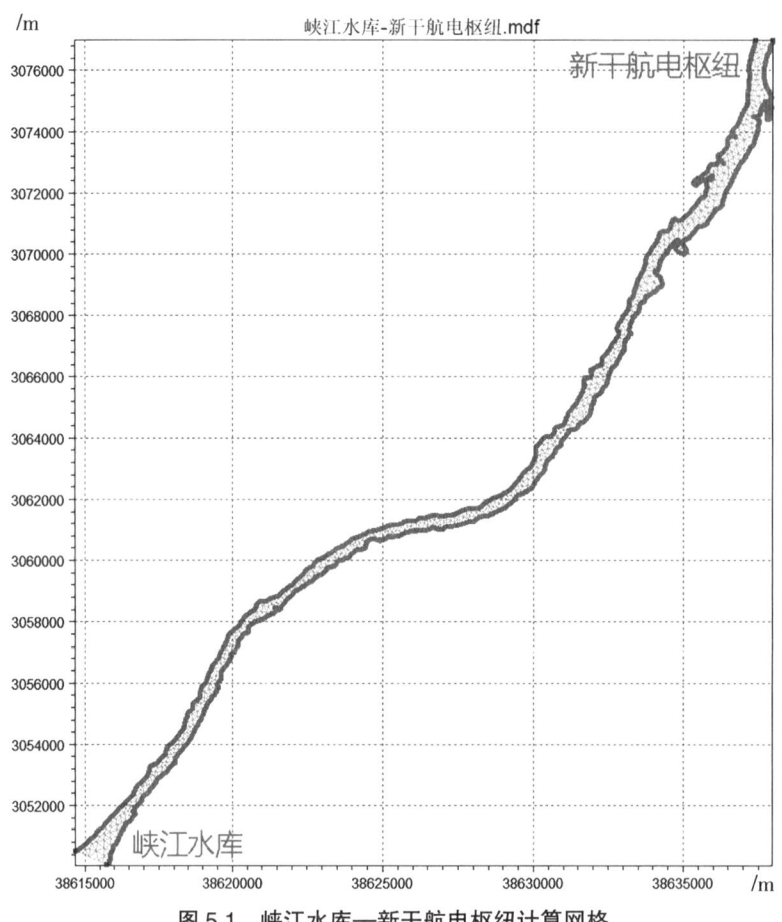

图 5.1 峡江水库—新干航电枢纽计算网格

  网格构建完之后,还需进行峡江水库—新干航电枢纽水下地形模型构建。从数学模型技术模拟精度和实际需求两方面综合考虑,采用垂向平均的平面二维湖泊水动力水质数学模型,模拟研究峡江水库—新干航电枢纽水动力水质运动特性。借用 MIKE21 模型在平面二维自由表面流数值模拟方面的强大功能,及其与自身所带的水环境子模型良好的耦合性能、优秀的应用事例等,本研究采用由丹麦水力研究所(简称 DHI,下同)独立开发的非结构网格模型 MIKE21 FM 来搭建峡江水库—新干航电枢纽二维水动力水质数学模型。

  二维水动力水质模型采用由 DHI 独立开发的非结构网格模型 MIKE21 FM 来搭建。MIKE21 FM 作为一款可以解决带自由表面的二维流动问题的通用模型,包括水动力、波浪、泥沙和水环境等模块,采用基于非结构网格的有限体积法求解,完全可以胜任与内陆湖泊相关的课题的模型研究工作。其优点是可以很好地拟合复杂地形,并保证物质通量守恒,且计算速度较快。

本书收集实测的峡江水库—新干航电枢纽水下地形数据,提取各高程点经纬度和高程值。基于Matlab程序编译软件,采用反距离权重插值,将实测高程点高程数据插值到计算网格上,获得峡江水库—新干航电枢纽水下地形图,见图5.2。

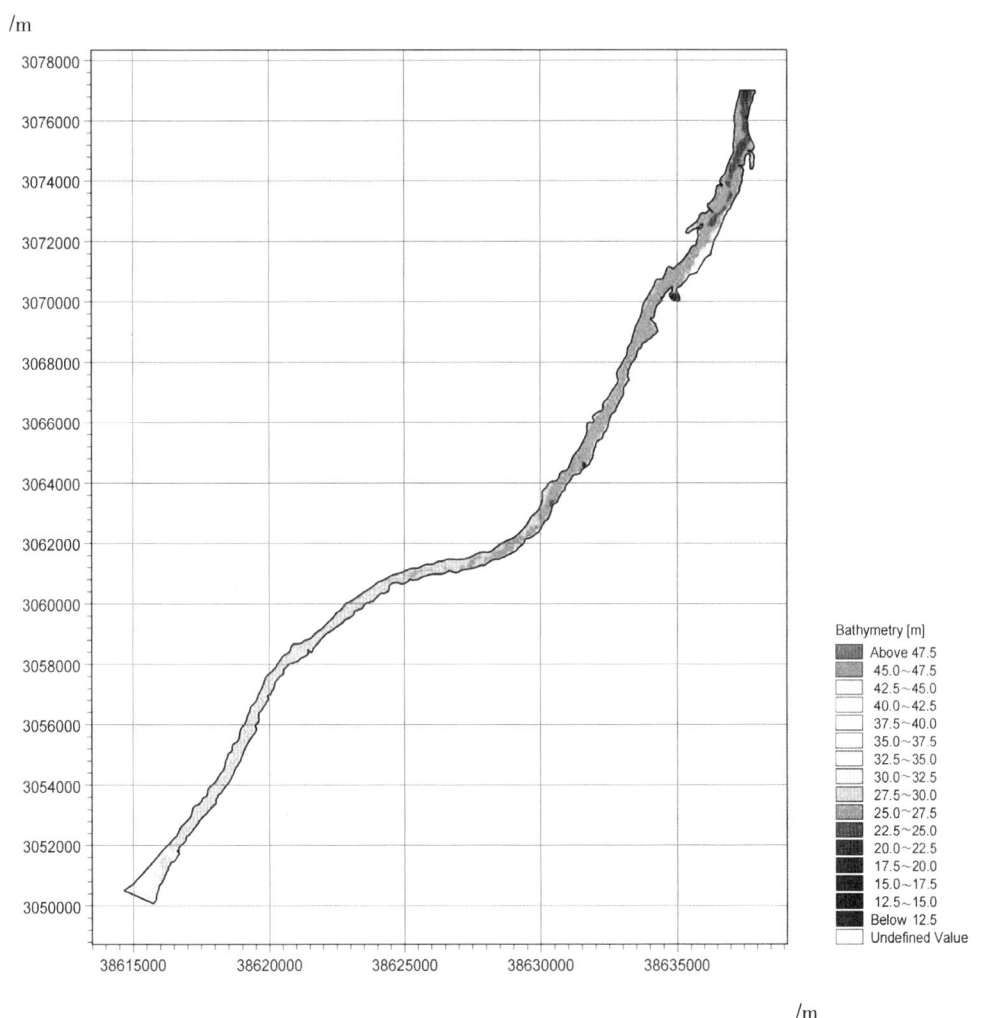

图5.2 峡江水库—新干航电枢纽水下地形

完成峡江水库—新干航电枢纽水下地形模型的构建之后还需要确定初始条件和边

界条件。

（1）初始条件

模型开始计算时，水位和流场需要相互协调。为避免计算产生不稳定性，一般均以实测资料为初始值开始计算。模型的初始条件包括：计算区域的初始水位，水体的流速等。

（2）边界条件

在水动力模块中，边界条件分为陆地边界和开放边界两大块。陆地边界又包括仅垂向流速为零但可滑移的陆地边界以及边界各方向的流速均为零不可滑移的陆地边界。开放边界包括速度边界、通量边界、水位边界和流量边界四种类型。

5.2.1.2 水位边界构建

水位边界的构建需要用到下游出流的水位数据来进行水位边界的构建。

在 Mike21 模型中，峡江水库—新干航电枢纽水域控制的新干航电枢纽设置为下游出流边界。

首先建立时间序列文件，起始时间设置为 2020 年 1 月 1 日 0 时 0 分 0 秒，时间步长设置为 1 天，时间步长数量设置为 1096，目标信息设置为水位，其单位为 m，选取时刻为 2020 年 1 月 1 日—2022 年 1 月 2 日 0 时 0 分 0 秒的新干航电枢纽坝前水位，填入时间序列中。将该时间序列作为下游出流边界条件，即将新干航电枢纽坝前水位作为初始条件。

5.2.1.3 流量边界构建

流量边界的构建需要用到上游入流的水位数据来进行流量边界的构建。

在 Mike21 模型中，峡江水库—新干航电枢纽水域控制的峡江水库设置为上游入流边界。

首先建立时间序列文件，起始时间设置为 2020 年 1 月 1 日 0 时 0 分 0 秒，时间步长设置为 1 天，时间步长数量设置为 1096，目标信息设置为流量，其单位为 m^3/s，选取时刻为 2020 年 1 月 1 日—2022 年 1 月 2 日 0 时 0 分 0 秒的峡江水库坝下流量，填入时间序列中。将该时间序列作为上游入流边界条件，即峡江水库坝后的流量作为初始条件。

5.2.2 现状条件下水文水动力参数率定

水动力模型的影响因素主要包含床底糙率的率定，干湿水深的定义，密度、涡黏系数、科氏力的赋值以及初始条件和边界条件的拟定。各因素的介绍如下：

（1）Domain

Minimumdepth cutoff 指所有高于此值的高程点，将会在计算中被忽略，默认值为 mesh 地形中的最高点的高程，即没有任何一个点被忽略。Datum shift，基准面校准，输入 Datum Shift 可以免去改变整个 mesh 文件的麻烦。如果不需要改动地形文件的基准，可以在 Datum Shift 中设定为 0。注意：修改基准面，最小截断高程也会在此基础上变化。

（2）Time

模拟所覆盖的时间段（总用时）。需要输入的有：开始时间、时间步数、以秒为单位的主时间步长。此处的时间步长不是真正的计算时间步长，它是计算输出的频率（计算时保存可供后续查看成果序列的间隔），用于协调不同模块之间的信息交换。

这里的 time step 和 time step interval 只控制输出的效果，不影响实际计算中离散的 Δt。该次模拟输入的开始时间为 2020 年 1 月 1 日 0：00：00，时间步数为 1576800，时间步长为 60 s。

（3）Solution technique

仅对于水动力模块（hydrodynamic module）mike21 基于浅水方程组计算。模型计算可以使用低阶（一阶精度）或是高阶（二阶精度）的方法。低阶计算方法计算快但计算结果的精确度较差，高阶的方法计算精度高但速度较慢。浅水方程的时间积分和传输（扩散）方程是使用显式法。因为显式法的限制，为了维持模型的稳定，Δt 必须使 CFL 小于 1，软件设置的是一个可变动的时间范围用以测试所有网格点 CFL 数是否满足此一限制。通常在传输方程式中 CFL 数的设定限制会小于浅水方程的限制。传输方程使用的时间间距会比浅水方程所使用的大。因此用户可以设定最大及最小时间步长。传输方程式的时间间距以基于全时间间距作变动，浅水方程的时间间距可以基于传输方程来作变动。

此次模拟选取的是低阶计算方法，最大时间步长设置为 30 s，最小时间步长设置为 0.01 s，传输方程式中 CFL 数的设定为 0.8。

（4）深度修正

在模型中可以定义深度修正值 Δz，对网格水深进行修正。可用于在后续模拟中需考虑底床累积变化的热启动或者海啸模拟中需要考虑地震引起底床高程发生波动的情况。默认是关闭。

此次模拟选择关闭深度修正。

（5）干湿水深

MIKE21 模型采用动边界处理的方法来解决不间断露滩的问题。通过模型计算得到每个单元的水深数值，并根据计算水深把各个单元分成干单元、半干半湿单元和湿单元三种类型，然后依据半干半湿单元分布情况来确定计算水体边界。湿单元的定义即为单元水深大于湿水深，此种类型的单元动量通量和质量通量均会纳入模型的运算；半干半湿单元的定义为，单元水深大于干水深小于湿水深，或是单元水深虽然小于干水深，但存在至少一个边界的水深大于淹没水深，此种类型的单元，在模型的运算中仅考虑其质量通量，忽略其动量通量；干单元的定义即为单元水深均小于干水深，且该单元的三个边界的水深也均小于淹没水深，在模型运算过程中，此种类型的单元动量通量和质量通量均被忽略。

考虑到研究流域的水文特征，在此次模拟中采取的是标准的干湿水深，干水深 h_{dry} 设置为 0.005 m，淹没水深设置为 0.05 m，湿水深 h_{wet} 设置为 0.1 m。

（6）密度

模型中水体密度的变化取决于水体的温度和盐度情况。在正压模式下，水体的温度和盐度均为常量，其密度在模型运算过程中一般假定保持不变；在斜压模式下，水体的温度和盐度会发生变化,其密度在模型运算过程中可以定义为盐度和温度的函数。其中,水体温度可通过热交换与大气温度相互作用,其热交换过程的计算主要考虑潜热、显热、短波辐射和长波辐射四个过程。潜热是由于水体蒸发而引起的热量交换,采用道尔顿蒸发定理计算;显热过程包含水体与空气之间的对流热传递,需设置大气的温度及湿度条件;短波辐射和长波辐射均为太阳辐射的重要分支,在MIKE21模型中一般采用经验公式讲行计算。

本次模拟选择正压模式下的密度。

（7）涡粘系数

涡粘系数为描述时间上和空间上的不确定性物理过程,将相关预报变量分解成为一个平均值项和一个紊动项。当引入涡粘系数的定义后,这些物理过程可以通过涡粘系数及平均值项的梯度来体现。水平涡粘系数一般有三种假定形式,无漩涡、定常涡粘公式和Smagorinsky公式。其中,Smagorinsky公式为式5.1、式5.2:

$$A = C_S^2 l^2 \sqrt{2S_{ij}} \tag{5.1}$$

$$S_{ij} = \frac{1}{2}\left(\frac{\partial u_i}{\partial x_j} + \frac{\partial u_j}{\partial x_i}\right) \quad (i,j=1,2) \tag{5.2}$$

式中,A为涡粘系数;C_s为涡粘系数常数;l为特征长度;S_{ij}为变形长度。该次模拟采取的是系统默认值0.28。

（8）床底糙率

根据四分摩擦力定律,床底摩擦力可表示为式5.3、式5.4:

$$\tau_b = c_f \overline{u_b}|\overline{u_b}|\rho_0 \tag{5.3}$$

式5.3中,τ_b是底床摩擦力;c_f是拖拽力,可由谢才系数或和曼宁系数决定;$\overline{u_b}$是平均深度的速度;ρ_0是水体密度。

$$cf = \frac{g}{\left(Mh^{\frac{1}{6}}\right)^2} \tag{5.4}$$

对于二维计算而言，阻力系数与曼宁系数 M 的关系见以式 5.5：

$$M = \frac{25.4}{K_s^{\frac{1}{6}}} \tag{5.5}$$

本次模拟选取的床底糙率为 $20 \ \text{m}^{\frac{1}{3}}/\text{s}$。

（9）科氏力

模型中的科氏力，主要指地球自转引起的水体由于惯性产生的直线运动偏移的情况，计算公式为式 5.6：

$$F = -2m\omega V \tag{5.6}$$

式 5.6 中，F 为科氏力；m 为质点质量；V 为相对转动参考系质点的运动速度，为旋转体系的角速度（矢量）；× 为两个向量的外积符号。

本次模拟选取科氏力形式为在域内变化。

MIKE 21 FM 水动力部分的输入数据可以分成以下几个部分：初始化计算域和相关时间参数，包括网格地形及时间设置；校准要素，包括干湿水深、底床阻力、涡粘系数；设置初始条件，如水面高程；设置边界条件，包括开边界条件和闭边界条件；设置其他驱动力，包括风速风向、源汇项等。模型参数设置见表 5.1。

计算域和时间设置：峡江水库—新干航电枢纽汛期为每年的 4—9 月。汛期水量、水质主要受上游洪水、下游长江和调度方式的共同影响。不同年份来水条件差别悬殊，单独 1 年不具备模拟典型性和代表性要求。枯水期为当年 10 月至次年 3 月，枯水水量、水质均有调度计划，较为规律，适用于模型的模拟。本书选择区域水动力模型模拟开始时间为 2020 年 1 月 1 日，结束时间为 2022 年 12 月 31 日。模拟时间步长为 1576800 s，时间步数为 1096 步。研究时段数据时间序列较长，具有较好的代表性。糙率 n 是反映水体流动时所受阻力的一个综合系数，是水力学计算的关键参数，一般在模型计算过程中将糙率用曼宁值 M 来表示（M=n'）。根据实测地形图和卫星影像图，结合实地查勘情况，糙率值按地形、地貌条件和地面特点分别选取。

表 5.1　二维湖泊水动力模型参数设置列表

模型名称	模型参数
网格数量	3045
节点个数	2348
时间步长	60 s
涡粘函数	Smagorinsky 亚格子尺度模型
Smagorinsky 系数	0.28
曼宁系数	20 m$^{1/3}$/s
密度类型	正压模式
科氏力形式	域内变化
干水深	0.005 m
湿水深	0.1 m
淹没水深	0.05 m
深度修正	关闭

参数率定及合理性分析：水动力模型率定的对象主要是曼宁系数，率定主要依据是水位、流量的模拟值和实测值达到一致。经率定，峡江水库—新干航电枢纽河底最优糙率为 0.20。本书峡江水库—新干航电枢纽二维水动力模型采用 2020 年 1 月—2022 年 12 月水位、河流实测数据与模型模拟值比较来实现。

5.2.3　设计通航条件下水文水动力过程模拟

表 5.2 表明：模型模拟的 2020 年 1 月—2022 年 12 月水位变化情况基本与实测值一致，实测和模拟水位间的决定系数 $R^2 \geq 0.95$，Nash 效率系数 ≥ 0.95。模拟的水域流速、流向符合峡江水库、新干航电枢纽实际状况。通过该模型验证，所建立的"峡江水库—新干航电枢纽连通"二维水动力模型可以反映峡江水库—新干航电枢纽的水流特征，也可以用于后续的模型研究工作。

表 5.2 研究区分布式水文水动力模型验证表

序号	地点	变量	NSE	R
1	新干	新干水位	0.9954	0.9978
2	峡江坝前	峡江流量	0.7517	0.8773
3	峡江水文站	水位	0.8191	0.9095
4	峡江水文站	流量	0.6819	0.8812

5.3 赣江水资源综合利用效益情景评价

5.3.1 航运效益评价和模拟

本书面向水资源综合利用旨在评估赣江航运经济，提出经济保障措施。本章锚定赣江航运、发电、社会经济供水等主要经济行为，开展不同设计频率下主汛期、后汛期和枯水期多目标经济评估和决策最优化研究，为保障措施提供制定依据。航运经济评估函数依据水位情景模拟和经济评价结果，绘制航运经济成本随水位（Z）变化图谱，量化航运经济成本（B）随水位的变化函数。依据实测数据和精度要求，模拟最低水位选定 24 m，最高水位选定 34 m，水位变化间隔选定 0.05 m，制定水位情景模拟向量。根据调查航运单价，估算水位情景模拟向量对应航运效益，采用最小二乘法估算航运经济成本随水位变化函数，见式 5.7。

$$B = 113700000 + 16470 \times Q - 10760000 \times z + 0.6006 \times Q^2 - \\ 1117 \times Q \times z + 338900 \times z^2 + 0.00003339 \times Q^3 \\ -0.03845 \times Q^2 \times z + 22.15 \times Q \times z^2 - 3576 \times z^3 \tag{5.7}$$

对航运效益水位函数进行拟合优度检验可知：研究区航运经济成本拟合关系曲线 Nash 效率系数和相关系数 R 分别为 0.946 和 0.944。由显著性水平为 0.05 和样本容量为 1096 个可知，相关系数临界值为 0.062。Student's t 检验给定原假设 H_0 为研究区航运经济成本拟合关系曲线拟合效果好，其备择假设 H_1 为研究区航运经济成本拟合关系曲线拟合效果不好。对相关系数进行检验可知，相关系数超越显著性水平，接受原假

设 H_0，认为研究区航运经济成本拟合关系曲线拟合效果好。给定 Nash 系数临界值为 0.90，给定原假设 H_0 为研究区航运经济成本拟合关系曲线拟合效果好，其备择假设 H_1 为研究区航运经济成本拟合关系曲线拟合效果不好。Nash 效率系数大于其临界值，接受原假设，认为研究区航运经济成本拟合关系曲线拟合效果较好。综上可知，研究区航运经济成本拟合关系曲线拟效果较好。

5.3.2 发电效益评价和模拟

对于发电效益，本书以设计水位为基准点，以 $\Delta t=3$ 小时为计算时段，对未来 24 小时水库调度决策下电站出力和进行计算。具体来讲，在新干航电枢纽库区设计来水流量 Q 和指定发电流量 q 下，时段末蓄水量 $W(t)$ 和时段初蓄水量 $W(t-1)$ 服从时段内水量平衡方程，即时段来水量 $Q\Delta t$ 和时段泄水量 $q\Delta t$ 之差等于蓄水量的变化量 $W(t)-W(t-1)$（见式5.8）。

$$Q\Delta t - q\Delta t = W(t) - W(t-1) \quad (5.8)$$

坝前时段平均水位是时段初始时刻水位 $z_u(t-1)$ 和时段末时刻水位 $z_u(t)$ 的平均值；坝后时段平均水位是时段初始时刻水位 $z_d(t-1)$ 和时段末时刻水位 $z_d(t)$ 的平均值。Δt 时段内的发电水头 $h(\Delta t)$ 由时段内新干航电枢纽坝前时段平均水位和坝后时段平均水位之差，见式5.9。

$$h(\Delta t) = \frac{z_u(t)+z_u(t-1)}{2} - \frac{z_d(t)+z_d(t-1)}{2} \quad (5.9)$$

本书基于赣江航电枢纽库区水位和库容关系点，拟定水位和库容之间服从多项关系，采用最小二乘法率定曲线参数，并以 Student's t 检验和 Nash 效率系数开展模拟优度检验，新干航电枢纽坝前水位库容关系曲线 Nash 效率系数和相关系数 R 分别为 0.95 和 0.98。由显著性水平为 0.05 和样本容量为 19 个可知，相关系数临界值为 0.433。Student's t 检验给定原假设 H_0 为新干航电枢纽坝前水位库容关系曲线拟合服从二次多项式分布，其备择假设 H_1 为新干航电枢纽坝前水位库容关系曲线拟合不服从二次多项式分布。对相关系数进行检验可知，相关系数超越显著性水平，接受原假设 H_0，认为新干航电枢纽坝前水位库容关系曲线服从多项式分布。计算 Nash 系数临界值为 0.95，给定原假设 H_0 为新干航电枢纽坝前水位库容关系曲线服从二次多项式分布，其备择假设 H_1 为新干航电枢纽坝前水位库容关系曲线不服从二次多项式分布。Nash 效率系数大于其临界值，接受原假设，认为新干航电枢纽坝前水位库容关系曲线服从多项式分布。综上可知，新干航电枢纽坝前水位库容关系曲线服从多项式关系。水位流量关系函数坝前初始时刻水位 $z_u(t-1)$ 和时段末时刻水位 $z_u(t)$ 可由赣江航电枢纽水位流量关系函数 g 计算，见式 5.10。

$$z = -9.5 \times 10^{-27} W^6 + 2 \times 10^{-21} W^5 - 1.7 \times 10^{-16} W^4 + 6.8 \times 10^{-12} W^3 \\ - 1.4 \times 10^{-7} W^2 + 0.0016 W + 23 \quad (5.10)$$

坝前初始时刻水位 $z_u(t-1)$ 和时段末时刻水位 $z_u(t)$ 可由初始时刻蓄水量 $W(t-1)$ 和时段末时刻蓄水量 $W(t)$ 估算，见式 5.11、式 5.12。

$$z_u(t) = g[W(t)] \quad (5.11)$$

$$z_u(t-1) = g[W(t-1)] \quad (5.12)$$

本书基于赣江航电枢纽坝后水位和流量关系点，拟定水位和流量之间服从多项关系，采用最小二乘法率定曲线参数，并以 Student's t 检验和 Nash 效率系数开展模拟优度检验。新干航电枢纽坝后水位流量关系曲线 Nash 效率系数和相关系数 R 分别为 0.996 和 0.999。由显著性水平为 0.05 和样本容量为 8 个可知，相关系数临界值为 0.632。Student's t 检验给定原假设 H_0 为新干航电枢纽坝后水位流量关系曲线拟合服从线性分布，其备择假设 H_1 为新干航电枢纽坝后水位流量关系曲线拟合不服从线性分布。对相关系数进行检验可知，相关系数超越显著性水平，接受原假设 H_0，认为新干航电枢纽坝后水位流量关系曲线服从线性分布。给定 Nash 系数临界值为 0.95，给定原假设 H_0 为新干航电枢纽坝后水位流量关系曲线服从线性分布，其备择假设 H_1 为新干航电枢纽坝后水位流量关系曲线不服从线性分布。Nash 效率系数小于其临界值，接受原假设，认为新干航电枢纽坝后水位流量关系曲线服从多项式关系。综上可知，新干航电枢纽坝后水位流量关系曲线服从多项式关系，见式 5.13。

$$z = 6 \times 10^{-10} q^2 + 5.8 \times 10^{-4} q + 24 \quad (5.13)$$

坝后初始时刻水位 $z_d(t-1)$ 和时段末时刻水位 $z_d(t)$ 可由初始时刻蓄水量 $W(t-1)$ 和时段末时刻蓄水量 $W(t)$ 估算，见公式 5.14～式 5.15。

$$z_d(t) = f[q(t)] \quad (5.14)$$

$$z_d(t-1) = f[q(t-1)] \quad (5.15)$$

本书基于新干航电枢纽单台机组出力曲线，数字化获取发电流量—发电水头—实测出力 N_{ob} 之间的关系点。经计算，关系点样本容量共 1484 个，随机选取 1038 个数据构建人工神经网络，并率定参数；选取剩余 446 个数据进行模型验证，见图 5.3。图 5.3 表明：曲线斜率接近于 1，实测出力 N_{ob} 和模拟出力值 N_m 接近，模型建模期和验证期 Nash 效率系数 ≥ 0.99，模型模拟效果较好，可以用于单台机组出力值的模拟。本书利用计算发电流量 q 和发电水头 H，结合构建的人工神经网络模型 ANN，计算发电出力值，见式 5.16。将各时段计算出力值进行加和，可求取计算期内总的发电出力值。

$$N = ANN(q, h) \quad (5.16)$$

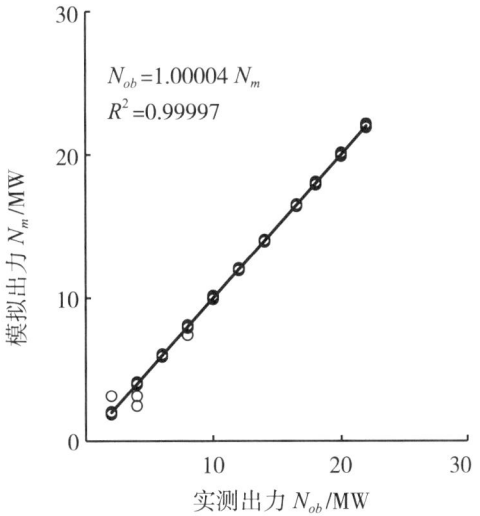

图 5.3　基于人工神经网络的模拟出力 Nm 拟合优度

5.3.3 城市和灌溉供水效益情景评价

本书采用峡江水利枢纽—新干航电枢纽区间巴邱水厂社会经济干旱指标 SSDI 作为社会经济效益的评价指标，指标亦可作为农业经济效益评价指标。

（1）指标构建的原理

干旱是一种发生在自然界不同系统水分匮缺现象，可分为气象干旱、水文干旱、农业干旱和社会经济干旱。不同类型干旱存在不同影响因素和作用机理，现有研究鲜有统一的旱灾孕灾机理和评价指标。本书从旱灾应对便利角度出发，提供描述干旱的基本原理，构建江西省干旱综合评价指标。从概念出发，干旱不同系统水资源供需不平衡矛盾的体现。供水系统可分为现状水资源量和可供水资源存量，用以支撑系统现状和未来用水。干旱可概化为系统现状和未来供水情景与系统需水量，在不同动力过程驱动下的时空耦合。

本书根据干旱的定义，凝练不同干旱类型供需平衡关系，见表 5.3。表 5.3 表明：气象系统中，现状水资源量为系统的时段降水量，未来可供水资源存量为未来降水量，气象需水量为潜在蒸发量或者气象蒸发能力。气象供需水量要素耦合的原理是区域水量平衡，常以供需要素的统计分类表征其耦合动力过程。水文系统中，现状水资源量为河湖水位，可供水资源存量为流域初始蓄水量、水源地蓄水量，水文需水量为流域实际蒸发量。水文供需水量要素耦合的原理是 Budyko 假设表征的流域水能耦合原理，在干旱区域表现为蒸发互补理论，在湿润区表现为蒸发正比理论。其动力过程为流域水能耦合动力过程。农业系统中，现状水资源量为取水口水位，可供水资源存量为流域初始蓄水量、水源地蓄水量，农业需水量为不同生育期作物需水量。农业供需水量要素耦合的原理是灌区水量平衡，常以灌区供需水量过程为耦合动力过程。社会经济系统中，现状水资源量为取水口水位，可供水资源存量为流域初始蓄水量、水源地蓄水量，社会经济需水量为社会经济系统需水，常以系统供需水量过程为耦合动力过程。

表 5.3 不同干旱类型供需平衡关系

干旱类型	供水		需水	供需耦合原理	供需耦合动力过程
	现状水资源量	可供水资源存量			
气象干旱	时段降水量	未来降水量	潜在蒸发量	区域水量平衡	经验过程分类
水文干旱	河湖水位	流域初始蓄水量、水源地蓄水量	流域实际蒸发量	Budyko假设	流域水能耦合
农业干旱	取水口水位	流域初始蓄水量、水源地蓄水量	不同生育期作物需水量	灌区水量平衡	灌区供需水量过程
社会经济干旱	取水口水位	流域初始蓄水量、水源地蓄水量	社会经济系统需水	系统水量平衡	系统供需水量过程

（2）指标构建的方法

本书在综合评价指标构建原理基础上，凝练不同干旱类型供需关系量化指标和函数，见表5.4。表5.4表明：不同干旱类型均为现状水资源量、可供水资源存量和需水量耦合关系，现状水资源量、可供水资源存量和需水量可以边际概率分布函数（CDF）进行量化，计算边际概率分布函数；现状水资源量、可供水资源存量和需水量边际概率分布函数可通过Copula函数进行概化，得到基于Copula函数综合干旱指标（CSDI）。CSDI指标在农业系统中命名为标准化农业干旱指标（SADI），在社会经济系统中命名为标划社会经济干旱指标。

表 5.4 不同干旱类型供需关系量化指标和函数

干旱类型	供水		需水E	供需耦合指标	耦合函数	基于Copula函数综合干旱指标（CSDI）
	现状水资源量ZP	可供水资源量W				
气象干旱	P	预报P	ET_P	$P-ET_P$ 或 P	CDF；Copula	$SPEI$ 或 SPI
水文干旱	Z	W_0（或Pa）、Wt	ETa	$P-ETa$	CDF；Copula	SSI 等
农业干旱	Z	W_0（或Pa）、Wt	rET_0	$P-rET_0$	CDF；Copula	$SADI$
社会经济干旱	Z	W_0（或Pa）、Wt	ETa	$P-ETa$	CDF；Copula	$SSEI$

（3）指标构建技术流程

本书在综合评价指标构建原理和指标基础上，凝练不同干旱类型基于 Copula 函数综合干旱指标构建技术流程图，见图 5.4。图 5.4 表明：本书借助气象水文和地理信息感知数据，提出并构建气象、水文、农业和社会经济干旱供需平衡要素及指标，优选其边际概率分布函数，借助 Copula 函数优选程序，建立不同系统 CSDI 值。

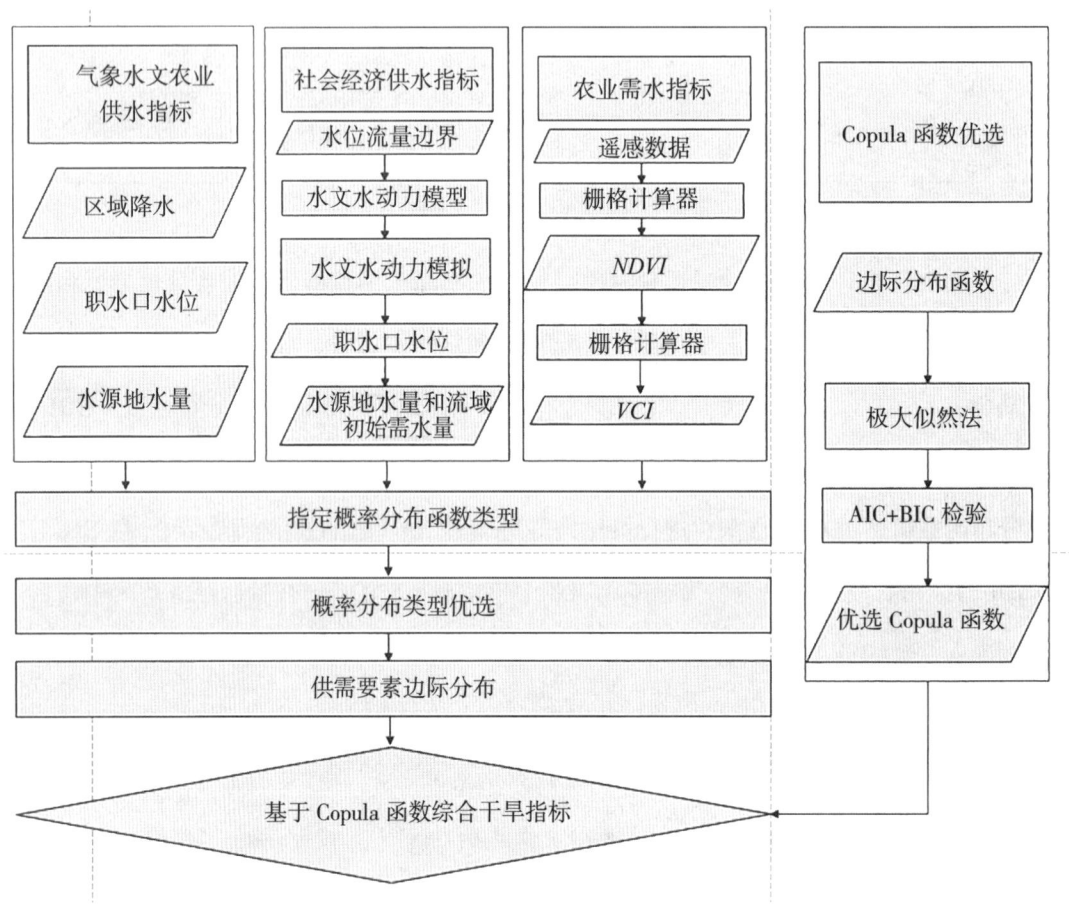

图 5.4　基于 Copula 函数综合干旱指标构建技术流程

（4）指标的验证

本书旨在有效应对江西省气象、水文、农业和社会经济干旱，构建原理完整、计算简单的综合评价指标。实际工作中，气象和水文干旱概念明确，干旱成灾过程更多受自然水热循环影响，机理相对简单。干旱指标成熟多样，可以满足实际的预警预报和应对需求。农业和社会经济干旱是由气象水文干旱在自然—社会二元水循环驱动形成，蕴藏着复杂的干旱传播机理。实际工作中，很难对农业和社会经济干旱开展精确地预警预报。2022 年，江西省经历严重干旱事件，6 月以来鄱阳湖水位持续下降，9 月 6 日鄱阳湖进入极枯水期，刷新进入极枯水期最早记录，较原最早出现极枯水期纪录的 2019 年还提前 85 天，较有记录以来（1951—2021）平均出现时间提前了 115 天。2022 年 9 月 23 日，江西省发布气象干旱红色预警信号。是否能够准确识别出自 2022 年 6 月极端干旱事件可作为检验干旱综合评价指标成败关键。

本书选取峡江—新干区间巴邱水厂社会经济干旱作为案例研究，提出综合干旱在社会经济系统具体指标（SSDI），评价干旱指标对 2022 年干旱事件识别能力（图 5.5）。图 5.5 绿色曲线为 SSDI 过程，蓝色曲线为标准化径流指数，用于衡量水文干旱（SSI）。年际间，SSDI 过程线周期结构和年际差异并存，与 SSI 过程线具有较高的时程一致性。年内分布上，主汛期 SSDI 值明显偏大，表明该时期呈现湿润特征，后汛期和枯水期 SSDI 值降低，干旱进入频发阶段。自 2022 年 6 月，SSDI 曲线显著下降（红色框标识），呈阶段性干旱特征，是研究区内极端干旱区间。同期标准化径流指数基本保持稳定，难以表征干旱持续造成的连续破坏。分析可知：综合干旱指标可以有效描述 2022 年社会经济系统干旱。

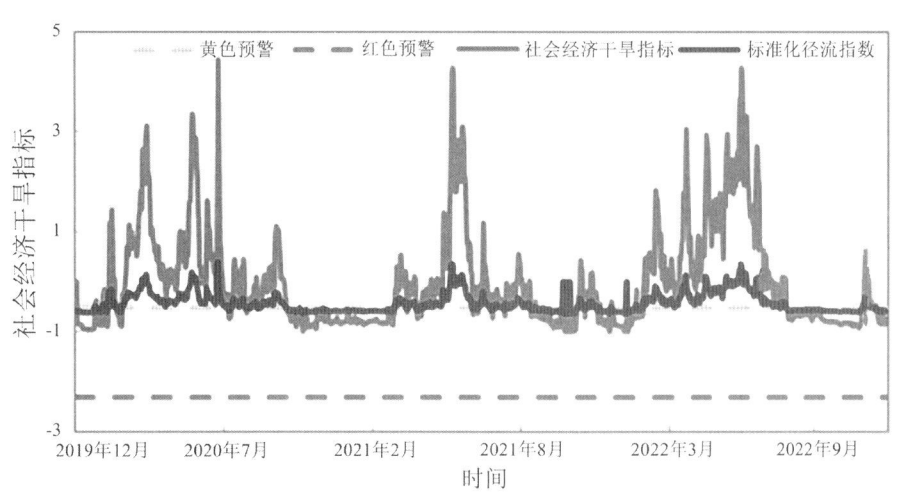

图 5.5 社会经济干旱指标（SSDI）过程线

5.4　水资源综合利用和航运经济耦合规律

本书在分别量化航运、发电和水资源效益公式的基础上，厘清水资源综合利用和航运经济耦合规律。随着新干航电枢纽发电流量的减少，研究区水位增加，航运相对铁路和公路运输效益显著，但发电效益减少，社会经济供水风险增大；随着新干航电枢纽发电流量的增加，研究区水位减少，航运相对铁路和公路运输效益下降，但发电效益增加，社会经济供水风险降低。综上可知：新干航电枢纽调度决策对水资源综合利用和航运经济影响显著，是耦合水资源综合利用和航运经济关键手段。

5.5　本章小结

赣江水资源的综合利用效益需要综合考虑发电、社会经济供水、城市供水等多个方面的因素。本章构建了发电、社会经济供水评价的流程、指标，评价了调度期内的发电出力和社会经济干旱指标，构建了发电出力和社会经济干旱指标函数，揭示了赣江水资源综合利用和航运经济耦合规律。结果表明：峡江水库和新干航电枢纽水位测站的二维水动力模型模拟的 2020 年 1 月—2022 年 12 月水位变化情况基本与实测值一致，实测和模拟水位间的决定系数 $R^2 \geqslant 0.95$，Nash 效率系数 $\geqslant 0.95$。模拟的水域流速、流向符合峡江水库、新干航电枢纽实际状况。通过该模型验证，所建立的"峡江水库—新干航电枢纽连通"二维水动力模型可以反映峡江水库—新干航电枢纽的水流特征，亦可以用于后续的模型研究工作。航运经济、发电成本拟合关系曲线拟效果较好。社会经济干旱指标可用来描述供水风险，可以有效刻画 2022 年社会经济系统干旱。随着新干航电枢纽发电流量的减少，研究区水位增加，航运相对铁路和公路运输效益显著，但发电效益减少，社会经济供水风险增大；随着新干航电枢纽发电流量的增加，研究区水位减少，航运相对铁路和公路运输效益下降，但发电效益增加，社会经济供水风险降低。新干航电枢纽调度决策对水资源综合利用和航运经济影响显著，是耦合水资源综合利用和航运经济关键手段。

第6章 面向水资源综合利用的赣江水运经济保障策略

6.1 面向航运经济的赣江水资源综合利用多目标规划方法

6.1.1 模型构建准则

水库长期优化调度一般以年为调度期，旬为时段间隔。梯级水库确定性来水的长期优化调度的基本课题是在已知各水库各时段入库流量的条件下，寻求调度期内最优的各水电站出力过程和水库蓄泄过程。梯级水库长期调度的目标是最大化调度期内的保证出力和发电总量及航运效益。将宏观目的和目标转化为可计量的准则，称为优化准则，或设计准则、经济准则、评价准则等（因问题性质不同，可采用不同名称），以便选用合适的优化技术，实现最优化。事实上，在系统分析方法中，都要将输入与输出变量和可计量的准则函数联系起来，进行分析与求解。将经济目标转化为经济准则（或优化准则）：

净效益最大：一般用于投资、效益均不受限制的情况。

效益最大：多用于费用一定的情况下。

费用最小：多用于效益一定或方案等效的情况下。

6.1.2 目标函数和约束条件构建方法

本书研究是实现水库运行成本一定时，发电和航运效益最大、干旱威胁最小，选取发电出力、航运效益、旱指标最大3个目标函数。

航运效益是按照实际航运货物量和单价进行估算的，其目标函数为式6.1：

$$\max z = \sum_{i=1}^{m}\sum_{j=1}^{n} a_{i,j} \cdot G_{i,j,k} \tag{6.1}$$

其中，a 表示第 i 个码头、第 j 种货物的货运单价，货运单价见附件表6.1。G 表示第 i 个码头、第 j 种货物在第 k 旬的实际国运量。

该航段所有码头实际货运量应小于航段空间分布最小货运能力，其约束函数为式6.2：

$$0 \le \sum_{i=1}^{m}\sum_{j=1}^{n} G_{i,j,k} \le G_{\min} \tag{6.2}$$

其中，$G_{\min}$ 表示该航段各计算断面中最小航运能力。

第 i 个码头某年的实际货运量小于设计年通过能力，其约束函数为式6.3：

$$0 \le \sum_{k=1}^{36}\sum_{j=1}^{n} G_{i,j,k} \le G_{i,\min} \tag{6.3}$$

其中，$G_{i,\min}$ 表示第 i 个码头设计年通过能力。研究区域内各码头设计年通过能力见表6.1。

6.2 面向航运经济的赣江水资源综合利用多目标规划情景

本书基于设计频率下新干航电枢纽坝前水位、峡江下泄流量、峡江库水位进行交叉情景设计，共设计77个情景（表6.2、表6.3）。估算每个情景三个目标函数，采用Matlab编译多目标规划函数，寻找最优决策。

第6章 面向水资源综合利用的赣江水运经济保障策略

表 6.1 航运货物单价表

单位：元·t^{-1}·km^{-1}

码头	货源																							
	1 散杂货	2 砂石	3 钢材	4 线材	5 矿建材料	6 重件	7 木材	8 卤水	9 化工品	10 粮食	11 食盐	12 玉米	13 液体沥青	14 成品油	15 商品车	16 防汛物资	17 水泥	18 铁矿石	19 熟料及原材料	20 金属矿石	21 建材	22 化肥	23 煤炭	24 标箱
1 赣州港(水运)综合枢纽五云货运码头	0.083																							0.083
2 赣州港(水运)综合枢纽五云货运码头二期工程	0.083																							0.083
3 赣州港赣县港区龙爪角货运码头一期工程	0.083																							
4 泰和沿溪综合货运码头	0.083	0.083																						
5 吉安港中心城区港区张家渡码头一期工程	0.083																							
6 吉安港石溪头货运码头			0.083	0.083																				
7 永修吴城松门山码头					0.083																			
8 新干港河西综合码头			0.083			0.083																		

127

续表

码头		1 散杂货	2 砂石	3 钢材	4 线材	5 矿建材料	6 重件	7 木材	8 卤水	9 化工品	10 粮食	11 食盐	12 玉米	13 液体沥青	14 成品油	15 商品车	16 防汛物资	17 水泥	18 铁矿石	19 熟料及原材料	20 金属矿石	21 建材	22 化肥	23 煤炭	24 标箱
9	新干城北货运码头				0.083																				
10	樟树港区永泰卤水码头								0.083																
11	樟树荷湖馆码头																								
12	樟树港河西作业区码头			0.083																					
13	樟树港区江边码头										0.083														
14	樟树四码头												0.083										0.083		
15	樟树五码头												0.083										0.083		
16	樟树市水运口岸作业区码头												0.083										0.083		
17	丰城尚庄货运码头																					0.083		0.083	
18	江西丰城港曲江码头有限公司码头																							0.083	

续表

	码头	1 散杂货	2 砂石	3 钢材	4 线材	5 矿建材料	6 重件	7 木材	8 卤水	9 化工品	10 粮食	11 食盐	12 玉米	13 液体沥青	14 成品油	15 商品车	16 防汛物资	17 水泥	18 铁矿石	19 熟料及原材料	20 金属矿石	21 建材	22 化肥	23 煤炭	24 集装箱
19	江西新越沥青有限公司沥青专用码头													0.083											
20	丰城同田综合码头	0.083																							
21	江西中油港燃能源科技有限责任公司同田水上加油站														0.083										
22	南昌港管塘作业区综合码头	0.083														0.083									
23	厚田金信码头	0.083																						0.083	
24	姚湾码头(临时岸线)	0.083																							
25	南昌港东新港区姚湾作业区综合码头		0.083	0.083													0.083								0.083
26	昌北防洪排涝工程管理处防汛码头										0.083														

续表

	码头	1 散杂货	2 砂石	3 钢材	4 线材	5 矿建材料	6 重件	7 木材	8 卤水	9 化工品	10 粮食	11 食盐	12 玉米	13 液体沥青	14 成品油	15 商品车	16 防汛物资	17 水泥	18 铁矿石	19 熟料及原材料	20 金属矿石	21 建材	22 化肥	23 煤炭	24 标箱
27	南昌市亚力水泥制品有限公司码头																	0.083							
28	江西国际集装箱码头																								0.083
29	江西晨鸣纸业有限公司码头							0.083																0.083	
30	江西长运港务公司白水湖杂货码头			0.083															0.083						
31	南昌富昌石油储运有限公司码头										0.083														
32	南昌龙头岗综合码头			0.083											0.083										
33	南昌龙头岗综合码头二期工程			0.083																0.083					
34	江西赣江海螺水泥有限公司码头																				0.083			0.083	0.083
35	江西省龙达港务营运有限公司码头																								0.083

表 6.2 码头设计年通过能力

单位：万 t⁻¹·标箱⁻¹

	码头	1 散杂普货	2 砂石、普货	3 钢材、线材	4 钢材、重件	5 线材、木材	6 煤炭、粮食、钢材	7 砂石、粮食	8 煤炭、木材	9 卤水	10 化工品	11 钢材、粮食	12 食盐、建材	13 玉米、化肥	14 液体沥青	15 成品油	16 商品车	17 防汛物资、钢材	18 水泥	19 钢材、铁矿石	20 熟料及原材料	21 煤炭、金属矿石	22 矿建材料	23 煤炭	24 标箱
1	赣州港(水运)综合枢纽五云货运码头	280																							6
2	赣州港(水运)综合枢纽五云货运码头二期工程	300																							18
3	赣州港赣县港区龙爪角货运码头一期工程	180																							
4	泰和沿溪综合货运码头		125																						
5	吉安港中心城区张家渡码头一期工程	320																							
6	吉安港石溪头货运码头			50																					
7	水修吴城松门山码头(待定)																								
8	新干港河西综合码头				110																				
9	新干城北货运码头					5.5																			
10	樟树港区泰岗水码头(待定)																								

续表

	码头	货源																						
		1	2	3	4	5	6	7	8	9	10	11	12	13	14	15	16	17	18	19	20	21	22	23	24
		散杂货	砂石、普货	钢材、线材	钢材、重件	线材、木材	煤炭、粮食、钢材	砂石、粮食	煤炭、木材	卤水	化工品	钢材、粮食	食盐、建材	玉米、化肥	液体沥青	成品油	商品车	防汛物资、钢材	水泥	钢材、铁矿石	熟料及原材料	煤炭、金属矿石	矿建材料	煤炭	标箱
11	樟树荷湖省码头(待定)																								
12	樟树港河西作业区码头						1540																		15
13	樟树港区江边码头																								
14	樟树四码头													53											
15	樟树五码头													53											
16	樟树市水运口岸作业区码头													79											
17	丰城尚庄货运码头																								
18	江西丰城港曲江码头有限公司码头																							410	
19	江西新越沥青有限公司沥青专用码头														35									500	
20	丰城同田综合码头	630																							
21	江西中油港燃能源科技有限责任公司同田水上加油站(待定)															30									
22	南昌港官塘作业区综合码头	760																							
23	厚田金信码头(待定)																								

第6章 面向水资源综合利用的赣江水运经济保障策略

续表

码头	1 散杂货	2 砂石、普货	3 钢材、线材	4 钢材、重件	5 线材、木材	6 煤炭、粮食、钢材	7 砂石、粮食	8 煤炭、木材	9 卤水	10 化工品	11 钢材、粮食	12 食盐、建材	13 玉米、化肥	14 液体沥青	15 成品油	16 商品车	17 防汛物资、钢材	18 水泥	19 钢材、铁矿石	20 熟料及原材料	21 煤炭、金属矿石	22 建材	23 煤炭	24 标箱
24 姚湾码头(临时岸线)(待定)																								
25 南昌港东新港区姚湾作业区综合码头							1390																	15
26 昌北防洪排涝工程管理处防汛码头																	112							
27 南昌市亚力水泥制品有限公司码头																		70						
28 江西国际集装箱码头																								5
29 江西晨鸣纸业有限公司码头								346																
30 江西长运港务公司白水湖杂货码头				180																				
31 南昌富昌石油储运有限公司码头															20									
32 南昌龙头岗综合码头											420													
33 南昌龙头岗综合码头二期工程																			310					20
34 江西赣江海螺水泥码头																				465				30
35 江西省龙达港务营运有限公司码头																					330			

表 6.3 调度情景

设计频率/%	新干水位/m	峡江流量/($m^3 \cdot s^{-1}$)	峡江库水位/m	下泄流量/($m^3 \cdot s^{-1}$)	分期	情景
5	30.2	420	28.3	281~2412	主汛期	情景1
	30.2	420	30.8	281~2412	主汛期	情景2
	30.2	420	33.3	281~2412	主汛期	情景3
	30.2	420	35.8	281~2412	主汛期	情景4
	30.2	420	38.2	281~2412	主汛期	情景5
	30.2	420	40.7	281~2412	主汛期	情景6
	30.2	420	43.2	281~2412	主汛期	情景7
10	31.1	600	28.3	281~2412	主汛期	情景8
	31.1	600	30.8	281~2412	主汛期	情景9
	31.1	600	33.3	281~2412	主汛期	情景10
	31.1	600	35.8	281~2412	主汛期	情景11
	31.1	600	38.2	281~2412	主汛期	情景12
	31.1	600	40.7	281~2412	主汛期	情景13
	31.1	600	43.2	281~2412	主汛期	情景14
25	31.8	750	28.3	281~2412	主汛期	情景15
	31.8	750	30.8	281~2412	主汛期	情景16
	31.8	750	33.3	281~2412	主汛期	情景17
	31.8	750	35.8	281~2412	主汛期	情景18
	31.8	750	38.2	281~2412	主汛期	情景19
	31.8	750	40.7	281~2412	主汛期	情景20
	31.8	750	43.2	281~2412	主汛期	情景21
1	30.5	420	28.3	281~2412	后汛期	情景22
	30.5	420	30.8	281~2412	后汛期	情景23
	30.5	420	33.3	281~2412	后汛期	情景24
	30.5	420	35.8	281~2412	后汛期	情景25
	30.5	420	38.2	281~2412	后汛期	情景26
	30.5	420	40.7	281~2412	后汛期	情景27
	30.5	420	43.2	281~2412	后汛期	情景28

续表

设计频率/%	新干水位/m	峡江流量/($m^3 \cdot s^{-1}$)	峡江库水位/m	下泄流量/($m^3 \cdot s^{-1}$)	分期	情景
5	31.5	450	28.3	281~2412	后汛期	情景29
	31.5	450	30.8	281~2412	后汛期	情景30
	31.5	450	33.3	281~2412	后汛期	情景31
	31.5	450	35.8	281~2412	后汛期	情景32
	31.5	450	38.2	281~2412	后汛期	情景33
	31.5	450	40.7	281~2412	后汛期	情景34
	31.5	450	43.2	281~2412	后汛期	情景35
10	31.7	590	28.3	281~2412	后汛期	情景36
	31.7	590	30.8	281~2412	后汛期	情景37
	31.7	590	33.3	281~2412	后汛期	情景38
	31.7	590	35.8	281~2412	后汛期	情景39
	31.7	590	38.2	281~2412	后汛期	情景40
	31.7	590	40.7	281~2412	后汛期	情景41
	31.7	590	43.2	281~2412	后汛期	情景42
25	32	700	28.3	281~2412	后汛期	情景43
	32	700	30.8	281~2412	后汛期	情景44
	32	700	33.3	281~2412	后汛期	情景45
	32	700	35.8	281~2412	后汛期	情景46
	32	700	38.2	281~2412	后汛期	情景47
	32	700	40.7	281~2412	后汛期	情景48
	32	700	43.2	281~2412	后汛期	情景49
5	29.2	450	28.3	281~2412	枯水期	情景50
	29.2	450	30.8	281~2412	枯水期	情景51
	29.2	450	33.3	281~2412	枯水期	情景52
	29.2	450	35.8	281~2412	枯水期	情景53
	29.2	450	38.2	281~2412	枯水期	情景54
	29.2	450	40.7	281~2412	枯水期	情景55
	29.2	450	43.2	281~2412	枯水期	情景56

续表

设计频率/%	新干水位/m	峡江流量/(m³·s⁻¹)	峡江库水位/m	下泄流量/(m³·s⁻¹)	分期	情景
10	30	590	28.3	281~2412	枯水期	情景57
	30	590	30.8	281~2412	枯水期	情景58
	30	590	33.3	281~2412	枯水期	情景59
	30	590	35.8	281~2412	枯水期	情景60
	30	590	38.2	281~2412	枯水期	情景61
	30	590	40.7	281~2412	枯水期	情景62
	30	590	43.2	281~2412	枯水期	情景63
25	31	700	28.3	281~2412	枯水期	情景64
	31	700	30.8	281~2412	枯水期	情景65
	31	700	33.3	281~2412	枯水期	情景66
	31	700	35.8	281~2412	枯水期	情景67
	31	700	38.2	281~2412	枯水期	情景68
	31	700	40.7	281~2412	枯水期	情景69
	31	700	43.2	281~2412	枯水期	情景70

6.3 主汛期破坏率5%情景最优决策

6.3.1 航运、发电、社会经济供水情景经济评价

在主汛期破坏率为5%下，指定生态流量为最小下泄流量（281 m³/s），指定机组发电流量最大值（2412 m³/s）为最大下泄流量，设置流量变化步长为20 m³/s，构建下泄流量向量，计算每个下泄流量对应发电出力、航运效益和社会经济干旱指标，寻找各目标的变化范围，见附表4。附表4表明，发电出力最大值为588.8 MW，航运效益最大值为1546.6万元，以此作为最优化求解中目标函数标准化的依据。

6.3.2 航运、发电、社会经济供水情景最优决策

在情景1中，基于发电出力、航运效益、SSDI 3个目标函数，指定峡江水利枢纽库水位为30.8 m和3个目标不同函数值，借助Matlab软件编译多目标规划程序。求解情景可知：当3个目标权重为一样重要时，最优化泄水量为308.2 m³/s，最优化发电出

力、航运效益、SSDI 分别为 151 MW、398 万元、−1.72；当发电权重较大是其他重要性的 3 倍时，最优化泄水量为 1040 m³/s，最优化发电出力、航运效益、SSDI 分别为 444.9 MW、387 万元、−2.19；当航运权重较大是其他重要性的 3 倍时，最优化泄水量为 300 m³/s，最优化发电出力、航运效益、SSDI 分别为 147.8 MW、398.2 万元、−1.71；当社会经济供水权重较大是其他重要性的 3 倍时，最优化泄水量为 308.2 m³/s，最优化发电出力、航运效益、SSDI 分别为 151 MW、398 万元、−1.72。

在情景 2 中，基于发电出力、航运效益、SSDI 3 个目标函数，指定峡江水利枢纽库水位为 28.3 m 和 3 个目标不同函数值，借助 Matlab 软件编译多目标规划程序。求解情景可知：当 3 个目标权重为一样重要时，最优化泄水量为 308.2 m³/s，最优化发电出力、航运效益、SSDI 分别为 151 MW、398 万元、−1.82；当发电权重较大是其他重要性的 3 倍时，最优化泄水量为 1040 m³/s，最优化发电出力、航运效益、SSDI 分别为 444.9 MW、387 万元、−1.95；当航运权重较大是其他重要性的 3 倍时，最优化泄水量为 300 m³/s，最优化发电出力、航运效益、SSDI 分别为 147.8 MW、398.2 万元、−1.81；当社会经济供水权重较大是其他重要性的 3 倍时，最优化泄水量为 308.2 m³/s，最优化发电出力、航运效益、SSDI 分别为 151 MW、398 万元、−1.82。

在情景 3 中，基于发电出力、航运效益、SSDI 3 个目标函数，指定峡江水利枢纽库水位为 33.3 m 和 3 个目标不同函数值，借助 Matlab 软件编译多目标规划程序。求解情景可知：当 3 个目标权重为一样重要时，最优化泄水量为 308.2 m³/s，最优化发电出力、航运效益、SSDI 分别为 151 MW、398 万元、−1.1；当发电权重较大是其他重要性的 3 倍时，最优化泄水量为 1040 m³/s，最优化发电出力、航运效益、SSDI 分别为 444.9 MW、387 万元、−1.13；当航运权重较大是其他重要性的 3 倍时，最优化泄水量为 300 m³/s，最优化发电出力、航运效益、SSDI 分别为 147.8 MW、398.2 万元、−1.1；当社会经济供水权重较大是其他重要性的 3 倍时，最优化泄水量为 308.2 m³/s，最优化发电出力、航运效益、SSDI 分别为 151 MW、398 万元、−1.1。

在情景 4 中，基于发电出力、航运效益、SSDI 3 个目标函数，指定峡江水利枢纽

库水位为 35.8 m 和 3 个目标不同函数值，借助 Matlab 软件编译多目标规划程序。求解情景可知：当 3 个目标权重为一样重要时，最优化泄水量为 308.2 m³/s，最优化发电出力、航运效益、SSDI 分别为 152 MW、398 万元、0.066；当发电权重较大是其他重要性的 3 倍时，最优化泄水量为 1040 m³/s，最优化发电出力、航运效益、SSDI 分别为 445 MW、387 万元、0.061；当航运权重较大是其他重要性的 3 倍时，最优化泄水量为 300 m³/s，最优化发电出力、航运效益、SSDI 分别为 147.8 MW、398.2 万元、−1.71；当社会经济供水权重较大是其他重要性的 3 倍时，最优化泄水量为 308.2 m³/s，最优化发电出力、航运效益、SSDI 分别为 152 MW、398 万元、0.0662。

在情景 5 中，基于发电出力、航运效益、SSDI 3 个目标函数，指定峡江水利枢纽库水位为 38.2 m 和 3 个目标不同函数值，借助 Matlab 软件编译多目标规划程序。求解情景可知：当 3 个目标权重为一样重要时，最优化泄水量为 300 m³/s，最优化发电出力、航运效益、SSDI 分别为 147.8 MW、398 万元、1.01；当发电权重较大是其他重要性的 3 倍时，最优化泄水量为 300 m³/s，最优化发电出力、航运效益、SSDI 分别为 147.8 MW、398.2 万元、1.02；当航运权重较大是其他重要性的 3 倍时，最优化泄水量为 300 m³/s，最优化发电出力、航运效益、SSDI 分别为 147.8 MW、398.2 万元、−1.71；当社会经济供水权重较大是其他重要性的 3 倍时，最优化泄水量为 300 m³/s，最优化发电出力、航运效益、SSDI 分别为 147.8 MW、398.2 万元、1.02。

在情景 6 中，基于发电出力、航运效益、SSDI 3 个目标函数，指定峡江水利枢纽库水位为 40.7 m 和 3 个目标不同函数值，借助 Matlab 软件编译多目标规划程序。求解情景可知：当 3 个目标权重为一样重要时，最优化泄水量为 300 m³/s，最优化发电出力、航运效益、SSDI 分别为 147.8 MW、398.2 万元、1.992；当发电权重较大是其他重要性的 3 倍时，最优化泄水量为 540 m³/s，最优化发电出力、航运效益、SSDI 分别为 255.4 MW、394.3 万元、1.9916；当航运权重较大是其他重要性的 3 倍时，最优化泄水量为 300 m³/s，最优化发电出力、航运效益、SSDI 分别为 147.8 MW、398.2 万元、1.9918；当社会经济供水权重较大是其他重要性的 3 倍时，最优化泄水量为 300 m³/s，最优化发电出力、航运效益、SSDI 分别为 147.8 MW、398.2 万元、1.9918。

在情景 7 中，基于发电出力、航运效益、SSDI 3 个目标函数，指定峡江水利枢纽库水位为 43.2 m 和 3 个目标不同函数值，借助 Matlab 软件编译多目标规划程序。求解情景可知：当 3 个目标权重为一样重要时，最优化泄水量为 300 m³/s，最优化发电出力、航运效益、SSDI 分别为 147 MW、398 万元、2.91；当发电权重较大是其他重要性的 3 倍时，最优化泄水量为 300 m³/s，最优化发电出力、航运效益、SSDI 分别为 147.8 MW、398.2 万元、2.91；当航运权重较大是其他重要性的 3 倍时，最优化泄水量为 300 m³/s，最优化发电出力、航运效益、SSDI 分别为 147.8 MW、398.2 万元、2.91；当社会经济供水权重较大是其他重要性的 3 倍时，最优化泄水量为 300 m³/s，最优化发电出力、航运效益、SSDI 分别为 147.8 MW、398.2 万元、2.91。

6.4 主汛期破坏率 10% 情景最优决策

6.4.1 航运、发电、社会经济供水情景经济评价

在主汛期破坏率为 10% 下，指定生态流量为最小下泄流量（281 m³/s），指定机组发电流量最大值（2412 m³/s）为最大下泄流量，设置流量变化步长为 20 m³/s，构建下泄流量向量，计算每个下泄流量对应发电出力、航运效益和社会经济干旱指标，寻找各目标的变化范围，见附表 5。附表 5 表明：发电出力最大值为 775.8 MW，航运效益最大值为 787.4 万元，以此作为最优化求解中目标函数标准化的依据。

6.4.2 航运、发电、社会经济供水情景最优决策

在情景 8 中，基于发电出力、航运效益、SSDI 3 个目标函数，指定峡江水利枢纽库水位为 28.3 m 和 3 个目标不同函数值，借助 Matlab 软件编译多目标规划程序。求解情景可知：当 3 个目标权重为一样重要时，最优化泄水量为 1900.5 m³/s，最优化发电出力、航运效益、SSDI 分别为 551.3 MW、1448.1 万元、−2.55；当发电权重较大是其他重要性的 3 倍时，最优化泄水量为 2184 m³/s，最优化发电出力、航运效益、SSDI 分别为 573.6 MW、1436.9 万元、−2.76；当航运权重较大是其他重要性的 3 倍时，最优化泄

水量为 1576 m³/s，最优化发电出力、航运效益、SSDI 分别为 497.4 MW、1466.6 万元、−2.33；当社会经济供水权重较大是其他重要性的 3 倍时，最优化泄水量为 1900.5 m³/s，最优化发电出力、航运效益、SSDI 分别为 551.3 MW、1448.1 万元、−2.55。

在情景 9 中，基于发电出力、航运效益、SSDI 3 个目标函数，指定峡江水利枢纽库水位为 30.8 m 和 3 个目标不同函数值，借助 Matlab 软件编译多目标规划程序。求解情景可知：当 3 个目标权重为一样重要时，最优化泄水量为 1900 m³/s，最优化发电出力、航运效益、SSDI 分别为 551.3 MW、1448.1 万元、−2.03；当发电权重较大是其他重要性的 3 倍时，最优化泄水量为 2184 m³/s，最优化发电出力、航运效益、SSDI 分别为 573.6 MW、1436.9 万元、−2.07；当航运权重较大是其他重要性的 3 倍时，最优化泄水量为 1576 m³/s，最优化发电出力、航运效益、SSDI 分别为 497.4 MW、1466.6 万元、−1.98；当社会经济供水权重较大是其他重要性的 3 倍时，最优化泄水量为 1900.5 m³/s，最优化发电出力、航运效益、SSDI 分别为 551.3 MW、1448.1 万元、−2.03。

在情景 10 中，基于发电出力、航运效益、SSDI 3 个目标函数，指定峡江水利枢纽库水位为 33.3 m 和 3 个目标不同函数值，借助 Matlab 软件编译多目标规划程序。求解情景可知：当 3 个目标权重为一样重要时，最优化泄水量为 1900.5 m³/s，最优化发电出力、航运效益、SSDI 分别为 551.3 MW、1448.1 万元、−1.14；当发电权重较大是其他重要性的 3 倍时，最优化泄水量为 2184 m³/s，最优化发电出力、航运效益、SSDI 分别为 573.6 MW、1436.9 万元、−1.15；当航运权重较大是其他重要性的 3 倍时，最优化泄水量为 1576 m³/s，最优化发电出力、航运效益、SSDI 分别为 497.4 MW、1466.6 万元、−1.13；当社会经济供水权重较大是其他重要性的 3 倍时，最优化泄水量为 1900.5 m³/s，最优化发电出力、航运效益、SSDI 分别为 551.3 MW、1448.1 万元、−1.14。

在情景 11 中，基于发电出力、航运效益、SSDI 3 个目标函数，指定峡江水利枢纽库水位为 35.8 m 和 3 个目标不同函数值，借助 Matlab 软件编译多目标规划程序。求解情景可知：当 3 个目标权重为一样重要时，最优化泄水量为 1900.5 m³/s，最优化发电出力、航运效益、SSDI 分别为 551.3 MW、1448.1 万元、0.06；当发电权重较大是其他重要性的 3 倍时，最优化泄水量为 2184 m³/s，最优化发电出力、航运效益、SSDI 分别为 573.6 MW、1436.9 万元、0.06；当航运权重较大是其他重要性的 3 倍时，最优化泄水量为 1576 m³/s，最优化发电出力、航运效益、SSDI 分别为 497.4 MW、1466.6 万元、0.06；当社会经济供水权重较大是其他重要性的 3 倍时，最优化泄水量为 1807 m³/s，最优化发电出力、航运效益、SSDI 分别为 539.4 MW、1453.3 万元、0.06。

在情景 12 中，基于发电出力、航运效益、SSDI 3 个目标函数，指定峡江水利枢纽库水位为 38.2 m 和 3 个目标不同函数值，借助 Matlab 软件编译多目标规划程序。求解情景可知：当 3 个目标权重为一样重要时，最优化泄水量为 300 m³/s，最优化发电出力、航运效益、SSDI 分别为 118.9 MW、1545.3 万元、1.02；当发电权重较大是其他重要性的 3 倍时，最优化泄水量为 300 m³/s，最优化发电出力、航运效益、SSDI 分别为 412.1 MW、1488.3 万元、1.02；当航运权重较大是其他重要性的 3 倍时，最优化泄水量为 300 m³/s，最优化发电出力、航运效益、SSDI 分别为 118.9 MW、1545.3 万元、1.02；当社会经济供水权重较大是其他重要性的 3 倍时，最优化泄水量为 300 m³/s，最优化发电出力、航运效益、SSDI 分别为 118.9 MW、1545.3 万元、1.02。

在情景 13 中，基于发电出力、航运效益、SSDI 3 个目标函数，指定峡江水利枢纽库水位为 40.7 m 和 3 个目标不同函数值，借助 Matlab 软件编译多目标规划程序。求解情景可知：当 3 个目标权重为一样重要时，最优化泄水量为 300 m³/s，最优化发电出力、航运效益、SSDI 分别为 118.9 MW、1545.3 万元、1.99；当发电权重较大是其他重要性的 3 倍时，最优化泄水量为 2412 m³/s，最优化发电出力、航运效益、SSDI 分别为 553.5 MW、1450.4 万元、1.99；当航运权重较大是其他重要性的 3 倍时，最优化泄水量为 300 m³/s，最优化发电出力、航运效益、SSDI 分别为 118.9 MW、1545.3 万元、1.99；当社会经济供水权重较大是其他重要性的 3 倍时，最优化泄水量为 300 m³/s，最优化发电出力、航运效益、SSDI 分别为 118.9 MW、1545.3 万元、1.99。

在情景 14 中，基于发电出力、航运效益、SSDI 3 个目标函数，指定峡江水利枢纽库水位为 43.2 m 和 3 个目标不同函数值，借助 Matlab 软件编译多目标规划程序。求解情景可知：当 3 个目标权重为一样重要时，最优化泄水量为 300 m³/s，最优化发电出力、航运效益、SSDI 分别为 118.9 MW、1545.3 万元、2.91；当发电权重较大是其他重要性的 3 倍时，最优化泄水量为 300 m³/s，最优化发电出力、航运效益、SSDI 分别为 553.5 MW、1450.4 万元、2.91；当航运权重较大是其他重要性的 3 倍时，最优化泄水量为 300 m³/s，最优化发电出力、航运效益、SSDI 分别为 118.9 MW、1545.3 万元、2.91；当社会经济供水权重较大是其他重要性的 3 倍时，最优化泄水量为 300 m³/s，最优化发电出力、航运效益、SSDI 分别为 118.9 MW、1545.3 万元、2.91。

6.5 主汛期破坏率 25% 情景最优决策

6.5.1 航运、发电、社会经济供水情景经济评价

在主汛期破坏率为 25% 下，指定生态流量为最小下泄流量（281 m³/s），指定机组发电流量最大值（2412 m³/s）为最大下泄流量，设置流量变化步长为 20 m³/s，构建下泄流量向量，计算每个下泄流量对应发电出力、航运效益和社会经济干旱指标，寻找各目标的变化范围，见附表 6。附表 6 表明：发电出力最大值为 863.3 MW，航运效益最大值为 1115.5 万元，以此作为最优化求解中目标函数标准化的依据。

6.5.2 航运、发电、社会经济供水情景最优决策

在情景 15 中，基于发电出力、航运效益、SSDI 3 个目标函数，指定峡江水利枢纽库水位为 28.3 m 和 3 个目标不同函数值，借助 Matlab 软件编译多目标规划程序。求解情景可知：当 3 个目标权重为一样重要时，最优化泄水量为 1965.7 m³/s，最优化发电出力、航运效益、SSDI 分别为 547.1 MW、1437.1 万元、2.41；当发电权重较大是其他重要性的 3 倍时，最优化泄水量为 2151 m³/s，最优化发电出力、航运效益、SSDI 分别为 573.5 MW、1426.1 万元、−2.53；当航运权重较大是其他重要性的 3 倍时，最优化泄水量为 1626 m³/s，最优化发电出力、航运效益、SSDI 分别为 487.1 MW、1457.5 万元、−2.19；当社会经济供水权重较大是其他重要性的 3 倍时，最优化泄水量为 1965.7 m³/s，最优化发电出力、航运效益、SSDI 分别为 547.1 MW、1437.1 万元、−2.41。

在情景 16 中，基于发电出力、航运效益、SSDI 3 个目标函数，指定峡江水利枢纽库水位为 30.8 m 和 3 个目标不同函数值，借助 Matlab 软件编译多目标规划程序。求解情景可知：当 3 个目标权重为一样重要时，最优化泄水量为 1965.7 m³/s，最优化发电出力、航运效益、SSDI 分别为 547.1 MW、1437.1 万元、1.99；当发电权重较大是其他重要性的 3 倍时，最优化泄水量为 2151 m³/s，最优化发电出力、航运效益、SSDI 分别为 573.5 MW、1426.1 万元、−2.03；当航运权重较大是其他重要性的 3 倍时，最优化泄水量为 1626 m³/s，最优化发电出力、航运效益、SSDI 分别为 487.1 MW、1457.5 万元、−1.95；当社会经济供水权重较大是其他重要性的 3 倍时，最优化泄水量为 1965.7 m³/s，最优化发电出力、航运效益、SSDI 分别为 547.1 MW、1437.1 万元、1.99。

在情景 17 中，基于发电出力、航运效益、SSDI 3 个目标函数，指定峡江水利枢纽库水位为 33.3 m 和 3 个目标不同函数值，借助 Matlab 软件编译多目标规划程序。求解情景可知：当 3 个目标权重为一样重要时，最优化泄水量为 1965.7 m³/s，最优化发电出力、航运效益、SSDI 分别为 547.1 MW、1437.1 万元、−1.14；当发电权重较大是其他重要性的 3 倍时，最优化泄水量为 2151 m³/s，最优化发电出力、航运效益、SSDI 分别为 573.5 MW、1426.1 万元、−1.14；当航运权重较大是其他重要性的 3 倍时，最优化泄水量为 1626 m³/s，最优化发电出力、航运效益、SSDI 分别为 487.1 MW、1457.5 万元、−1.13；当社会经济供水权重较大是其他重要性的 3 倍时，最优化泄水量为 1965.7 m³/s，最优化发电出力、航运效益、SSDI 分别为 547.1 MW、1437.1 万元、−1.14。

在情景 18 中，基于发电出力、航运效益、SSDI 3 个目标函数，指定峡江水利枢纽库水位为 35.8 m 和 3 个目标不同函数值，借助 Matlab 软件编译多目标规划程序。求解情景可知：当 3 个目标权重为一样重要时，最优化泄水量为 1965.7 m³/s，最优化发电出力、航运效益、SSDI 分别为 547.1 MW、1437.1 万元、0.06；当发电权重较大是其他重要性的 3 倍时，最优化泄水量为 2151 m³/s，最优化发电出力、航运效益、SSDI 分别为 573.5 MW、1426.1 万元、0.06；当航运权重较大是其他重要性的 3 倍时，最优化泄水量为 1626 m³/s，最优化发电出力、航运效益、SSDI 分别为 487.1 MW、1457.5 万元、0.06；当社会经济供水权重较大是其他重要性的 3 倍时，最优化泄水量为 2013.1 m³/s，最优化发电出力、航运效益、SSDI 分别为 553.1 MW、1434.3 万元、0.06。

在情景 19 中，基于发电出力、航运效益、SSDI 3 个目标函数，指定峡江水利枢纽库水位为 38.2 m 和 3 个目标不同函数值，借助 Matlab 软件编译多目标规划程序。求解情景可知：当 3 个目标权重为一样重要时，最优化泄水量为 300 m³/s，最优化发电出力、航运效益、SSDI 分别为 112.2 MW、1545.2 万元、1.02；当发电权重较大是其他重要性的 3 倍时，最优化泄水量为 300 m³/s，最优化发电出力、航运效益、SSDI 分别为 589.4 MW、1411.5 万元、1.02；当航运权重较大是其他重要性的 3 倍时，最优化泄水量为 300 m³/s，最优化发电出力、航运效益、SSDI 分别为 112.2 MW、1445.2 万元、1.02；当社会经济供水权重较大是其他重要性的 3 倍时，最优化泄水量为 300 m³/s，最优化发电出力、航运效益、SSDI 分别为 112.2 MW、1445.2 万元、1.02。

在情景 20 中，基于发电出力、航运效益、SSDI 3 个目标函数，指定峡江水利枢纽库水位为 40.7 m 和 3 个目标不同函数值，借助 Matlab 软件编译多目标规划程序。求解情景可知：当 3 个目标权重为一样重要时，最优化泄水量为 300 m³/s，最优化发电出力、航运效益、SSDI 分别为 112.2 MW、1545.2 万元、1.99；当发电权重较大是其他重要性的 3 倍时，最优化泄水量为 2412 m³/s，最优化发电出力、航运效益、SSDI 分别为 589.4 MW、1411.5 万元、1.99；当航运权重较大是其他重要性的 3 倍时，最优化泄水量为 300 m³/s，最优化发电出力、航运效益、SSDI 分别为 112.2 MW、1545.2 万元、1.99；当社会经济供水权重较大是其他重要性的 3 倍时，最优化泄水量为 300 m³/s，最优化发电出力、航运效益、SSDI 分别为 112.2 MW、1545.2 万元、1.99。

在情景 21 中，基于发电出力、航运效益、SSDI 3 个目标函数，指定峡江水利枢纽库水位为 43.2 m 和 3 个目标不同函数值，借助 Matlab 软件编译多目标规划程序。求解情景可知：当 3 个目标权重为一样重要时，最优化泄水量为 300 m³/s，最优化发电出力、航运效益、SSDI 分别为 112.2 MW、1545.2 万元、2.92；当发电权重较大是其他重要性的 3 倍时，最优化泄水量为 300 m³/s，最优化发电出力、航运效益、SSDI 分别为 589.4 MW、1411.5 万元、2.92；当航运权重较大是其他重要性的 3 倍时，最优化泄水量为 300 m³/s，最优化发电出力、航运效益、SSDI 分别为 112.2 MW、1545.2 万元、2.92；当社会经济供水权重较大是其他重要性的 3 倍时，最优化泄水量为 300 m³/s，最优化发电出力、航运效益、SSDI 分别为 112.2 MW、1545.2 万元、2.92。

6.6 后汛期破坏率 1% 情景最优决策

6.6.1 航运、发电、社会经济供水情景经济评价

在后汛期破坏率为 1% 下，指定生态流量为最小下泄流量（281 m³/s），指定机组发电流量最大值（2412 m³/s）为最大下泄流量，设置流量变化步长为 20 m³/s，构建下泄流量向量，计算每个下泄流量对应发电出力、航运效益和社会经济干旱指标，寻找各目标的变化范围，见附表 7。附表 7 表明，发电出力最大值为 632.7 MW，航运效益最大值为 845.1 万元，以此作为最优化求解中目标函数标准化的依据。

6.6.2 航运、发电、社会经济供水情景最优决策

在情景 22 中，基于发电出力、航运效益、SSDI 3 个目标函数，指定峡江水利枢纽库水位为 28.3 m 和 3 个目标不同函数值，借助 Matlab 软件编译多目标规划程序。求解情景可知：当 3 个目标权重为一样重要时，最优化泄水量为 625.2 m³/s，最优化发电出力、航运效益、SSDI 分别为 275.7 MW、724.3 万元、−1.89；当发电权重较大是其他重要性的 3 倍时，最优化泄水量为 1236.3 m³/s，最优化发电出力、航运效益、SSDI 分别为 482.5 MW、708.7 万元、−2.29；当航运权重较大是其他重要性的 3 倍时，最优化泄水量为 300.1 m³/s，最优化发电出力、航运效益、SSDI 分别为 139.8 MW、733.9 万元、−1.68；当社会经济供水权重较大是其他重要性的 3 倍时，最优化泄水量为 625.2 m³/s，最优化发电出力、航运效益、SSDI 分别为 275.7 MW、724.3 万元、−1.89。

在情景 23 中，基于发电出力、航运效益、SSDI 3 个目标函数，指定峡江水利枢纽库水位为 30.8 m 和 3 个目标不同函数值，借助 Matlab 软件编译多目标规划程序。求解情景可知：当 3 个目标权重为一样重要时，最优化泄水量为 625.2 m³/s，最优化发电

出力、航运效益、SSDI 分别为 275.7 MW、724.3 万元、−1.87；当发电权重较大是其他重要性的 3 倍时，最优化泄水量为 1236.3 m³/s，最优化发电出力、航运效益、SSDI 分别为 482.5 MW、708.7 万元、−1.97；当航运权重较大是其他重要性的 3 倍时，最优化泄水量为 300.1 m³/s，最优化发电出力、航运效益、SSDI 分别为 139.8 MW、733.9 万元、−1.81；当社会经济供水权重较大是其他重要性的 3 倍时，最优化泄水量为 625.2 m³/s，最优化发电出力、航运效益、SSDI 分别为 275.7 MW、724.3 万元、−1.87。

在情景 24 中，基于发电出力、航运效益、SSDI 3 个目标函数，指定峡江水利枢纽库水位为 33.3 m 和 3 个目标不同函数值，借助 Matlab 软件编译多目标规划程序。求解情景可知：当 3 个目标权重为一样重要时，最优化泄水量为 625.2 m³/s，最优化发电出力、航运效益、SSDI 分别为 275.7 MW、724.3 万元、−1.11；当发电权重较大是其他重要性的 3 倍时，最优化泄水量为 1236.3 m³/s，最优化发电出力、航运效益、SSDI 分别为 482.5 MW、708.7 万元、−1.13；当航运权重较大是其他重要性的 3 倍时，最优化泄水量为 300.1 m³/s，最优化发电出力、航运效益、SSDI 分别为 139.8 MW、733.9 万元、−1.11；当社会经济供水权重较大是其他重要性的 3 倍时，最优化泄水量为 625.2 m³/s，最优化发电出力、航运效益、SSDI 分别为 275.7 MW、724.3 万元、−1.11。

在情景 25 中，基于发电出力、航运效益、SSDI 3 个目标函数，指定峡江水利枢纽库水位为 35.8 m 和 3 个目标不同函数值，借助 Matlab 软件编译多目标规划程序。求解情景可知：当 3 个目标权重为一样重要时，最优化泄水量为 300 m³/s，最优化发电出力、航运效益、SSDI 分别为 275.7 MW、724.3 万元、0.06；当发电权重较大是其他重要性的 3 倍时，最优化泄水量为 1236.3 m³/s，最优化发电出力、航运效益、SSDI 分别为 482.5 MW、708.7 万元、0.06；当航运权重较大是其他重要性的 3 倍时，最优化泄水量为 300.1 m³/s，最优化发电出力、航运效益、SSDI 分别为 139.8 MW、733.9 万元、0.07；当社会经济供水权重较大是其他重要性的 3 倍时，最优化泄水量为 625.2 m³/s，最优化发电出力、航运效益、SSDI 分别为 275.7 MW、724.3 万元、0.06。

在情景 26 中，基于发电出力、航运效益、SSDI 3 个目标函数，指定峡江水利枢纽

库水位为 38.2 m 和 3 个目标不同函数值，借助 Matlab 软件编译多目标规划程序。求解情景可知：当 3 个目标权重为一样重要时，最优化泄水量为 300 m³/s，最优化发电出力、航运效益、SSDI 分别为 139.8 MW、733.9 万元、1.02；当发电权重较大是其他重要性的 3 倍时，最优化泄水量为 971.4 m³/s，最优化发电出力、航运效益、SSDI 分别为 400.9 MW、714.9 万元、1.02；当航运权重较大是其他重要性的 3 倍时，最优化泄水量为 300.1 m³/s，最优化发电出力、航运效益、SSDI 分别为 139.8 MW、733.9 万元、1.02；当社会经济供水权重较大是其他重要性的 3 倍时，最优化泄水量为 300 m³/s，最优化发电出力、航运效益、SSDI 分别为 139.8 MW、733.9 万元、1.02。

在情景 27 中，基于发电出力、航运效益、SSDI 3 个目标函数，指定峡江水利枢纽库水位为 40.7 m 和 3 个目标不同函数值，借助 Matlab 软件编译多目标规划程序。求解情景可知：当 3 个目标权重为一样重要时，最优化泄水量为 300 m³/s，最优化发电出力、航运效益、SSDI 分别为 139.8 MW、733.9 万元、1.99；当发电权重较大是其他重要性的 3 倍时，最优化泄水量为 575.4 m³/s，最优化发电出力、航运效益、SSDI 分别为 256.3 MW、725.7 万元、1.99；当航运权重较大是其他重要性的 3 倍时，最优化泄水量为 300 m³/s，最优化发电出力、航运效益、SSDI 分别为 139.8 MW、733.9 万元、1.99；当社会经济供水权重较大是其他重要性的 3 倍时，最优化泄水量为 300 m³/s，最优化发电出力、航运效益、SSDI 分别为 139.8 MW、733.9 万元、1.99。

在情景 28 中，基于发电出力、航运效益、SSDI 3 个目标函数，指定峡江水利枢纽库水位为 43.2 m 和 3 个目标不同函数值，借助 Matlab 软件编译多目标规划程序。求解情景可知：当 3 个目标权重为一样重要时，最优化泄水量为 300 m³/s，最优化发电出力、航运效益、SSDI 分别为 139.8 MW、733.9 万元、2.91；当发电权重较大是其他重要性的 3 倍时，最优化泄水量为 300 m³/s，最优化发电出力、航运效益、SSDI 分别为 139.8 MW、733.9 万元、2.91；当航运权重较大是其他重要性的 3 倍时，最优化泄水量为 300 m³/s，最优化发电出力、航运效益、SSDI 分别为 139.8 MW、733.9 万元、2.91；当社会经济供水权重较大是其他重要性的 3 倍时，最优化泄水量为 300 m³/s，最优化发电出力、航运效益、SSDI 分别为 139.8 MW、733.9 万元、2.91。

6.7 后汛期破坏率 5% 情景最优决策

6.7.1 航运、发电、社会经济供水情景经济评价

在后汛期破坏率为 5% 下，指定生态流量为最小下泄流量（281 m³/s），指定机组发电流量最大值（2412 m³/s）为最大下泄流量，设置流量变化步长为 20 m³/s，构建下泄流量向量，计算每个下泄流量对应发电出力、航运效益和社会经济干旱指标，寻找各目标的变化范围，见附表 8。附表 8 表明：发电出力最大值为 767.8 MW，航运效益最大值为 479.8 万元，以此作为最优化求解中目标函数标准化的依据。

6.7.2 航运、发电、社会经济供水情景最优决策

在情景 29 中，基于发电出力、航运效益、SSDI 3 个目标函数，指定峡江水利枢纽库水位为 28.3 m 和 3 个目标不同函数值，借助 Matlab 软件编译多目标规划程序。求解情景可知：当 3 个目标权重为一样重要时，最优化泄水量为 1824.6 m³/s，最优化发电出力、航运效益、SSDI 分别为 555.2 MW、1458.3 万元、–2.55；当发电权重较大是其他重要性的 3 倍时，最优化泄水量为 2038.3 m³/s，最优化发电出力、航运效益、SSDI 分别为 577.1 MW、1454.6 万元、–2.71；当航运权重较大是其他重要性的 3 倍时，最优化泄水量为 1538.6 m³/s，最优化发电出力、航运效益、SSDI 分别为 501.7 MW、1470.4 万元、–2.36；当社会经济供水权重较大是其他重要性的 3 倍时，最优化泄水量为 1824.6 m³/s，最优化发电出力、航运效益、SSDI 分别为 555.2 MW、1458.3 万元、–2.55。

在情景 30 中，基于发电出力、航运效益、SSDI 3 个目标函数，指定峡江水利枢纽库水位为 30.8 m 和 3 个目标不同函数值，借助 Matlab 软件编译多目标规划程序。求解情景可知：当 3 个目标权重为一样重要时，最优化泄水量为 1824.6 m³/s，最优化发电出力、航运效益、SSDI 分别为 555.2 MW、1458.3 万元、–2.02；当发电权重较大是其他重要性的 3 倍时，最优化泄水量为 2038.3 m³/s，最优化发电出力、航运效益、SSDI 分别为 577.1 MW、1454.6 万元、–2.06；当航运权重较大是其他重要性的 3 倍时，最

优化泄水量为 1538.6 m³/s，最优化发电出力、航运效益、SSDI 分别为 501.7 MW、1470.4 万元、−1.99；当社会经济供水权重较大是其他重要性的 3 倍时，最优化泄水量为 1824.6 m³/s，最优化发电出力、航运效益、SSDI 分别为 555.2 MW、1458.3 万元、−2.03。

在情景 31 中，基于发电出力、航运效益、SSDI 3 个目标函数，指定峡江水利枢纽库水位为 33.3 m 和 3 个目标不同函数值，借助 Matlab 软件编译多目标规划程序。求解情景可知：当 3 个目标权重为一样重要时，最优化泄水量为 1824.6 m³/s，最优化发电出力、航运效益、SSDI 分别为 555.2 MW、1458.3 万元、−1.14；当发电权重较大是其他重要性的 3 倍时，最优化泄水量为 2038.3 m³/s，最优化发电出力、航运效益、SSDI 分别为 577.1 MW、1454.6 万元、−1.15；当航运权重较大是其他重要性的 3 倍时，最优化泄水量为 1538.6 m³/s，最优化发电出力、航运效益、SSDI 分别为 501.7 MW、1470.4 万元、−1.13；当社会经济供水权重较大是其他重要性的 3 倍时，最优化泄水量为 1824.6 m³/s，最优化发电出力、航运效益、SSDI 分别为 555.2 MW、1458.3 万元、−1.14。

在情景 32 中，基于发电出力、航运效益、SSDI 3 个目标函数，指定峡江水利枢纽库水位为 35.8 m 和 3 个目标不同函数值，借助 Matlab 软件编译多目标规划程序。求解情景可知：当 3 个目标权重为一样重要时，最优化泄水量为 1858.4 m³/s，最优化发电出力、航运效益、SSDI 分别为 559.8 MW、1457.2 万元、0.06；当发电权重较大是其他重要性的 3 倍时，最优化泄水量为 2038.3 m³/s，最优化发电出力、航运效益、SSDI 分别为 577.1 MW、1454.6 万元、0.06；当航运权重较大是其他重要性的 3 倍时，最优化泄水量为 1538.6 m³/s，最优化发电出力、航运效益、SSDI 分别为 501.7 MW、1470.4 万元、0.06；当社会经济供水权重较大是其他重要性的 3 倍时，最优化泄水量为 1702.3 m³/s，最优化发电出力、航运效益、SSDI 分别为 531.2 MW、1462.9 万元、0.06。

在情景 33 中，基于发电出力、航运效益、SSDI 3 个目标函数，指定峡江水利枢纽库水位为 38.2 m 和 3 个目标不同函数值，借助 Matlab 软件编译多目标规划程序。求解情景可知：当 3 个目标权重为一样重要时，最优化泄水量为 300 m³/s，最优化发电出力、航运效益、SSDI 分别为 121.5 MW、1545.2 万元、1.02；当发电权重较大是其他重要性的 3 倍时，最优化泄水量为 1156.6 m^3/s，最优化发电出力、航运效益、SSDI 分别为 407.6 MW、1490.7 万元、1.02；当航运权重较大是其他重要性的 3 倍时，最优化泄水量为 300 m^3/s，最优化发电出力、航运效益、SSDI 分别为 121.5 MW、1545.2 万元、1.02；当社会经济供水权重较大是其他重要性的 3 倍时，最优化泄水量为 300 m^3/s，最优化发电出力、航运效益、SSDI 分别为 121.5 MW、1545.2 万元、1.02。

在情景 34 中，基于发电出力、航运效益、SSDI 3 个目标函数，指定峡江水利枢纽库水位为 40.7 m 和 3 个目标不同函数值，借助 Matlab 软件编译多目标规划程序。求解情景可知：当 3 个目标权重为一样重要时，最优化泄水量为 300 m^3/s，最优化发电出力、航运效益、SSDI 分别为 121.5 MW、1545.2 万元、1.99；当发电权重较大是其他重要性的 3 倍时，最优化泄水量为 2412 m^3/s，最优化发电出力、航运效益、SSDI 分别为 570.1 MW、1510.1 万元、1.99；当航运权重较大是其他重要性的 3 倍时，最优化泄水量为 300 m^3/s，最优化发电出力、航运效益、SSDI 分别为 121.5 MW、1545.2 万元、1.99；当社会经济供水权重较大是其他重要性的 3 倍时，最优化泄水量为 300 m^3/s，最优化发电出力、航运效益、SSDI 分别为 121.5 MW、1545.2 万元、1.99。

在情景 35 中，基于发电出力、航运效益、SSDI 3 个目标函数，指定峡江水利枢纽库水位为 43.2 m 和 3 个目标不同函数值，借助 Matlab 软件编译多目标规划程序。求解情景可知：当 3 个目标权重为一样重要时，最优化泄水量为 300 m^3/s，最优化发电出力、航运效益、SSDI 分别为 121.5 MW、1545.2 万元、2.91；当发电权重较大是其他重要性的 3 倍时，最优化泄水量为 300 m^3/s，最优化发电出力、航运效益、SSDI 分别为 121.5 MW、1545.2 万元、2.91；当航运权重较大是其他重要性的 3 倍时，最优化泄水量为 300 m^3/s，最优化发电出力、航运效益、SSDI 分别为 121.5 MW、1545.2 万元、2.91；当社会经济供水权重较大是其他重要性的 3 倍时，最优化泄水量为 300 m^3/s，最优化发电出力、航运效益、SSDI 分别为 121.5 MW、1545.2 万元、2.91。

6.8 后汛期破坏率 10% 情景最优决策

6.8.1 航运、发电、社会经济供水情景经济评价

在后汛期破坏率为 10% 下，指定生态流量为最小下泄流量（281 m³/s），指定机组发电流量最大值（2412 m³/s）为最大下泄流量，设置流量变化步长为 20 m³/s，构建下泄流量向量，计算每个下泄流量对应发电出力、航运效益和社会经济干旱指标，寻找各目标的变化范围，见附表 9。附表 9 表明：发电出力最大值为 820 MW，航运效益最大值为 783.9 万元，以此作为最优化求解中目标函数标准化的依据。

6.8.2 航运、发电、社会经济供水情景最优决策

在情景 36 中，基于发电出力、航运效益、SSDI 3 个目标函数，指定峡江水利枢纽库水位为 28.3 m 和 3 个目标不同函数值，借助 Matlab 软件编译多目标规划程序。求解情景可知：当 3 个目标权重为一样重要时，最优化泄水量为 1898.1 m³/s，最优化发电出力、航运效益、SSDI 分别为 550.2 MW、1445.4 万元、−2.48；当发电权重较大是其他重要性的 3 倍时，最优化泄水量为 2121.1 m³/s，最优化发电出力、航运效益、SSDI 分别为 579.7 MW、1434.1 万元、−2.63；当航运权重较大是其他重要性的 3 倍时，最优化泄水量为 1585.8 m³/s，最优化发电出力、航运效益、SSDI 分别为 493.3 MW、1463 万元、−2.28；当社会经济供水权重较大是其他重要性的 3 倍时，最优化泄水量为 1898.1 m³/s，最优化发电出力、航运效益、SSDI 分别为 550.2 MW、1445.4 万元、−2.48。

在情景 37 中，基于发电出力、航运效益、SSDI 3 个目标函数，指定峡江水利枢纽库水位为 30.8 m 和 3 个目标不同函数值，借助 Matlab 软件编译多目标规划程序。求解情景可知：当 3 个目标权重为一样重要时，最优化泄水量为 1898.1 m³/s，最优化发电出力、航运效益、SSDI 分别为 550.2 MW、1445.4 万元、−2.02；当发电权重较大是其他重要性的 3 倍时，最优化泄水量为 2121.1 m³/s，最优化发电出力、航运效益、SSDI 分别为 577.1 MW、1454.6 万元、−2.05；当航运权重较大是其他重要性的 3 倍时，最优化泄水量为 1585.8 m³/s，最优化发电出力、航运效益、SSDI 分别为 501.7 MW、

1470.4 万元、−1.97；当社会经济供水权重较大是其他重要性的 3 倍时，最优化泄水量为 1898.1 m³/s，最优化发电出力、航运效益、SSDI 分别为 555.2 MW、1458.3 万元、−2.02。

在情景 38 中，基于发电出力、航运效益、SSDI 3 个目标函数，指定峡江水利枢纽库水位为 33.3 m 和 3 个目标不同函数值，借助 Matlab 软件编译多目标规划程序。求解情景可知：当 3 个目标权重为一样重要时，最优化泄水量为 1898.1 m³/s，最优化发电出力、航运效益、SSDI 分别为 550.2 MW、1445.4 万元、−1.14；当发电权重较大是其他重要性的 3 倍时，最优化泄水量为 2121.1 m³/s，最优化发电出力、航运效益、SSDI 分别为 577.1 MW、1454.6 万元、−1.15；当航运权重较大是其他重要性的 3 倍时，最优化泄水量为 1585.8 m³/s，最优化发电出力、航运效益、SSDI 分别为 501.7 MW、1470.4 万元、−1.13；当社会经济供水权重较大是其他重要性的 3 倍时，最优化泄水量为 1898.1 m³/s，最优化发电出力、航运效益、SSDI 分别为 555.2 MW、1458.3 万元、−1.14。

在情景 39 中，基于发电出力、航运效益、SSDI 3 个目标函数，指定峡江水利枢纽库水位为 35.8 m 和 3 个目标不同函数值，借助 Matlab 软件编译多目标规划程序。求解情景可知：当 3 个目标权重为一样重要时，最优化泄水量为 1898.1 m³/s，最优化发电出力、航运效益、SSDI 分别为 550.2 MW、1445.4 万元、0.06；当发电权重较大是其他重要性的 3 倍时，最优化泄水量为 2071 m³/s，最优化发电出力、航运效益、SSDI 分别为 574.8 MW、1436.5 万元、0.06；当航运权重较大是其他重要性的 3 倍时，最优化泄水量为 1585.8 m³/s，最优化发电出力、航运效益、SSDI 分别为 501.7 MW、1470.4 万元、0.06；当社会经济供水权重较大是其他重要性的 3 倍时，最优化泄水量为 1860.4 m³/s，最优化发电出力、航运效益、SSDI 分别为 544.8 MW、1447.5 万元、0.06。

在情景 40 中，基于发电出力、航运效益、SSDI 3 个目标函数，指定峡江水利枢纽库水位为 38.2 m 和 3 个目标不同函数值，借助 Matlab 软件编译多目标规划程序。求解情景可知：当 3 个目标权重为一样重要时，最优化泄水量为 300 m³/s，最优化发电出力、航运效益、SSDI 分别为 116.1 MW、1545.2 万元、1.02；当发电权重较大是其他重要性的 3 倍时，最优化泄水量为 2412 m³/s，最优化发电出力、航运效益、SSDI 分别为 587.3 MW、1427.6 万元、1.02；当航运权重较大是其他重要性的 3 倍时，最优化泄水量为 300 m³/s，最优化发电出力、航运效益、SSDI 分别为 116.1 MW、1545.2 万元、1.02；当社会经济供水权重较大是其他重要性的 3 倍时，最优化泄水量为 300 m³/s，最优化发电出力、航运效益、SSDI 分别为 116.1 MW、1545.2 万元、1.02。

在情景 41 中，基于发电出力、航运效益、SSDI 3 个目标函数，指定峡江水利枢纽库水位为 40.7 m 和 3 个目标不同函数值，借助 Matlab 软件编译多目标规划程序。求解情景可知：当 3 个目标权重为一样重要时，最优化泄水量为 300 m³/s，最优化发电出力、航运效益、SSDI 分别为 116.1 MW、1545.2 万元、1.99；当发电权重较大是其他重要性的 3 倍时，最优化泄水量为 2412 m³/s，最优化发电出力、航运效益、SSDI 分别为 570.1 MW、1510.1 万元、1.98；当航运权重较大是其他重要性的 3 倍时，最优化泄水量为 300 m³/s，最优化发电出力、航运效益、SSDI 分别为 116.1 MW、1545.2 万元、1.99；当社会经济供水权重较大是其他重要性的 3 倍时，最优化泄水量为 300 m³/s，最优化发电出力、航运效益、SSDI 分别为 116.1 MW、1545.2 万元、1.99。

在情景 42 中，基于发电出力、航运效益、SSDI 3 个目标函数，指定峡江水利枢纽库水位为 43.2 m 和 3 个目标不同函数值，借助 Matlab 软件编译多目标规划程序。求解情景可知：当 3 个目标权重为一样重要时，最优化泄水量为 300 m³/s，最优化发电出力、航运效益、SSDI 分别为 116.1 MW、1545.2 万元、2.91；当发电权重较大是其他重要性的 3 倍时，最优化泄水量为 300 m³/s，最优化发电出力、航运效益、SSDI 分别为 116.1 MW、1545.2 万元、2.91；当航运权重较大是其他重要性的 3 倍时，最优化泄水量为 300 m³/s，最优化发电出力、航运效益、SSDI 分别为 116.1 MW、1545.2 万元、2.91；当社会经济供水权重较大是其他重要性的 3 倍时最优化泄水量为 300 m³/s，最优化发电出力、航运效益、SSDI 分别为 116.1 MW、1545.2 万元、2.91。

6.9 后汛期破坏率 25% 情景最优决策

6.9.1 航运、发电、社会经济供水情景经济评价

在后汛期破坏率为 25% 下,指定生态流量为最小下泄流量(281 m³/s),指定机组发电流量最大值(2412 m³/s)为最大下泄流量,设置流量变化步长为 20 m³/s,构建下泄流量向量,计算每个下泄流量对应发电出力、航运效益和社会经济干旱指标,寻找各目标的变化范围,见附表10。附表10表明:发电出力最大值为874.4 MW,航运效益最大值为1024.4 万元,以此作为最优化求解中目标函数标准化的依据。

6.9.2 航运、发电、社会经济供水情景最优决策

在情景 43 中,基于发电出力、航运效益、SSDI 3 个目标函数,指定峡江水利枢纽库水位为 28.3 m 和 3 个目标不同函数值,借助 Matlab 软件编译多目标规划程序。求解情景可知:当 3 个目标权重为一样重要时,最优化泄水量为 1969 m³/s,最优化发电出力、航运效益、SSDI 分别为 546.3 MW、1435 万元、–2.42;当发电权重较大是其他重要性的 3 倍时,最优化泄水量为 2157.2 m³/s,最优化发电出力、航运效益、SSDI 分别为 573.2 MW、1424 万元、–2.54;当航运权重较大是其他重要性的 3 倍时,最优化泄水量为 1622.5 m³/s,最优化发电出力、航运效益、SSDI 分别为 484.8 MW、1455.6 万元、–2.01;当社会经济供水权重较大是其他重要性的 3 倍时,最优化泄水量为 1969 m³/s,最优化发电出力、航运效益、SSDI 分别为 546.3 MW、1435 万元、–2.42。

在情景 44 中,基于发电出力、航运效益、SSDI 3 个目标函数,指定峡江水利枢纽库水位为 30.8 m 和 3 个目标不同函数值,借助 Matlab 软件编译多目标规划程序。求解情景可知:当 3 个目标权重为一样重要时,最优化泄水量为 1969 m³/s,最优化发电出力、航运效益、SSDI 分别为 546.3 MW、1435 万元、–2.01;当发电权重较大是其他重要性的 3 倍时,最优化泄水量为 2157.2 m³/s,最优化发电出力、航运效益、SSDI 分别为 573.2 MW、1424 万元、–2.03;当航运权重较大是其他重要性的 3 倍时,最优化泄水量为 1622.5 m³/s,最优化发电出力、航运效益、SSDI 分别为 484.8 MW、

1455.6 万元、−1.95；当社会经济供水权重较大是其他重要性的 3 倍时，最优化泄水量为 1969 m³/s，最优化发电出力、航运效益、SSDI 分别为 546.3 MW、1435 万元、−2.01。

在情景 45 中，基于发电出力、航运效益、SSDI 3 个目标函数，指定峡江水利枢纽库水位为 33.3 m 和 3 个目标不同函数值，借助 Matlab 软件编译多目标规划程序。求解情景可知：当 3 个目标权重为一样重要时，最优化泄水量为 1969 m³/s，最优化发电出力、航运效益、SSDI 分别为 546.3 MW、1435 万元、−1.01；当发电权重较大是其他重要性的 3 倍时，最优化泄水量为 2157.2 m³/s，最优化发电出力、航运效益、SSDI 分别为 573.2 MW、1424 万元、−1.14；当航运权重较大是其他重要性的 3 倍时，最优化泄水量为 1622.5 m³/s，最优化发电出力、航运效益、SSDI 分别为 484.8 MW、1455.6 万元、−1.13；当社会经济供水权重较大是其他重要性的 3 倍时，最优化泄水量为 1969 m³/s，最优化发电出力、航运效益、SSDI 分别为 546.3 MW、1435 万元、−1.14。

在情景 46 中，基于发电出力、航运效益、SSDI 3 个目标函数，指定峡江水利枢纽库水位为 35.8 m 和 3 个目标不同函数值，借助 Matlab 软件编译多目标规划程序。求解情景可知：当 3 个目标权重为一样重要时，最优化泄水量为 1969 m³/s，最优化发电出力、航运效益、SSDI 分别为 546.3 MW、1435 万元、0.06；当发电权重较大是其他重要性的 3 倍时，最优化泄水量为 2157.2 m³/s，最优化发电出力、航运效益、SSDI 分别为 573.2 MW、1424 万元、0.06；当航运权重较大是其他重要性的 3 倍时，最优化泄水量为 1622.5 m³/s，最优化发电出力、航运效益、SSDI 分别为 484.8 MW、1455.6 万元、0.07；当社会经济供水权重较大是其他重要性的 3 倍时，最优化泄水量为 2166 m³/s，最优化发电出力、航运效益、SSDI 分别为 574.1 MW、1423.5 万元、0.06。

在情景 47 中，基于发电出力、航运效益、SSDI 3 个目标函数，指定峡江水利枢纽库水位为 38.2 m 和 3 个目标不同函数值，借助 Matlab 软件编译多目标规划程序。求解情景可知：当 3 个目标权重为一样重要时，最优化泄水量为 300 m³/s，最优化发电出力、航运效益、SSDI 分别为 111.7 MW、1545 万元、1.02；当发电权重较大是其他重要性的 3 倍时，最优化泄水量为 2412 m³/s，最优化发电出力、航运效益、SSDI 分别为 589.6 MW、1410.6 万元、1.02；当航运权重较大是其他重要性的 3 倍时，最优化泄水量为 300 m³/s，最优化发电出力、航运效益、SSDI 分别为 111.7 MW、1545 万元、1.02；当社会经济供水权重较大是其他重要性的 3 倍时，最优化泄水量为 300 m³/s，最优化发电出力、航运效益、SSDI 分别为 111.7 MW、1545 万元、1.02。

在情景 48 中，基于发电出力、航运效益、SSDI 3 个目标函数，指定峡江水利枢纽库水位为 40.7 m 和 3 个目标不同函数值，借助 Matlab 软件编译多目标规划程序。求解情景可知：当 3 个目标权重为一样重要时，最优化泄水量为 300 m³/s，最优化发电出力、航运效益、SSDI 分别为 111.7 MW、1545 万元、1.99；当发电权重较大是其他重要性的 3 倍时，最优化泄水量为 2412 m³/s，最优化发电出力、航运效益、SSDI 分别为 589.6 MW、1410.6 万元、1.99；当航运权重较大是其他重要性的 3 倍时，最优化泄水量为 300 m³/s，最优化发电出力、航运效益、SSDI 分别为 111.7 MW、1545 万元、1.99；当社会经济供水权重较大是其他重要性的 3 倍时，最优化泄水量为 300 m³/s，最优化发电出力、航运效益、SSDI 分别为 111.7 MW、1545 万元、1.99。

在情景 49 中，基于发电出力、航运效益、SSDI 3 个目标函数，指定峡江水利枢纽库水位为 43.2 m 和 3 个目标不同函数值，借助 Matlab 软件编译多目标规划程序。求解情景可知：当 3 个目标权重为一样重要时，最优化泄水量为 300 m³/s，最优化发电出力、航运效益、SSDI 分别为 111.7 MW、1545 万元、2.91；当发电权重较大是其他重要性的 3 倍时，最优化泄水量为 300 m³/s，最优化发电出力、航运效益、SSDI 分别为 111.7 MW、1545 万元、2.91；当航运权重较大是其他重要性的 3 倍时，最优化泄水量为 300 m³/s，最优化发电出力、航运效益、SSDI 分别为 111.7 MW、1545 万元、2.91；当社会经济供水权重较大是其他重要性的 3 倍时，最优化泄水量为 300 m³/s，最优化发电出力、航运效益、SSDI 分别为 111.7 MW、1545 万元、2.91。

6.10 枯水期破坏率 5% 情景最优决策

6.10.1 航运、发电、社会经济供水情景经济评价

在枯水期破坏率为 5% 下，指定生态流量为最小下泄流量（281 m³/s），指定机组发电流量最大值（2412 m³/s）为最大下泄流量，设置流量变化步长为 20 m³/s，构建下泄流量向量，计算每个下泄流量对应发电出力、航运效益和社会经济干旱指标，寻找各目标的变化范围，见附表 11。附表 11 表明：发电出力最大值为 413.7 MW，航运效益最大值为 4649.2 万元，以此作为最优化求解中目标函数标准化的依据。

6.10.2 航运、发电、社会经济供水情景最优决策

在情景 50 中，基于发电出力、航运效益、SSDI 3 个目标函数，指定峡江水利枢纽库水位为 28.3 m 和 3 个目标不同函数值，借助 Matlab 软件编译多目标规划程序。求解情景可知：当 3 个目标权重为一样重要时，最优化泄水量为 300 m³/s，最优化发电出力、航运效益、SSDI 分别为 196.6 MW、150.8 万元、-1.79；当发电权重较大是其他重要性的 3 倍时，最优化泄水量为 691.1 m³/s，最优化发电出力、航运效益、SSDI 分别为 411.4 MW、148.7 万元、-2.08；当航运权重较大是其他重要性的 3 倍时，最优化泄水量为 300 m³/s，最优化发电出力、航运效益、SSDI 分别为 196.6 MW、150.8 万元、-1.79；当社会经济供水权重较大是其他重要性的 3 倍时，最优化泄水量为 300 m³/s，最优化发电出力、航运效益、SSDI 分别为 196.6 MW、150.8 万元、-1.79。

在情景 51 中，基于发电出力、航运效益、SSDI 3 个目标函数，指定峡江水利枢纽库水位为 30.8 m 和 3 个目标不同函数值，借助 Matlab 软件编译多目标规划程序。求解情景可知：当 3 个目标权重为一样重要时，最优化泄水量为 300 m³/s，最优化发电出力、航运效益、SSDI 分别为 196.6 MW、150.8 万元、-1.84；当发电权重较大是其他重要性的 3 倍时，最优化泄水量为 692.3 m³/s，最优化发电出力、航运效益、SSDI 分别为 412.1 MW、148.7 万元、-1.92；当航运权重较大是其他重要性的 3 倍时，最优化泄水量为 300 m³/s，最优化发电出力、航运效益、SSDI 分别为 196.6 MW、150.8 万元、

−1.84；当社会经济供水权重较大是其他重要性的 3 倍时，最优化泄水量为 300 m³/s，最优化发电出力、航运效益、SSDI 分别为 196.6 MW、150.8 万元、−1.84。

在情景 52 中，基于发电出力、航运效益、SSDI 3 个目标函数，指定峡江水利枢纽库水位为 33.3 m 和 3 个目标不同函数值，借助 Matlab 软件编译多目标规划程序。求解情景可知：当 3 个目标权重为一样重要时，最优化泄水量为 300 m³/s，最优化发电出力、航运效益、SSDI 分别为 196.6 MW、150.8 万元、−1.11；当发电权重较大是其他重要性的 3 倍时，最优化泄水量为 692.9 m³/s，最优化发电出力、航运效益、SSDI 分别为 412.3 MW、148.7 万元、−1.12；当航运权重较大是其他重要性的 3 倍时，最优化泄水量为 300 m³/s，最优化发电出力、航运效益、SSDI 分别为 196.6 MW、150.8 万元、−1.11；当社会经济供水权重较大是其他重要性的 3 倍时，最优化泄水量为 300 m³/s，最优化发电出力、航运效益、SSDI 分别为 196.6 MW、150.8 万元、−1.11。

在情景 53 中，基于发电出力、航运效益、SSDI 3 个目标函数，指定峡江水利枢纽库水位为 35.8 m 和 3 个目标不同函数值，借助 Matlab 软件编译多目标规划程序。求解情景可知：当 3 个目标权重为一样重要时，最优化泄水量为 300 m³/s，最优化发电出力、航运效益、SSDI 分别为 196.6 MW、150.8 万元、0.07；当发电权重较大是其他重要性的 3 倍时，最优化泄水量为 692.9 m³/s，最优化发电出力、航运效益、SSDI 分别为 412.3 MW、148.7 万元、0.06；当航运权重较大是其他重要性的 3 倍时，最优化泄水量为 300 m³/s，最优化发电出力、航运效益、SSDI 分别为 196.6 MW、150.8 万元、0.07；当社会经济供水权重较大是其他重要性的 3 倍时，最优化泄水量为 300 m³/s，最优化发电出力、航运效益、SSDI 分别为 196.6 MW、150.8 万元、0.07。

在情景 54 中，基于发电出力、航运效益、SSDI 3 个目标函数，指定峡江水利枢纽库水位为 38.2 m 和 3 个目标不同函数值，借助 Matlab 软件编译多目标规划程序。求解情景可知：当 3 个目标权重为一样重要时，最优化泄水量为 300 m³/s，最优化发电出力、航运效益、SSDI 分别为 111.7 MW、1545 万元、1.02；当发电权重较大是其他重要性的 3 倍时，最优化泄水量为 705 m³/s，最优化发电出力、航运效益、SSDI 分别为

418.5 MW、148.7 万元、1.02；当航运权重较大是其他重要性的 3 倍时，最优化泄水量为 300 m³/s，最优化发电出力、航运效益、SSDI 分别为 111.7 MW、1545 万元、1.02；当社会经济供水权重较大是其他重要性的 3 倍时，最优化泄水量为 300 m³/s，最优化发电出力、航运效益、SSDI 分别为 111.7 MW、1545 万元、1.02。

在情景 55 中，基于发电出力、航运效益、SSDI 3 个目标函数，指定峡江水利枢纽库水位为 40.7 m 和 3 个目标不同函数值，借助 Matlab 软件编译多目标规划程序。求解情景可知：当 3 个目标权重为一样重要时，最优化泄水量为 300 m³/s，最优化发电出力、航运效益、SSDI 分别为 111.7 MW、1545 万元、1.99；当发电权重较大是其他重要性的 3 倍时，最优化泄水量为 2412 m³/s，最优化发电出力、航运效益、SSDI 分别为 589.6 MW、1410.6 万元、1.99；当航运权重较大是其他重要性的 3 倍时，最优化泄水量为 300 m³/s，最优化发电出力、航运效益、SSDI 分别为 111.7 MW、1545 万元、1.99；当社会经济供水权重较大是其他重要性的 3 倍时，最优化泄水量为 300 m³/s，最优化发电出力、航运效益、SSDI 分别为 111.7 MW、1545 万元、1.99。

在情景 56 中，基于发电出力、航运效益、SSDI 3 个目标函数，指定峡江水利枢纽库水位为 43.2 m 和 3 个目标不同函数值，借助 Matlab 软件编译多目标规划程序。求解情景可知：当 3 个目标权重为一样重要时，最优化泄水量为 300 m³/s，最优化发电出力、航运效益、SSDI 分别为 196.6 MW、150.8 万元、2.91；当发电权重较大是其他重要性的 3 倍时，最优化泄水量为 300 m³/s，最优化发电出力、航运效益、SSDI 分别为 196.6 MW、150.8 万元、2.91；当航运权重较大是其他重要性的 3 倍时，最优化泄水量为 300 m³/s，最优化发电出力、航运效益、SSDI 分别为 196.6 MW、150.8 万元、2.91；当社会经济供水权重较大是其他重要性的 3 倍时，最优化泄水量为 300 m³/s，最优化发电出力、航运效益、SSDI 分别为 196.6 MW、150.8 万元、2.91。

6.11 枯水期破坏率 10% 情景最优决策

6.11.1 航运、发电、社会经济供水情景经济评价

在枯水期破坏率为 10% 下，指定生态流量为最小下泄流量（281 m³/s），指定机组发电流量最大值（2412 m³/s）为最大下泄流量，设置流量变化步长为 20 m³/s，构建下泄流量向量，计算每个下泄流量对应发电出力、航运效益和社会经济干旱指标，寻找各目标的变化范围，见附表 12。附表 12 表明：发电出力最大值为 599.9 MW，航运效益最大值为 1533.4 万元，以此作为最优化求解中目标函数标准化的依据。

6.11.2 航运、发电、社会经济供水情景最优决策

在情景 57 中，基于发电出力、航运效益、SSDI 3 个目标函数，指定峡江水利枢纽库水位为 28.3 m 和 3 个目标不同函数值，借助 Matlab 软件编译多目标规划程序。求解情景可知：当 3 个目标权重为一样重要时，最优化泄水量为 614.4 m³/s，最优化发电出力、航运效益、SSDI 分别为 281.7 MW、739.9 万元、−1.82；当发电权重较大是其他重要性的 3 倍时，最优化泄水量为 1191 m³/s，最优化发电出力、航运效益、SSDI 分别为 484.1 MW、721.9 万元、−2.01；当航运权重较大是其他重要性的 3 倍时，最优化泄水量为 299.9 m³/s，最优化发电出力、航运效益、SSDI 分别为 145.3 MW、749.8 万元、−1.61；当社会经济供水权重较大是其他重要性的 3 倍时，最优化泄水量为 614.4 m³/s，最优化发电出力、航运效益、SSDI 分别为 281.7 MW、739.9 万元、−1.82。

在情景 58 中，基于发电出力、航运效益、SSDI 3 个目标函数，指定峡江水利枢纽库水位为 30.8 m 和 3 个目标不同函数值，借助 Matlab 软件编译多目标规划程序。求解情景可知：当 3 个目标权重为一样重要时，最优化泄水量为 614.4 m³/s，最优化发电出力、航运效益、SSDI 分别为 281.7 MW、739.9 万元、−1.85；当发电权重较大是其他重要性的 3 倍时，最优化泄水量为 1191 m³/s，最优化发电出力、航运效益、SSDI 分别为 484.1 MW、721.9 万元、−1.95；当航运权重较大是其他重要性的 3 倍时，最优化泄水量为 299.9 m³/s，最优化发电出力、航运效益、SSDI 分别为 145.3 MW、749.8 万元、

–1.78；当社会经济供水权重较大是其他重要性的 3 倍时，最优化泄水量为 614.4 m³/s，最优化发电出力、航运效益、SSDI 分别为 281.7 MW、739.9 万元、–1.85。

在情景 59 中，基于发电出力、航运效益、SSDI 3 个目标函数，指定峡江水利枢纽库水位为 33.3 m 和 3 个目标不同函数值，借助 Matlab 软件编译多目标规划程序。求解情景可知：当 3 个目标权重为一样重要时，最优化泄水量为 614.4 m³/s，最优化发电出力、航运效益、SSDI 分别为 281.7 MW、739.9 万元、–1.11；当发电权重较大是其他重要性的 3 倍时，最优化泄水量为 1191 m³/s，最优化发电出力、航运效益、SSDI 分别为 484.1 MW、721.9 万元、–1.13；当航运权重较大是其他重要性的 3 倍时，最优化泄水量为 299.9 m³/s，最优化发电出力、航运效益、SSDI 分别为 145.3 MW、749.8 万元、–1.09；当社会经济供水权重较大是其他重要性的 3 倍时，最优化泄水量为 614.4 m³/s，最优化发电出力、航运效益、SSDI 分别为 281.7 MW、739.9 万元、–1.11。

在情景 60 中，基于发电出力、航运效益、SSDI 3 个目标函数，指定峡江水利枢纽库水位为 35.8 m 和 3 个目标不同函数值，借助 Matlab 软件编译多目标规划程序。求解情景可知：当 3 个目标权重为一样重要时，最优化泄水量为 614.4 m³/s，最优化发电出力、航运效益、SSDI 分别为 281.7 MW、739.9 万元、0.07；当发电权重较大是其他重要性的 3 倍时，最优化泄水量为 1191 m³/s，最优化发电出力、航运效益、SSDI 分别为 484.1 MW、721.9 万元、0.07；当航运权重较大是其他重要性的 3 倍时，最优化泄水量为 299.9 m³/s，最优化发电出力、航运效益、SSDI 分别为 145.3 MW、749.8 万元、0.07；当社会经济供水权重较大是其他重要性的 3 倍时，最优化泄水量为 614.4 m³/s，最优化发电出力、航运效益、SSDI 分别为 281.7 MW、739.9 万元、0.07。

在情景 61 中，基于发电出力、航运效益、SSDI 3 个目标函数，指定峡江水利枢纽库水位为 38.2 m 和 3 个目标不同函数值，借助 Matlab 软件编译多目标规划程序。求解情景可知：当 3 个目标权重为一样重要时，最优化泄水量为 614.4 m³/s，最优化发电出力、航运效益、SSDI 分别为 281.7 MW、739.9 万元、0.07；当发电权重较大是其他重要性的 3 倍时，最优化泄水量为 1191 m³/s，最优化发电出力、航运效益、SSDI 分别为

484.1 MW、721.9 万元、0.07；当航运权重较大是其他重要性的 3 倍时，最优化泄水量为 299.9 m³/s，最优化发电出力、航运效益、SSDI 分别为 145.3 MW、749.8 万元、0.07；当社会经济供水权重较大是其他重要性的 3 倍时，最优化泄水量为 614.4 m³/s，最优化发电出力、航运效益、SSDI 分别为 281.7 MW、739.9 万元、0.07。

在情景 62 中，基于发电出力、航运效益、SSDI 3 个目标函数，指定峡江水利枢纽库水位为 40.7 m 和 3 个目标不同函数值，借助 Matlab 软件编译多目标规划程序。求解情景可知：当 3 个目标权重为一样重要时，最优化泄水量为 300 m³/s，最优化发电出力、航运效益、SSDI 分别为 145.3 MW、749.8 万元、1.02；当发电权重较大是其他重要性的 3 倍时，最优化泄水量为 299.9 m³/s，最优化发电出力、航运效益、SSDI 分别为 145.3 MW、749.8 万元、1.02；当社会经济供水权重较大是其他重要性的 3 倍时，最优化泄水量为 300 m³/s，最优化发电出力、航运效益、SSDI 分别为 145.3 MW、749.8 万元、1.02。

在情景 63 中，基于发电出力、航运效益、SSDI 3 个目标函数，指定峡江水利枢纽库水位为 43.2 m 和 3 个目标不同函数值，借助 Matlab 软件编译多目标规划程序。求解情景可知：当 3 个目标权重为一样重要时，最优化泄水量为 300 m³/s，最优化发电出力、航运效益、SSDI 分别为 145.3 MW、749.8 万元、2.91；当发电权重较大是其他重要性的 3 倍时，最优化泄水量为 300 m³/s，最优化发电出力、航运效益、SSDI 分别为 145.3 MW、749.8 万元、2.91；当航运权重较大是其他重要性的 3 倍时，最优化泄水量为 300 m³/s，最优化发电出力、航运效益、SSDI 分别为 145.3 MW、749.8 万元、2.91；当社会经济供水权重较大是其他重要性的 3 倍时，最优化泄水量为 300 m³/s，最优化发电出力、航运效益、SSDI 分别为 145.3 MW、749.8 万元、2.91。

6.12 枯水期破坏率 25% 情景最优决策

6.12.1 航运、发电、社会经济供水情景经济评价

在枯水期破坏率为 25% 下，指定生态流量为最小下泄流量（281 m³/s），指定机组发电流量最大值（2412 m³/s）为最大下泄流量，设置流量变化步长为 20 m³/s，构建下

泄流量向量，计算每个下泄流量对应发电出力、航运效益和社会经济干旱指标，寻找各目标的变化范围，见附表 13。附表 13 表明：发电出力最大值为 765.5 MW，航运效益最大值为 985.2 万元，以此作为最优化求解中目标函数标准化的依据。

6.12.2 航运、发电、社会经济供水情景最优决策

在情景 64 中，基于发电出力、航运效益、SSDI 3 个目标函数，指定峡江水利枢纽库水位为 28.3 m 和 3 个目标不同函数值，借助 Matlab 软件编译多目标规划程序。求解情景可知：当 3 个目标权重为一样重要时，最优化泄水量为 1822.3 m^3/s，最优化发电出力、航运效益、SSDI 分别为 552.1 MW、1450.2 万元、−2.44；当发电权重较大是其他重要性的 3 倍时，最优化泄水量为 2029.7 m^3/s，最优化发电出力、航运效益、SSDI 分别为 574.9 MW、1437.5 万元、−2.59；当航运权重较大是其他重要性的 3 倍时，最优化泄水量为 1538.9 m^3/s，最优化发电出力、航运效益、SSDI 分别为 498.7 MW、1467.8 万元、−2.25；当社会经济供水权重较大是其他重要性的 3 倍时，最优化泄水量为 1822.3 m^3/s，最优化发电出力、航运效益、SSDI 分别为 552.1 MW、1450.2 万元、−2.44。

在情景 65 中，基于发电出力、航运效益、SSDI 3 个目标函数，指定峡江水利枢纽库水位为 30.8 m 和 3 个目标不同函数值，借助 Matlab 软件编译多目标规划程序。求解情景可知：当 3 个目标权重为一样重要时，最优化泄水量为 1822.3 m^3/s，最优化发电出力、航运效益、SSDI 分别为 552.1 MW、1450.2 万元、−2.01；当发电权重较大是其他重要性的 3 倍时，最优化泄水量为 2029.7 m^3/s，最优化发电出力、航运效益、SSDI 分别为 574.9 MW、1437.5 万元、−2.04；当航运权重较大是其他重要性的 3 倍时，最优化泄水量为 1538.9 m^3/s，最优化发电出力、航运效益、SSDI 分别为 498.7 MW、1467.8 万元、−1.96；当社会经济供水权重较大是其他重要性的 3 倍时，最优化泄水量为 1822.3 m^3/s，最优化发电出力、航运效益、SSDI 分别为 552.1 MW、1450.2 万元、−2.01。

在情景 66 中，基于发电出力、航运效益、SSDI 3 个目标函数，指定峡江水利枢纽库水位为 33.3 m 和 3 个目标不同函数值，借助 Matlab 软件编译多目标规划程序。求解情景可知：当 3 个目标权重为一样重要时，最优化泄水量为 1822.3 m^3/s，最优

化发电出力、航运效益、SSDI 分别为 552.1 MW、1450.2 万元、−1.14；当发电权重较大是其他重要性的 3 倍时，最优化泄水量为 2029.7 m³/s，最优化发电出力、航运效益、SSDI 分别为 574.9 MW、1437.5 万元、−1.15；当航运权重较大是其他重要性的 3 倍时，最优化泄水量为 1538.9 m³/s，最优化发电出力、航运效益、SSDI 分别为 498.7 MW、1467.8 万元、−1.13；当社会经济供水权重较大是其他重要性的 3 倍时，最优化泄水量为 1822.3 m³/s，最优化发电出力、航运效益、SSDI 分别为 552.1 MW、1450.2 万元、−1.13。

在情景 67 中，基于发电出力、航运效益、SSDI 3 个目标函数，指定峡江水利枢纽库水位为 35.8 m 和 3 个目标不同函数值，借助 Matlab 软件编译多目标规划程序。求解情景可知：当 3 个目标权重为一样重要时，最优化泄水量为 1822.3 m³/s，最优化发电出力、航运效益、SSDI 分别为 552.1 MW、1450.2 万元、0.06；当发电权重较大是其他重要性的 3 倍时，最优化泄水量为 2029.7 m³/s，最优化发电出力、航运效益、SSDI 分别为 574.9 MW、1437.5 万元、0.06；当航运权重较大是其他重要性的 3 倍时，最优化泄水量为 1538.9 m³/s，最优化发电出力、航运效益、SSDI 分别为 498.7 MW、1467.8 万元、0.06；当社会经济供水权重较大是其他重要性的 3 倍时，最优化泄水量为 1904.2 m³/s，最优化发电出力、航运效益、SSDI 分别为 562.9 MW、1450.2 万元、0.06。

在情景 68 中，基于发电出力、航运效益、SSDI 3 个目标函数，指定峡江水利枢纽库水位为 38.2 m 和 3 个目标不同函数值，借助 Matlab 软件编译多目标规划程序。求解情景可知：当 3 个目标权重为一样重要时，最优化泄水量为 1822.3 m³/s，最优化发电出力、航运效益、SSDI 分别为 552.1 MW、1450.2 万元、0.06；当发电权重较大是其他重要性的 3 倍时，最优化泄水量为 1265.2 m³/s，最优化发电出力、航运效益、SSDI 分别为 433.2 MW、1484.4 万元、1.02；当航运权重较大是其他重要性的 3 倍时，最优化泄水量为 300 m³/s，最优化发电出力、航运效益、SSDI 分别为 120.8 MW、1545.3 万元、1.02；当社会经济供水权重较大是其他重要性的 3 倍时，最优化泄水量为 300 m³/s 最优化发电出力、航运效益、SSDI 分别为 120.8 MW、1545.3 万元、1.02。

在情景 69 中，基于发电出力、航运效益、SSDI 3 个目标函数，指定峡江水利枢纽

库水位为 40.7 m 和 3 个目标不同函数值,借助 Matlab 软件编译多目标规划程序。求解情景可知:当 3 个目标权重为一样重要时,最优化泄水量为 300 m³/s,最优化发电出力、航运效益、SSDI 分别为 120.8 MW、1545.3 万元、1.99;当发电权重较大是其他重要性的 3 倍时,最优化泄水量为 2412 m³/s,最优化发电出力、航运效益、SSDI 分别为 575.9 MW、1425.6 万元、1.99;当社会经济供水权重较大是其他重要性的 3 倍时,最优化泄水量为 300 m³/s,最优化发电出力、航运效益、SSDI 分别为 120.8 MW、1545.3 万元、1.99。

在情景 70 中,基于发电出力、航运效益、SSDI 3 个目标函数,指定峡江水利枢纽库水位为 43.2 m 和 3 个目标不同函数值,借助 Matlab 软件编译多目标规划程序。求解情景可知:当 3 个目标权重为一样重要时,最优化泄水量为 300 m³/s,最优化发电出力、航运效益、SSDI 分别为 120.8 MW、1545.3 万元、1.99;当发电权重较大是其他重要性的 3 倍时,最优化泄水量为 300 m³/s,最优化发电出力、航运效益、SSDI 分别为 120.8 MW、1545.3 万元、2.91;当航运权重较大是其他重要性的 3 倍时,最优化泄水量为 300 m³/s,最优化发电出力、航运效益、SSDI 分别为 120.8 MW、1545.3 万元、2.91;当社会经济供水权重较大是其他重要性的 3 倍时,最优化泄水量为 300 m³/s,最优化发电出力、航运效益、SSDI 分别为 120.8 MW、1545.3 万元、2.91。

6.13 本章小结

本章面向航运经济的赣江水资源综合利用进行多目标规划,以优化准则构建模型,构建目标函数和约束条件,建立主汛期、后汛期和枯水期破坏率为 1%～25% 情景最优决策,计算出每个情景最优决策下发电出力、航运效益、SSDI 3 个目标函数,评价了 3 个目标不同时最优化泄水量、最优化发电出力、航运效益、最优化 SSDI。结果表明:本书基于设计频率下新干航电枢纽坝前水位、峡江下泄流量、峡江库水位进行交叉情景设计,共设计 77 个情景。每个情景中指定了发电、航运和社会经济供水不同重要程度,解算了最优化泄水量,量化了最优调水策略下发电出力、航运效益和 SSDI 值,作为实际面向水资源综合利用的赣江航运经济最优策略制定的依据。

第 7 章 结论和展望

7.1 结论

本书以航电枢纽运行背景下河道航运能力为研究对象,开展河道水文水动力历史过程模拟,构建航运能力评价指标体系,评价赣江航运能力时空分布特征和设计航运标准达成度,分析航道运输能力受限的成因。以赣江典型段水利工程运行背景下兴利为研究对象,开展不同水文情势下航运、发电、社会经济供水指标构建和效益评估,量化航运、发电、社会经济供水效益函数,揭示水资源综合利用和航运经济耦合规律。以赣江水利工程运行背景下发电调度为研究对象,编译赣江航运枢纽发电最优化调度最优化函数、约束条件,量化调度模型航运、生态及其他水资源综合利用边界条件,开展模型最优化求解,开展面向航运、发电、生态多目标的枢纽最优化调度策略及经济边界效应评价,凝练赣江水资源综合利用与水运经济耦合关系,得到以下主要结论:

在主汛期、后汛期和枯水期,Artifical nerual network、Medium KNN、Complex tree、Linear discriminant、Medium Gauss SVM 这 5 种算法解算的航道等级具有稳定性,航道等级主要在Ⅰ~Ⅲ级之间变化,大部分计算断面主要维持在Ⅰ、Ⅱ级。个别断面航道等级出现低于Ⅲ级,属于航道运输的"盲肠"。究其原因,个别计算断面航道宽度和深度并未达到标准要求,为河道冲淤、非法采砂等原因导致,需要进行重点治理。

选取 Stable 概率分布作为研究区主汛期、后汛期逐日水位最优概率分布函数,选取 Tlocationscale 概率分布作为枯水期逐日水位最优概率分布函数。主汛期、后汛期、枯水期设计水位在 24.5～31.8 m、30.4～32.0 m、27.3～31.0 m 之间变化，航运成本随之浮动。航运费用约为公路运输中一级线路运输费用的 29.3%，二级线路运输费用的 22.1%，铁路运输费用的 25%。航运可以节省大量的运输成本，产生明显经济效益。

峡江水库和新干航电枢纽水位测站的二维水动力模型模拟的 2020 年 1 月—2022 年 12 月水位变化情况基本与实测值一致，实测和模拟水位间的决定系数 $R^2 \geqslant 0.95$，Nash 效率系数 $\geqslant 0.95$。模拟的水域流速、流向符合峡江水库、新干航电枢纽实际状况。通过该模型验证，所建立的"峡江水库—新干航电枢纽连通"二维水动力模型可以反映峡江水库—新干航电枢纽的水流特征，亦可以用于后续的模型研究工作。航运经济、发电成本拟合关系曲线拟效果较好。社会经济干旱指标可用来描述供水风险，可以有效刻画 2022 年社会经济系统干旱。随着新干航电枢纽发电流量的减少，研究区水位增加，航运相对铁路和公路运输效益显著，但发电效益减少，社会经济供水风险增大；随着新干航电枢纽发电流量的增加，研究区水位减少，航运相对铁路和公路运输效益下降，但发电效益增加，社会经济供水风险降低。新干航电枢纽调度决策对水资源综合利用和航运经济影响显著，是耦合水资源综合利用和航运经济关键手段。

本书基于设计频率下新干航电枢纽坝前水位、峡江下泄流量、峡江库水位进行交叉情景设计，共设计 77 个情景。每个情景中指定了发电、航运和社会经济供水不同重要程度，解算了最优化泄水量，量化了最优调水策略下发电出力、航运效益和 SSDI 值，作为实际面向水资源综合利用的赣江航运经济最优策略制定的依据。

7.2　内河航道与港口布局规划

江西水资源丰富，境内有约 2400 条江河，其中通航河流 101 条，素有"襟三江而带五湖，控蛮荆而引瓯越"的美誉，具有发展内河水运的天然优势。历史上，江西水运在国家南北水运大通道中发挥了重要作用，随着铁路、公路运输的快速发展，水运发展相对滞后。"十二五"以来，江西省以高等级航道建设为重点，大力推动内河水运发展，到 2020 年底，赣江、信江基本具备三级通航条件。

7.2.1 现状条件

2020年底，江西省航道总里程5716 km，占全国内河航道里程的4.6%，居全国第八位。其中高等级航道871 km（一级航道156 km、二级航道175 km、三级航道540 km）、四级航道87 km、五级航道89 km、六级航道313 km、七级航道1067 km、等外航道3289 km。生产性码头泊位628个，其中，货运泊位380个（千吨级及以上泊位187个），年通过能力1.75亿t、128万TEU；客运泊位248个（千吨级及以上泊位1个），年通过能力1100万人次。

2020年底，江西省注册营运船舶共2223艘、423万载重吨，船舶平均吨位1904 t，较2005年增长8.4倍，大型化趋势不断推进。其中集装箱船、化学品船、油船等专业化船舶占比逐步提升，船舶数量、载重吨占比分别为9.3%、10.9%。

7.2.2 发展成就

一是基础设施规模不断壮大、质量不断提升，现代化内河航运体系初具雏形。随着九江港、南昌港规模不断壮大，赣江、信江沿线其他港口加快建设，以九江红光国际港综合码头、南昌龙头岗综合码头为代表的一批现代化码头投入使用，港口现代化、规模化、集约化水平不断提高，九江港跻身内河亿吨大港行列，位列全国内河港口第一方阵，现代化内河航运体系逐步构建。

二是支撑保障能力不断增强，在能源和大宗原材料调入中发挥重要作用。2020年江西省通过内河水运调入煤炭4154万t，调入铁矿石1113万t，运输集装箱54万TEU，内河水运承担了江西省52.6%的煤炭调入、32.7%的铁矿石调入、33.8%的集装箱调运，在江西省大宗物资运输和对外开放中发挥着不可替代的基础保障作用。

三是促进港产城联动发展，引领沿江产业布局成效明显。至2020年底，长江（江西段）、赣江、信江沿线共布局有94个工业园区，其中国家级园区16个、省级重点园区13个，分别占江西省国家级园区、省级重点园区总数的84.2%、72.2%。

四是融合生活、生产、生态发展，有力促进水资源综合利用。赣江、信江沿线航运枢纽的建设，在提升航道通航能力的同时，增强了河道的蓄水能力，提高了沿线生活生产用水保障,兼顾水电清洁能源的供给;形成了众多库区、湖区景观,为水上旅游业发展创造了条件,以南昌、吉安等为代表的沿河城市纷纷打造赣江特色风光带,改善城市风貌,发展城区沿河休闲观光走廊。在航道整治过程中,还配套实施了一批护岸工程,稳定了河道边坡,减少了水土流失,促进了防洪安全。

7.2.3 存在问题

一是高等级航道规模偏小,干支航道发展不协调。现有高等级航道仅在长江江西段和赣江、信江的主要航段,其他主要支流航道等级低、通航条件差,与干线航道未实现有效连通,未充分发挥内河水运网络化效益。

二是港口发展不平衡,功能布局不尽合理。已建成运营码头主要集中在九江、南昌两港,赣江、信江及支线航道沿线港口发展多处于起步阶段,规模化、专业化港区偏少,小、散现象仍较为突出。

三是保障设施不完善,公共服务能力不足。水上服务区、公共锚地等公共服务设施缺乏,航道维护设施设备薄弱,智能航运系统建设亟待加快推进。

7.3 展望

深入贯彻党的二十大精神,全面落实习近平总书记视察江西重要讲话精神及习近平总书记关于交通强国的重要论述,认真落实江西省委十五届四次全会精神,大力开展"骨干航道畅通、航道常态化通航、运输效能提升、改革创新攻坚、风险防范化解、党建引领赋能"六大行动,加快高水平交通强省水运建设,推动江西水路交通运输高质量发展。

着力推进航道、港口、产业、城市统筹协调发展,营造"水运+"新业态,实现区域经济高效可持续发展。航道是国家重要的公益性交通基础设施,是综合交通运输体系的重要组成部分。港口作为物资流、商贸流、资金流、信息流等综合枢纽的优势,正从单纯地追求吞吐量增长的规模型发展向质量效益型发展转型,港口的功能和业态不断更新、融合。航道、港口布局和运行影响着区域产业、城市经济安全和可持续发展。需要着力推进赣江流域航道、港口、产业、城市统筹协调发展，加速江西水运融合化发展趋势，营造港口枢纽经济、内河通道经济等"水运+"新业态，实现区域经济高效可持续发展。

加强水调、电调和航运调度间的制度协调，切实保障赣江水资源综合利用，最优化航运、发电和供水的经济效益。控制性水工程联合调度应当坚持安全第一、统筹兼顾，兴利与除害相结合，遵循电调（航调）服从水调、区域服从流域、局部服从全局的原则，处理好上下游、左右岸、干支流、单个工程调度与多工程联合调度的关系，实现多目标协同。本书研究结果表明，不同调度决策会产生显著差异的航运、发电和供水经济效益。诸经济效益遍布航运、电力和水利行业，不同行业对效益侧重点不同。针对赣江乃至江西省的水工程调度，应该加强水调、电调和航运调度间的制度协调，切实保障赣江水资源综合利用，最优化航运、发电和供水的经济效益。

开展重点区域航段整治，提高通航保证率，确保航运经济效益。赣江航道设计通航等级为三级。从本书模拟结果看，部门计算断面仍未达到设计等级，影响分析航段整体经济效益。开展重点区域航段整治成为提高通航保证率的有效手段。通过重点整治，解决赣江航道航运的"卡脖子"断面，提高通航保证率，保障航运经济有序发展。

附 表

附表1 设计频率下主汛期典型日航道不同计算断面航道等级

断面编号	50%					75%					90%					95%					99%				
	ANN	KNN	CT	LDA	SVM	ANN	KNN	CT	LDA	SVM	ANN	KNN	CT	LDA	SVM	ANN	KNN	CT	LDA	SVM	ANN	KNN	CT	LDA	SVM
1	2	1	1	1	1	5	5	5	4	3	2	1	1	1	1	4	3	3	3	3	1	1	1	1	2
2	1	1	1	1	2	3	3	2	2	2	1	1	1	1	2	3	2	2	2	2	1	1	1	1	2
3	1	1	1	1	2	2	2	1	1	2	1	1	1	1	2	2	2	1	1	2	1	1	1	1	2
4	2	2	1	1	2	5	5	5	4	5	2	2	1	1	2	4	3	3	3	3	1	1	1	1	2
5	1	1	1	1	2	2	2	1	1	2	1	1	1	1	2	2	1	1	1	2	1	1	1	1	2
6	1	1	1	1	2	1	1	1	1	1	1	1	1	1	2	1	1	1	1	2	1	1	1	1	2
7	2	1	1	1	1	5	4	5	4	4	2	1	1	1	1	4	3	3	3	3	1	1	1	1	2
8	1	1	1	1	2	1	1	1	1	1	1	1	1	1	2	1	1	1	1	1	1	1	1	1	2
9	1	1	1	1	2	2	1	1	1	1	1	1	1	1	2	1	1	1	1	1	1	1	1	1	2
10	1	1	1	1	2	2	2	1	1	1	1	1	1	1	2	2	2	1	1	1	1	1	1	1	2
11	1	1	1	1	2	2	2	1	1	1	1	1	1	1	2	2	1	1	1	1	1	1	1	1	2
12	1	1	1	1	2	2	2	1	1	2	1	1	1	1	2	2	1	1	1	1	1	1	1	1	2
13	1	1	1	1	2	2	2	1	1	2	1	1	1	1	2	2	1	1	1	1	1	1	1	1	2
14	1	1	1	1	2	2	2	1	1	1	1	1	1	1	2	2	1	1	1	1	1	1	1	1	2
15	1	1	1	1	2	2	1	1	1	1	1	1	1	1	2	2	1	1	1	1	1	1	1	1	2
16	1	1	1	1	2	1	1	1	1	1	1	1	1	1	2	1	1	1	1	2	1	1	1	1	2
17	1	1	1	1	2	2	2	1	1	2	1	1	1	1	2	2	1	1	1	2	1	1	1	1	2
18	1	1	1	1	2	2	2	1	1	1	1	1	1	1	2	2	1	1	1	1	1	1	1	1	2
19	1	1	1	1	2	2	1	1	1	1	1	1	1	1	2	1	1	1	1	2	1	1	1	1	2
20	1	1	1	1	2	2	1	1	1	1	1	1	1	1	2	1	1	1	1	1	1	1	1	1	2
21	1	1	1	1	2	2	2	1	1	1	1	1	1	1	2	2	1	1	1	1	1	1	1	1	2

续表

断面编号	50%					75%					90%					95%					99%				
	ANN	KNN	CT	LDA	SVM	ANN	KNN	CT	LDA	SVM	ANN	KNN	CT	LDA	SVM	ANN	KNN	CT	LDA	SVM	ANN	KNN	CT	LDA	SVM
22	1	1	1	1	2	2	1	1	1	1	1	1	1	1	2	1	1	1	1	1	1	1	1	1	2
23	1	1	1	1	2	2	1	1	1	1	1	1	1	1	2	1	1	1	1	1	1	1	1	1	2
24	1	1	1	1	2	2	1	1	1	1	1	1	1	1	2	1	1	1	1	1	1	1	1	1	2
25	1	1	1	1	2	2	2	1	1	2	1	1	1	1	2	2	2	1	1	1	1	1	1	1	2
26	1	1	1	1	2	2	2	1	1	2	1	1	1	1	2	2	2	1	1	2	1	1	1	1	2
27	1	1	1	1	2	2	2	1	1	2	1	1	1	1	2	2	2	1	1	1	1	1	1	1	2
28	1	1	1	1	2	2	2	1	1	2	1	1	1	1	2	2	2	1	1	1	1	1	1	1	2
29	1	1	1	1	2	3	3	2	3	3	1	1	1	1	2	3	3	2	2	2	1	1	1	1	2
30	1	1	1	1	2	2	2	1	1	2	1	1	1	1	2	2	2	1	1	2	1	1	1	1	2
31	1	1	1	1	2	2	2	1	1	2	1	1	1	1	2	2	2	1	1	2	1	1	1	1	2
32	1	1	1	1	2	2	2	1	1	2	1	1	1	1	2	2	2	1	1	2	1	1	1	1	2
33	1	1	1	1	2	2	2	1	1	2	1	1	1	1	2	2	2	1	1	2	1	1	1	1	2
34	1	1	1	1	2	2	2	1	1	2	1	1	1	1	2	2	2	1	1	2	1	1	1	1	2
35	1	1	1	1	2	2	2	1	1	2	1	1	1	1	2	2	2	1	1	1	1	1	1	1	2
36	1	1	1	1	2	2	2	1	1	2	1	1	1	1	2	2	2	1	1	1	1	1	1	1	2
37	1	1	1	1	2	2	2	1	1	2	1	1	1	1	2	2	1	1	1	1	1	1	1	1	2
38	1	1	1	1	2	2	2	1	1	1	1	1	1	1	2	2	2	1	1	1	1	1	1	1	2
39	1	1	1	1	2	2	2	1	1	2	1	1	1	1	2	2	2	1	1	2	1	1	1	1	2
40	1	1	1	1	2	2	2	1	1	2	1	1	1	1	2	2	2	1	1	2	1	1	1	1	2
41	1	1	1	1	2	2	2	1	1	2	1	1	1	1	2	2	2	1	1	2	1	1	1	1	2
42	1	1	1	1	2	2	2	1	1	2	1	1	1	1	2	2	2	1	1	2	1	1	1	1	2
43	1	1	1	1	2	2	2	1	1	1	1	1	1	1	2	2	2	1	1	1	1	1	1	1	2
44	1	1	1	1	2	2	2	1	1	2	1	1	1	1	2	2	2	1	1	2	1	1	1	1	2
45	1	1	1	1	2	2	2	1	1	2	1	1	1	1	2	2	2	1	1	2	1	1	1	1	2
46	1	1	1	1	2	2	2	1	1	2	1	1	1	1	2	2	2	1	1	2	1	1	1	1	2

续表

断面编号	50%					75%					90%					95%					99%				
	ANN	KNN	CT	LDA	SVM	ANN	KNN	CT	LDA	SVM	ANN	KNN	CT	LDA	SVM	ANN	KNN	CT	LDA	SVM	ANN	KNN	CT	LDA	SVM
47	1	1	1	1	2	2	2	1	1	2	1	1	1	1	2	2	2	1	1	2	1	1	1	1	2
48	1	1	1	1	2	1	1	1	1	2	1	1	1	1	2	1	1	1	1	2	1	1	1	1	2
49	1	1	1	1	2	2	2	1	1	2	1	1	1	1	2	2	2	1	1	2	1	1	1	1	2
50	1	1	1	1	2	2	2	1	1	2	1	1	1	1	2	2	2	1	1	2	1	1	1	1	2
51	1	1	1	1	2	2	2	1	1	2	1	1	1	1	2	2	2	1	1	2	1	1	1	1	2
52	1	1	1	1	2	2	2	1	1	2	1	1	1	1	2	2	2	1	1	2	1	1	1	1	2
53	1	1	1	1	2	2	2	1	1	2	1	1	1	1	2	2	2	1	1	2	1	1	1	1	2
54	1	1	1	1	2	2	2	1	1	2	1	1	1	1	2	2	2	1	1	2	1	1	1	1	2
55	1	1	1	1	2	2	2	1	1	2	1	1	1	1	2	2	2	1	1	2	1	1	1	1	2
56	1	1	1	1	2	2	2	1	1	2	1	1	1	1	2	2	2	1	1	2	1	1	1	1	2
57	1	1	1	1	2	1	1	1	1	2	1	1	1	1	2	1	1	1	1	2	1	1	1	1	2
58	1	1	1	1	2	1	1	1	1	2	1	1	1	1	2	2	1	1	1	1	1	1	1	1	2
59	1	1	1	1	2	1	1	1	1	2	1	1	1	1	2	1	1	1	1	2	1	1	1	1	2
60	1	1	1	1	2	2	2	1	1	2	1	1	1	1	2	2	2	1	1	1	1	1	1	1	2
61	1	1	1	1	2	2	2	1	1	1	1	1	1	1	2	2	2	1	1	1	1	1	1	1	2
62	1	1	1	1	2	2	2	1	1	1	1	1	1	1	2	2	2	1	1	1	1	1	1	1	2
63	1	1	1	1	2	1	1	1	1	2	1	1	1	1	2	1	1	1	1	2	1	1	1	1	2
64	1	1	1	1	2	1	1	1	1	2	1	1	1	1	2	1	1	1	1	2	1	1	1	1	2
65	1	1	1	1	2	1	1	1	1	2	1	1	1	1	2	1	1	1	1	2	1	1	1	1	2
66	1	1	1	1	2	1	1	1	1	2	1	1	1	1	2	1	1	1	1	2	1	1	1	1	2
67	1	1	1	1	2	1	1	1	1	2	1	1	1	1	2	1	1	1	1	2	1	1	1	1	2
68	1	1	1	1	2	1	1	1	1	2	1	1	1	1	2	1	1	1	1	2	1	1	1	1	2
69	1	1	1	1	2	1	1	1	1	2	1	1	1	1	2	1	1	1	1	2	1	1	1	1	2
70	1	1	1	1	2	1	1	1	1	2	1	1	1	1	2	1	1	1	1	2	1	1	1	1	2
71	1	1	1	1	2	1	1	1	1	2	1	1	1	1	2	1	1	1	1	2	1	1	1	1	2

续表

断面编号	50%					75%					90%					95%					99%				
	ANN	KNN	CT	LDA	SVM	ANN	KNN	CT	LDA	SVM	ANN	KNN	CT	LDA	SVM	ANN	KNN	CT	LDA	SVM	ANN	KNN	CT	LDA	SVM
72	1	1	1	1	2	1	1	1	1	2	1	1	1	1	2	1	1	1	1	2	1	1	1	1	2
73	1	1	1	1	2	1	1	1	1	2	1	1	1	1	2	1	1	1	1	2	1	1	1	1	2
74	1	1	1	1	2	1	1	1	1	2	1	1	1	1	2	1	1	1	1	2	1	1	1	1	2
75	1	1	1	1	2	1	1	1	1	2	1	1	1	1	2	1	1	1	1	2	1	1	1	1	2
76	1	1	1	1	2	1	1	1	1	2	1	1	1	1	2	1	1	1	1	2	1	1	1	1	2
77	1	1	1	1	2	1	1	1	1	2	1	1	1	1	2	1	1	1	1	2	1	1	1	1	2
78	1	1	1	1	2	1	1	1	1	2	1	1	1	1	2	1	1	1	1	2	1	1	1	1	2
79	1	1	1	1	2	1	1	1	1	2	1	1	1	1	2	1	1	1	1	1	1	1	1	1	2
80	1	1	1	1	2	1	1	1	1	2	1	1	1	1	2	1	1	1	1	2	1	1	1	1	2
81	1	1	1	1	2	1	1	1	1	2	1	1	1	1	2	1	1	1	1	2	1	1	1	1	2
82	1	1	1	1	2	1	1	1	1	2	1	1	1	1	2	1	1	1	1	2	1	1	1	1	2
83	1	1	1	1	2	1	1	1	1	2	1	1	1	1	2	1	1	1	1	2	1	1	1	1	2
84	1	1	1	1	2	1	1	1	1	2	1	1	1	1	2	1	1	1	1	2	1	1	1	1	2
85	1	1	1	1	2	1	1	1	1	2	1	1	1	1	2	1	1	1	1	2	1	1	1	1	2
86	1	1	1	1	2	1	1	1	1	2	1	1	1	1	2	1	1	1	1	2	1	1	1	1	2
87	1	1	1	1	2	1	1	1	1	2	1	1	1	1	2	1	1	1	1	2	1	1	1	1	2
88	1	1	1	1	2	1	1	1	1	2	1	1	1	1	2	1	1	1	1	2	1	1	1	1	2
89	1	1	1	1	2	1	1	1	1	2	1	1	1	1	2	1	1	1	1	1	1	1	1	1	2
90	1	1	1	1	2	1	1	1	1	2	1	1	1	1	2	1	1	1	1	2	1	1	1	1	2
91	1	1	1	1	2	1	1	1	1	2	1	1	1	1	2	1	1	1	1	2	1	1	1	1	2
92	1	1	1	1	2	1	1	1	1	2	1	1	1	1	2	1	1	1	1	2	1	1	1	1	2
93	1	1	1	1	2	1	1	1	1	2	1	1	1	1	2	1	1	1	1	1	1	1	1	1	2
94	1	1	1	1	2	1	1	1	1	2	1	1	1	1	2	1	1	1	1	2	1	1	1	1	2
95	1	1	1	1	2	1	1	1	1	2	1	1	1	1	2	1	1	1	1	2	1	1	1	1	2
96	1	1	1	1	2	1	1	1	1	2	1	1	1	1	2	1	1	1	1	2	1	1	1	1	2
97	1	1	1	1	2	1	1	1	1	2	1	1	1	1	2	1	1	1	1	2	1	1	1	1	2
98	1	1	1	1	2	1	1	1	1	2	1	1	1	1	2	1	1	1	1	2	1	1	1	1	2
99	1	1	1	1	2	1	1	1	1	2	1	1	1	1	2	1	1	1	1	2	1	1	1	1	2
100	1	1	1	1	2	1	1	1	1	2	1	1	1	1	2	1	1	1	1	2	1	1	1	1	2

附 表

附表 2 设计频率下后汛期典型日航道不同计算断面航道等级

断面编号	50%					75%					90%					95%					99%				
	ANN	KNN	CT	LDA	SVM	ANN	KNN	CT	LDA	SVM	ANN	KNN	CT	LDA	SVM	ANN	KNN	CT	LDA	SVM	ANN	KNN	CT	LDA	SVM
1	4	3	3	3	3	1	1	1	1	2	3	3	3	3	3	3	3	2	3	2	3	3	3	3	3
2	3	2	2	2	2	1	1	1	1	2	2	2	2	2	2	2	2	1	2	2	2	2	2	2	2
3	2	2	1	1	2	1	1	1	1	2	2	2	1	1	1	2	2	1	1	1	2	2	1	1	1
4	4	3	3	3	3	1	1	1	1	2	4	3	3	3	3	3	3	2	3	2	4	3	3	3	3
5	2	2	1	1	2	1	1	1	1	2	2	2	1	1	1	2	2	1	1	1	2	2	1	1	2
6	1	1	1	1	2	1	1	1	1	2	1	1	1	1	2	1	1	1	1	2	1	1	1	1	2
7	4	3	3	3	3	1	1	1	1	2	4	3	3	3	3	3	3	2	3	3	4	3	3	3	3
8	1	1	1	1	1	1	1	1	1	2	1	1	1	1	2	1	1	1	1	2	1	1	1	1	2
9	1	1	1	1	2	1	1	1	1	2	1	1	1	1	2	1	1	1	1	2	1	1	1	1	2
10	2	1	1	1	1	1	1	1	1	2	1	1	1	1	1	1	1	1	1	2	1	1	1	1	1
11	2	1	1	1	1	1	1	1	1	2	1	1	1	1	1	1	1	1	1	2	1	1	1	1	1
12	2	2	1	1	1	1	1	1	1	2	2	1	1	1	1	1	1	1	1	2	1	1	1	1	1
13	2	2	1	1	1	1	1	1	1	2	2	2	1	1	1	1	1	1	1	2	2	2	1	1	1
14	1	1	1	1	1	1	1	1	1	2	1	1	1	1	1	1	1	1	1	2	1	1	1	1	1
15	1	1	1	1	1	1	1	1	1	2	1	1	1	1	1	1	1	1	1	2	1	1	1	1	1
16	1	1	1	1	2	1	1	1	1	2	1	1	1	1	2	1	1	1	1	2	1	1	1	1	2
17	2	2	1	1	1	1	1	1	1	2	2	2	1	1	1	2	1	1	1	1	2	2	1	1	1
18	2	1	1	1	1	1	1	1	1	2	1	1	1	1	1	1	1	1	1	1	2	1	1	1	1
19	2	2	1	1	1	1	1	1	1	2	2	2	1	1	1	2	1	1	1	1	2	2	1	1	1
20	1	1	1	1	1	1	1	1	1	2	1	1	1	1	1	1	1	1	1	2	1	1	1	1	1
21	2	1	1	1	1	1	1	1	1	2	2	1	1	1	1	1	1	1	1	1	2	1	1	1	1
22	1	1	1	1	1	1	1	1	1	2	1	1	1	1	1	1	1	1	1	2	1	1	1	1	1
23	1	1	1	1	1	1	1	1	1	2	1	1	1	1	1	1	1	1	1	2	1	1	1	1	1
24	1	1	1	1	1	1	1	1	1	2	1	1	1	1	1	1	1	1	1	1	1	1	1	1	1
25	2	2	1	1	1	1	1	1	1	2	2	2	1	1	1	2	1	1	1	1	2	2	1	1	1

续表

断面编号	50%					75%					90%					95%					99%				
	ANN	KNN	CT	LDA	SVM	ANN	KNN	CT	LDA	SVM	ANN	KNN	CT	LDA	SVM	ANN	KNN	CT	LDA	SVM	ANN	KNN	CT	LDA	SVM
26	2	2	1	1	1	1	1	1	1	2	2	2	1	1	1	2	1	1	1	1	2	2	1	1	1
27	2	2	1	1	1	1	1	1	1	2	2	2	1	1	1	2	1	1	1	1	2	2	1	1	1
28	2	2	1	1	1	1	1	1	1	2	2	2	1	1	1	2	1	1	1	1	2	2	1	1	1
29	3	2	2	2	2	1	1	1	1	2	3	2	2	2	2	2	2	1	2	2	3	2	2	2	2
30	2	2	1	1	1	1	1	1	1	2	2	2	1	1	1	2	1	1	1	1	2	2	1	1	1
31	2	2	1	1	2	1	1	1	1	2	2	2	1	1	2	2	2	1	1	2	2	2	1	1	2
32	2	2	1	1	2	1	1	1	1	2	2	2	1	1	2	2	2	1	1	1	2	2	1	1	2
33	2	2	1	1	1	1	1	1	1	2	2	1	1	1	2	2	1	1	1	2	2	2	1	1	1
34	2	2	1	1	2	1	1	1	1	2	2	2	1	1	2	2	1	1	1	2	2	2	1	1	2
35	2	2	1	1	2	1	1	1	1	2	2	2	1	1	2	2	2	1	1	2	2	2	1	1	2
36	2	1	1	1	2	1	1	1	1	2	2	2	1	1	2	1	1	1	1	2	2	2	1	1	2
37	1	1	1	1	2	1	1	1	1	2	1	1	1	1	2	1	1	1	1	2	1	1	1	1	2
38	1	1	1	1	1	1	1	1	1	2	2	1	1	1	1	2	1	1	1	2	2	1	1	1	2
39	2	2	1	1	2	1	1	1	1	2	2	2	1	1	2	2	2	1	1	2	2	2	1	1	2
40	2	2	1	1	1	1	1	1	1	2	2	2	1	1	1	2	2	1	1	1	2	2	1	1	2
41	2	2	1	1	2	1	1	1	1	2	2	2	1	1	2	2	2	1	1	2	2	2	1	1	2
42	2	2	1	1	2	1	1	1	1	2	2	2	1	1	2	2	2	1	1	2	2	2	1	1	2
43	1	1	1	1	2	1	1	1	1	2	2	1	1	1	1	1	1	1	1	2	2	1	1	1	1
44	2	2	1	1	2	1	1	1	1	2	2	2	1	1	2	2	2	1	1	2	2	2	1	1	2
45	2	2	1	1	2	1	1	1	1	2	2	2	1	1	2	2	2	1	1	2	2	2	1	1	2
46	2	2	1	1	2	1	1	1	1	2	2	2	1	1	2	2	2	1	1	2	2	2	1	1	2
47	2	2	1	1	2	1	1	1	1	2	2	2	1	1	2	2	2	1	1	2	2	2	1	1	2
48	1	1	1	1	2	1	1	1	1	2	1	1	1	1	2	1	1	1	1	2	1	1	1	1	2
49	1	1	1	1	2	1	1	1	1	2	2	2	1	1	2	2	2	1	1	2	2	2	1	1	2
50	2	2	1	1	2	1	1	1	1	2	2	2	1	1	2	2	2	1	1	2	2	2	1	1	2

附 表

续表

断面编号	50%					75%					90%					95%					99%				
	ANN	KNN	CT	LDA	SVM	ANN	KNN	CT	LDA	SVM	ANN	KNN	CT	LDA	SVM	ANN	KNN	CT	LDA	SVM	ANN	KNN	CT	LDA	SVM
51	2	2	1	1	2	1	1	1	1	2	2	2	1	1	2	2	2	1	1	2	2	2	1	1	2
52	1	1	1	1	2	1	1	1	1	2	2	2	1	1	2	2	2	1	1	2	2	2	1	1	2
53	2	2	1	1	2	1	1	1	1	2	2	2	1	1	2	2	2	1	1	2	2	2	1	1	2
54	2	2	1	1	2	1	1	1	1	2	2	2	1	1	2	2	2	1	1	2	2	2	1	1	2
55	1	1	1	1	2	1	1	1	1	2	2	2	1	1	2	2	2	1	1	2	2	2	1	1	2
56	1	1	1	1	2	1	1	1	1	2	2	1	1	1	2	1	1	1	1	2	2	2	1	1	2
57	1	1	1	1	2	1	1	1	1	2	1	1	1	1	2	1	1	1	1	2	1	1	1	1	2
58	1	1	1	1	2	1	1	1	1	2	1	1	1	1	2	1	1	1	1	2	1	1	1	1	1
59	1	1	1	1	2	1	1	1	1	2	1	1	1	1	2	1	1	1	1	2	1	1	1	1	2
60	1	1	1	1	2	1	1	1	1	2	2	1	1	1	2	2	1	1	1	2	2	2	1	1	1
61	2	1	1	1	1	1	1	1	1	2	2	2	1	1	1	2	2	1	1	1	2	2	1	1	1
62	1	1	1	1	2	1	1	1	1	2	1	1	1	1	1	2	1	1	1	1	2	2	1	1	1
63	1	1	1	1	2	1	1	1	1	2	1	1	1	1	2	1	1	1	1	2	1	1	1	1	1
64	1	1	1	1	2	1	1	1	1	2	1	1	1	1	2	1	1	1	1	2	1	1	1	1	2
65	1	1	1	1	2	1	1	1	1	2	1	1	1	1	2	1	1	1	1	2	1	1	1	1	2
66	1	1	1	1	2	1	1	1	1	2	1	1	1	1	2	1	1	1	1	2	1	1	1	1	2
67	1	1	1	1	2	1	1	1	1	2	1	1	1	1	2	1	1	1	1	2	1	1	1	1	2
68	1	1	1	1	2	1	1	1	1	2	1	1	1	1	2	1	1	1	1	2	1	1	1	1	2
69	1	1	1	1	2	1	1	1	1	2	1	1	1	1	2	1	1	1	1	2	1	1	1	1	2
70	1	1	1	1	2	1	1	1	1	2	1	1	1	1	2	1	1	1	1	2	1	1	1	1	2
71	1	1	1	1	2	1	1	1	1	2	1	1	1	1	2	1	1	1	1	2	1	1	1	1	2
72	1	1	1	1	2	1	1	1	1	2	1	1	1	1	2	1	1	1	1	2	1	1	1	1	2
73	1	1	1	1	2	1	1	1	1	2	1	1	1	1	2	1	1	1	1	2	1	1	1	1	2
74	1	1	1	1	2	1	1	1	1	2	1	1	1	1	2	1	1	1	1	2	1	1	1	1	2
75	1	1	1	1	2	1	1	1	1	2	1	1	1	1	2	1	1	1	1	2	1	1	1	1	2

续表

断面编号	50%					75%					90%					95%					99%				
	ANN	KNN	CT	LDA	SVM	ANN	KNN	CT	LDA	SVM	ANN	KNN	CT	LDA	SVM	ANN	KNN	CT	LDA	SVM	ANN	KNN	CT	LDA	SVM
76	1	1	1	1	2	1	1	1	1	2	1	1	1	1	2	1	1	1	1	2	1	1	1	1	2
77	1	1	1	1	2	1	1	1	1	2	1	1	1	1	2	1	1	1	1	2	1	1	1	1	1
78	1	1	1	1	2	1	1	1	1	2	1	1	1	1	2	1	1	1	1	2	1	1	1	1	2
79	1	1	1	1	2	1	1	1	1	2	1	1	1	1	2	1	1	1	1	2	1	1	1	1	1
80	1	1	1	1	2	1	1	1	1	2	1	1	1	1	2	1	1	1	1	2	1	1	1	1	2
81	1	1	1	1	2	1	1	1	1	2	1	1	1	1	2	1	1	1	1	2	1	1	1	1	1
82	1	1	1	1	2	1	1	1	1	2	1	1	1	1	2	1	1	1	1	2	1	1	1	1	2
83	1	1	1	1	2	1	1	1	1	2	1	1	1	1	2	1	1	1	1	2	1	1	1	1	2
84	1	1	1	1	2	1	1	1	1	2	1	1	1	1	2	1	1	1	1	2	1	1	1	1	2
85	1	1	1	1	2	1	1	1	1	2	1	1	1	1	2	1	1	1	1	2	1	1	1	1	2
86	1	1	1	1	2	1	1	1	1	2	1	1	1	1	2	1	1	1	1	2	1	1	1	1	2
87	1	1	1	1	2	1	1	1	1	2	1	1	1	1	2	1	1	1	1	2	1	1	1	1	2
88	1	1	1	1	2	1	1	1	1	2	1	1	1	1	2	1	1	1	1	2	1	1	1	1	1
89	1	1	1	1	1	1	1	1	1	1	1	1	1	1	1	1	1	1	1	1	1	1	1	1	1
90	1	1	1	1	2	1	1	1	1	2	1	1	1	1	2	1	1	1	1	2	1	1	1	1	1
91	1	1	1	1	2	1	1	1	1	2	1	1	1	1	2	1	1	1	1	2	1	1	1	1	2
92	1	1	1	1	2	1	1	1	1	2	1	1	1	1	2	1	1	1	1	2	1	1	1	1	2
93	1	1	1	1	2	1	1	1	1	2	1	1	1	1	2	1	1	1	1	1	1	1	1	1	1
94	1	1	1	1	2	1	1	1	1	2	1	1	1	1	2	1	1	1	1	2	1	1	1	1	2
95	1	1	1	1	2	1	1	1	1	2	1	1	1	1	2	1	1	1	1	2	1	1	1	1	2
96	1	1	1	1	2	1	1	1	1	2	1	1	1	1	2	1	1	1	1	2	1	1	1	1	2
97	1	1	1	1	2	1	1	1	1	2	1	1	1	1	2	1	1	1	1	2	1	1	1	1	2
98	1	1	1	1	2	1	1	1	1	2	1	1	1	1	2	1	1	1	1	2	1	1	1	1	2
99	1	1	1	1	2	1	1	1	1	2	1	1	1	1	2	1	1	1	1	2	1	1	1	1	2
100	1	1	1	1	2	1	1	1	1	2	1	1	1	1	2	1	1	1	1	2	1	1	1	1	2

附表3 设计频率下枯水期典型日航道不同计算断面航道等级

断面编号	50%					75%					90%					95%					99%				
	ANN	KNN	CT	LDA	SVM	ANN	KNN	CT	LDA	SVM	ANN	KNN	CT	LDA	SVM	ANN	KNN	CT	LDA	SVM	ANN	KNN	CT	LDA	SVM
1	1	1	1	1	2	3	3	2	2	2	3	3	2	3	2	5	5	5	4	5	5	5	5	4	5
2	1	1	1	1	2	2	2	1	1	2	2	2	1	2	2	3	3	2	3	2	3	3	2	3	3
3	1	1	1	1	2	2	2	1	1	1	2	2	1	1	1	2	2	2	2	2	2	2	2	2	2
4	1	1	1	1	2	3	3	2	3	2	3	3	2	3	3	5	5	5	5	5	5	5	5	5	5
5	1	1	1	1	2	2	2	1	1	1	2	2	1	1	1	2	2	2	2	2	2	2	2	2	2
6	1	1	1	1	2	1	1	1	1	2	1	1	1	1	2	1	1	1	1	2	1	1	1	1	2
7	1	1	1	1	2	3	3	2	3	2	3	3	2	3	3	5	5	5	4	5	5	5	5	5	5
8	1	1	1	1	2	1	1	1	1	1	1	1	1	1	2	1	1	1	1	1	2	2	1	1	1
9	1	1	1	1	2	1	1	1	1	1	1	1	1	1	1	2	2	1	1	1	2	2	1	1	2
10	1	1	1	1	2	1	1	1	1	1	1	1	1	1	2	2	2	1	1	2	2	2	1	2	2
11	1	1	1	1	2	1	1	1	1	1	1	1	1	1	1	2	2	1	1	2	2	2	1	1	2
12	1	1	1	1	2	1	1	1	1	2	1	1	1	1	1	2	2	1	2	2	2	2	2	2	2
13	1	1	1	1	2	1	1	1	1	2	2	1	1	1	2	2	2	1	2	2	2	2	2	2	2
14	1	1	1	1	2	1	1	1	1	1	1	1	1	1	2	2	2	1	1	2	2	2	1	1	2
15	1	1	1	1	2	1	1	1	1	2	1	1	1	1	1	2	2	1	1	2	2	2	1	1	2
16	1	1	1	1	2	1	1	1	1	2	1	1	1	1	2	2	2	1	1	1	2	2	1	1	1
17	1	1	1	1	2	2	1	1	1	1	2	1	1	1	1	3	2	2	2	2	3	2	2	2	2
18	1	1	1	1	2	1	1	1	1	1	1	1	1	1	1	2	2	2	2	2	2	2	2	2	2
19	1	1	1	1	2	2	1	1	1	1	2	2	1	1	1	3	2	2	2	2	3	3	2	2	2
20	1	1	1	1	2	1	1	1	1	2	1	1	1	1	1	2	2	1	2	2	2	2	1	1	2
21	1	1	1	1	2	1	1	1	1	2	1	1	1	1	2	2	2	1	2	2	2	2	1	2	2
22	1	1	1	1	2	1	1	1	1	2	1	1	1	1	2	2	2	1	1	2	2	2	1	1	2
23	1	1	1	1	2	1	1	1	1	2	1	1	1	1	2	2	2	1	1	2	2	2	1	1	2
24	1	1	1	1	2	1	1	1	1	1	1	1	1	1	1	2	2	1	1	2	2	2	1	1	1
25	1	1	1	1	2	1	1	1	1	1	2	1	1	1	1	2	2	2	2	2	3	2	2	2	2

续表

断面编号	50%					75%					90%					95%					99%				
	ANN	KNN	CT	LDA	SVM	ANN	KNN	CT	LDA	SVM	ANN	KNN	CT	LDA	SVM	ANN	KNN	CT	LDA	SVM	ANN	KNN	CT	LDA	SVM
26	1	1	1	1	2	2	1	1	1	1	2	2	1	1	1	3	2	2	2	2	3	3	2	2	2
27	1	1	1	1	2	1	1	1	1	1	2	1	1	1	1	3	2	2	2	2	3	2	2	2	2
28	1	1	1	1	2	2	1	1	1	1	2	1	1	1	1	3	2	2	2	2	3	2	2	2	2
29	1	1	1	1	2	2	2	1	1	2	2	2	1	2	2	4	3	3	3	3	5	4	5	4	4
30	1	1	1	1	2	2	1	1	1	1	2	2	1	1	1	3	2	2	2	2	3	3	2	2	2
31	1	1	1	1	2	2	2	1	1	2	2	2	1	1	2	3	2	2	2	2	3	3	2	2	2
32	1	1	1	1	2	2	2	1	1	1	2	2	1	1	2	3	3	2	2	2	3	3	3	3	3
33	1	1	1	1	2	2	1	1	1	2	2	2	1	1	2	2	2	2	2	2	3	2	2	2	2
34	1	1	1	1	2	2	2	1	1	2	2	2	1	1	2	3	2	2	2	2	3	2	2	2	2
35	1	1	1	1	2	2	2	1	1	2	2	2	1	1	2	3	3	2	2	2	3	3	2	3	2
36	1	1	1	1	2	1	1	1	1	1	2	2	1	1	2	2	2	1	2	2	2	2	2	2	2
37	1	1	1	1	2	1	1	1	1	1	1	1	1	1	2	2	2	1	1	2	2	2	1	2	2
38	1	1	1	1	2	1	1	1	1	2	1	1	1	1	1	2	2	2	1	2	2	2	2	2	2
39	1	1	1	1	2	1	1	1	1	2	2	2	1	1	2	2	2	2	2	2	3	2	2	2	2
40	1	1	1	1	2	2	2	1	1	1	2	2	1	1	1	3	2	2	2	2	3	3	2	2	2
41	1	1	1	1	2	2	2	1	1	2	2	2	1	1	2	3	3	2	2	2	3	3	2	3	2
42	1	1	1	1	2	2	1	1	1	2	2	2	1	1	2	2	2	2	2	2	3	2	2	2	2
43	1	1	1	1	2	1	1	1	1	2	2	1	1	1	2	2	2	1	2	2	2	2	2	2	2
44	1	1	1	1	2	2	2	1	1	2	2	2	1	1	2	3	3	2	2	2	3	3	2	3	3
45	1	1	1	1	2	2	1	1	1	2	2	2	1	1	2	3	2	2	2	2	3	3	2	2	2
46	1	1	1	1	2	2	2	1	1	2	2	2	1	1	2	3	3	2	3	2	4	3	3	3	3
47	1	1	1	1	2	2	2	1	1	2	2	2	1	1	2	3	2	2	2	2	3	3	2	2	2
48	1	1	1	1	2	1	1	1	1	2	1	1	1	1	2	2	2	1	1	2	2	2	1	1	2
49	1	1	1	1	2	1	1	1	1	2	1	1	1	1	2	2	2	1	1	2	2	2	1	2	2
50	1	1	1	1	2	2	2	1	1	2	2	2	1	1	2	2	2	1	2	2	3	3	2	2	2

附 表

续表

断面编号	50%					75%					90%					95%					99%				
	ANN	KNN	CT	LDA	SVM	ANN	KNN	CT	LDA	SVM	ANN	KNN	CT	LDA	SVM	ANN	KNN	CT	LDA	SVM	ANN	KNN	CT	LDA	SVM
51	1	1	1	1	2	2	2	1	1	2	2	2	1	1	2	3	2	2	2	2	3	3	2	2	2
52	1	1	1	1	2	1	1	1	1	2	2	2	1	1	2	2	2	1	2	2	3	2	2	2	2
53	1	1	1	1	2	2	2	1	1	2	2	2	1	1	2	3	3	2	2	2	3	3	2	3	2
54	1	1	1	1	2	2	2	1	1	2	2	2	1	1	2	3	2	2	2	2	3	3	2	2	2
55	1	1	1	1	2	2	2	1	1	2	2	2	1	1	2	2	2	1	2	2	3	3	2	2	2
56	1	1	1	1	2	1	1	1	1	2	2	2	1	1	2	2	2	1	2	2	3	2	2	2	2
57	1	1	1	1	2	1	1	1	1	2	1	1	1	1	2	2	2	1	1	2	2	2	1	1	2
58	1	1	1	1	2	1	1	1	1	2	1	1	1	1	1	2	2	1	1	2	2	2	2	2	2
59	1	1	1	1	2	1	1	1	1	2	2	1	1	1	2	2	2	1	1	2	2	2	1	2	2
60	1	1	1	1	2	1	1	1	1	2	2	2	1	1	1	2	2	1	2	2	3	3	2	2	2
61	1	1	1	1	2	2	2	1	1	1	2	2	1	1	2	3	2	2	2	2	3	3	3	3	3
62	1	1	1	1	2	1	1	1	1	1	2	2	1	1	1	2	2	1	2	2	3	2	2	2	2
63	1	1	1	1	2	1	1	1	1	2	1	1	1	1	2	2	2	1	1	2	2	2	1	2	2
64	1	1	1	1	2	1	1	1	1	2	1	1	1	1	2	1	1	1	1	2	1	1	1	1	1
65	1	1	1	1	2	1	1	1	1	2	1	1	1	1	2	2	1	1	1	1	2	2	1	1	1
66	1	1	1	1	2	1	1	1	1	2	1	1	1	1	2	2	1	1	1	2	2	1	1	1	2
67	1	1	1	1	2	1	1	1	1	2	1	1	1	1	2	2	1	1	1	2	2	1	1	1	1
68	1	1	1	1	2	1	1	1	1	2	1	1	1	1	2	1	1	1	1	2	2	2	1	1	2
69	1	1	1	1	2	1	1	1	1	2	1	1	1	1	2	1	1	1	1	2	2	1	1	1	1
70	1	1	1	1	2	1	1	1	1	2	1	1	1	1	2	1	1	1	1	2	2	1	1	1	1
71	1	1	1	1	2	1	1	1	1	2	1	1	1	1	2	1	1	1	1	2	2	1	1	1	1
72	1	1	1	1	2	1	1	1	1	2	1	1	1	1	2	1	1	1	1	2	2	1	1	1	1
73	1	1	1	1	2	1	1	1	1	2	1	1	1	1	2	1	1	1	1	2	2	1	1	1	1
74	1	1	1	1	2	1	1	1	1	2	1	1	1	1	2	2	1	1	1	2	2	1	1	1	2
75	1	1	1	1	2	1	1	1	1	2	1	1	1	1	1	2	1	1	1	2	2	1	1	1	1

续表

断面编号	50%					75%					90%					95%					99%				
	ANN	KNN	CT	LDA	SVM	ANN	KNN	CT	LDA	SVM	ANN	KNN	CT	LDA	SVM	ANN	KNN	CT	LDA	SVM	ANN	KNN	CT	LDA	SVM
76	1	1	1	1	2	1	1	1	1	2	1	1	1	1	2	2	2	1	1	1	2	2	1	1	2
77	1	1	1	1	2	1	1	1	1	2	1	1	1	1	1	2	2	1	1	1	2	2	1	1	2
78	1	1	1	1	2	1	1	1	1	2	2	1	1	1	2	2	2	1	1	2	2	2	1	2	2
79	1	1	1	1	2	1	1	1	1	2	2	1	1	1	2	2	2	1	1	1	2	2	1	2	2
80	1	1	1	1	2	1	1	1	1	2	2	1	1	1	2	2	2	1	1	2	2	2	1	2	2
81	1	1	1	1	2	1	1	1	1	2	1	1	1	1	1	2	2	1	1	1	2	2	1	1	2
82	1	1	1	1	2	1	1	1	1	1	1	1	1	1	2	1	1	1	1	2	2	1	1	1	1
83	1	1	1	1	2	1	1	1	1	2	1	1	1	1	2	2	1	1	1	2	2	2	1	1	1
84	1	1	1	1	2	1	1	1	1	2	1	1	1	1	2	2	2	1	1	1	2	2	1	1	1
85	1	1	1	1	2	1	1	1	1	2	1	1	1	1	2	2	2	1	1	2	2	2	1	1	2
86	1	1	1	1	2	1	1	1	1	2	1	1	1	1	2	2	2	1	1	2	2	2	1	1	2
87	1	1	1	1	2	1	1	1	1	2	1	1	1	1	2	1	1	1	1	1	2	2	1	1	1
88	1	1	1	1	2	1	1	1	1	2	1	1	1	1	1	2	1	1	1	1	2	1	1	1	2
89	1	1	1	1	2	1	1	1	1	1	2	1	1	1	1	2	2	1	1	1	2	2	2	2	2
90	1	1	1	1	2	1	1	1	1	2	1	1	1	1	1	2	1	1	1	1	2	2	1	1	1
91	1	1	1	1	2	1	1	1	1	2	1	1	1	1	2	1	1	1	1	1	2	1	1	1	1
92	1	1	1	1	2	1	1	1	1	2	1	1	1	1	2	1	1	1	1	2	1	1	1	1	2
93	1	1	1	1	2	1	1	1	1	1	1	1	1	1	1	2	1	1	1	1	2	2	1	1	2
94	1	1	1	1	2	1	1	1	1	2	1	1	1	1	2	1	1	1	1	2	2	1	1	1	1
95	1	1	1	1	2	1	1	1	1	2	1	1	1	1	2	1	1	1	1	2	1	1	1	1	1
96	1	1	1	1	2	1	1	1	1	2	1	1	1	1	2	1	1	1	1	2	1	1	1	1	2
97	1	1	1	1	2	1	1	1	1	2	1	1	1	1	2	1	1	1	1	2	1	1	1	1	2
98	1	1	1	1	2	1	1	1	1	2	1	1	1	1	2	1	1	1	1	1	1	1	1	1	2
99	1	1	1	1	2	1	1	1	1	2	1	1	1	1	2	1	1	1	1	1	1	1	1	1	2
100	1	1	1	1	2	1	1	1	1	2	1	1	1	1	2	1	1	1	1	2	1	1	1	1	2

附表 4　主汛期破坏率 5% 下研究区经济效益模拟

序号	下泄流量/(m³·s⁻¹)	峡江库水位/m	发电出力/MW	航运效益/万元	SSDI
1	281	28.3	138.9	398.5	-1.7
2	281	30.8	138.9	398.5	-1.8
3	281	33.3	138.9	398.5	-1.1
4	281	35.8	138.9	398.5	0.1
5	281	38.2	138.9	398.5	1.0
6	281	40.7	138.9	398.5	2.0
7	281	43.2	138.9	398.5	2.9
8	381	28.3	181.3	396.9	-1.8
9	381	30.8	181.3	396.9	-1.8
10	381	33.3	181.3	396.9	-1.1
11	381	35.8	181.3	396.9	0.1
12	381	38.2	181.3	396.9	1.0
13	381	40.7	181.3	396.9	2.0
14	381	43.2	181.3	396.9	2.9
15	481	28.3	228.9	395.3	-1.8
16	481	30.8	228.9	395.3	-1.8
17	481	33.3	228.9	395.3	-1.1
18	481	35.8	228.9	395.3	0.1
19	481	38.2	228.9	395.3	1.0
20	481	40.7	228.9	395.3	2.0
21	481	43.2	228.9	395.3	2.9
22	581	28.3	272.8	393.7	-1.9
23	581	30.8	272.8	393.7	-1.9
24	581	33.3	272.8	393.7	-1.1
25	581	35.8	272.8	393.7	0.1

续表

序号	下泄流量/(m³·s⁻¹)	峡江库水位/m	发电出力/MW	航运效益/万元	SSDI
26	581	38.2	272.8	393.7	1.0
27	581	40.7	272.8	393.7	2.0
28	581	43.2	272.8	393.7	2.9
29	681	28.3	312.1	392.2	−2.0
30	681	30.8	312.1	392.2	−1.9
31	681	33.3	312.1	392.2	−1.1
32	681	35.8	312.1	392.2	0.1
33	681	38.2	312.1	392.2	1.0
34	681	40.7	312.1	392.2	2.0
35	681	43.2	312.1	392.2	2.9
36	781	28.3	352.8	390.8	−2.0
37	781	30.8	352.8	390.8	−1.9
38	781	33.3	352.8	390.8	−1.1
39	781	35.8	352.8	390.8	0.1
40	781	38.2	352.8	390.8	1.0
41	781	40.7	352.8	390.8	2.0
42	781	43.2	352.8	390.8	2.9
43	881	28.3	390.4	389.4	−2.1
44	881	30.8	390.4	389.4	−1.9
45	881	33.3	390.4	389.4	−1.1
46	881	35.8	390.4	389.4	0.1
47	881	38.2	390.4	389.4	1.0
48	881	40.7	390.4	389.4	2.0
49	881	43.2	390.4	389.4	2.9
50	981	28.3	423.9	388.0	−2.1

续表

序号	下泄流量/(m³·s⁻¹)	峡江库水位/m	发电出力/MW	航运效益/万元	SSDI
51	981	30.8	423.9	388.0	−1.9
52	981	33.3	423.9	388.0	−1.1
53	981	35.8	423.9	388.0	0.1
54	981	38.2	423.9	388.0	1.0
55	981	40.7	423.9	388.0	2.0
56	981	43.2	423.9	388.0	2.9
57	1081	28.3	458.4	386.7	−2.2
58	1081	30.8	458.4	386.7	−2.0
59	1081	33.3	458.4	386.7	−1.1
60	1081	35.8	458.4	386.7	0.1
61	1081	38.2	458.4	386.7	1.0
62	1081	40.7	458.4	386.7	2.0
63	1081	43.2	458.4	386.7	2.9
64	1181	28.3	488.7	385.6	−2.3
65	1181	30.8	488.7	385.6	−2.0
66	1181	33.3	488.7	385.6	−1.1
67	1181	35.8	488.7	385.6	0.1
68	1181	38.2	488.7	385.6	1.0
69	1181	40.7	488.7	385.6	2.0
70	1181	43.2	488.7	385.6	2.9
71	1281	28.3	514.6	384.5	−2.4
72	1281	30.8	514.6	384.5	−2.0
73	1281	33.3	514.6	384.5	−1.1
74	1281	35.8	514.6	384.5	0.1
75	1281	38.2	514.6	384.5	1.0

续表

序号	下泄流量/(m³·s⁻¹)	峡江库水位/m	发电出力/MW	航运效益/万元	SSDI
76	1281	40.7	514.6	384.5	2.0
77	1281	43.2	514.6	384.5	2.9
78	1381	28.3	541.1	383.7	−2.4
79	1381	30.8	541.1	383.7	−2.0
80	1381	33.3	541.1	383.7	−1.1
81	1381	35.8	541.1	383.7	0.1
82	1381	38.2	541.1	383.7	1.0
83	1381	40.7	541.1	383.7	2.0
84	1381	43.2	541.1	383.7	2.9
85	1481	28.3	561.1	383.3	−2.5
86	1481	30.8	561.1	383.3	−2.0
87	1481	33.3	561.1	383.3	−1.1
88	1481	35.8	561.1	383.3	0.1
89	1481	38.2	561.1	383.3	1.0
90	1481	40.7	561.1	383.3	2.0
91	1481	43.2	561.1	383.3	2.9
92	1581	28.3	575.4	383.5	−2.6
93	1581	30.8	575.4	383.5	−2.0
94	1581	33.3	575.4	383.5	−1.1
95	1581	35.8	575.4	383.5	0.1
96	1581	38.2	575.4	383.5	1.0
97	1581	40.7	575.4	383.5	2.0
98	1581	43.2	575.4	383.5	2.9
99	1681	28.3	582.2	385.0	−2.7
100	1681	30.8	582.2	385.0	−2.1

续表

序号	下泄流量/(m³·s⁻¹)	峡江库水位/m	发电出力/MW	航运效益/万元	SSDI
101	1681	33.3	582.2	385.0	−1.1
102	1681	35.8	582.2	385.0	0.1
103	1681	38.2	582.2	385.0	1.0
104	1681	40.7	582.2	385.0	2.0
105	1681	43.2	582.2	385.0	2.9
106	1781	28.3	588.8	389.0	−2.8
107	1781	30.8	588.8	389.0	−2.1
108	1781	33.3	588.8	389.0	−1.2
109	1781	35.8	588.8	389.0	0.1
110	1781	38.2	588.8	389.0	1.0
111	1781	40.7	588.8	389.0	2.0
112	1781	43.2	588.8	389.0	2.9
113	1881	28.3	576.3	399.1	−2.9
114	1881	30.8	576.3	399.1	−2.1
115	1881	33.3	576.3	399.1	−1.2
116	1881	35.8	576.3	399.1	0.1
117	1881	38.2	576.3	399.1	1.0
118	1881	40.7	576.3	399.1	2.0
119	1881	43.2	576.3	399.1	2.9
120	1981	28.3	511.7	425.6	−2.9
121	1981	30.8	511.7	425.6	−2.1
122	1981	33.3	511.7	425.6	−1.2
123	1981	35.8	511.7	425.6	0.1
124	1981	38.2	511.7	425.6	1.0
125	1981	40.7	511.7	425.6	2.0
126	1981	43.2	511.7	425.6	2.9
127	2081	28.3	493.0	502.2	−3.0

续表

序号	下泄流量/(m³·s⁻¹)	峡江库水位/m	发电出力/MW	航运效益/万元	SSDI
128	2081	30.8	493.0	502.2	−2.1
129	2081	33.3	493.0	502.2	−1.2
130	2081	35.8	493.0	502.2	0.1
131	2081	38.2	493.0	502.2	1.0
132	2081	40.7	493.0	502.2	2.0
133	2081	43.2	493.0	502.2	2.9
134	2181	28.3	442.2	705.1	−3.0
135	2181	30.8	442.2	705.1	−2.1
136	2181	33.3	442.2	705.1	−1.2
137	2181	35.8	442.2	705.1	0.0
138	2181	38.2	442.2	705.1	1.0
139	2181	40.7	442.2	705.1	2.0
140	2181	43.2	442.2	705.1	2.9
141	2281	28.3	391.1	1037.8	−3.0
142	2281	30.8	391.1	1037.8	−2.1
143	2281	33.3	391.1	1037.8	−1.2
144	2281	35.8	391.1	1037.8	0.0
145	2281	38.2	391.1	1037.8	1.0
146	2281	40.7	391.1	1037.8	2.0
147	2281	43.2	391.1	1037.8	2.9
148	2381	28.3	376.3	1546.6	−3.0
149	2381	30.8	376.3	1546.6	−2.1
150	2381	33.3	376.3	1546.6	−1.2
151	2381	35.8	376.3	1546.6	0.0
152	2381	38.2	376.3	1546.6	1.0
153	2381	40.7	376.3	1546.6	2.0
154	2381	43.2	376.3	1546.6	2.9

附表 5　主汛期破坏率 10% 下研究区经济效益模拟

序号	下泄流量/(m³·s⁻¹)	峡江库水位/m	发电出力/MW	航运效益/万元	SSDI
1	281	28.3	147.3	787.4	−1.5
2	281	30.8	147.3	787.4	−1.7
3	281	33.3	147.3	787.4	−1.1
4	281	35.8	147.3	787.4	0.1
5	281	38.2	147.3	787.4	1.0
6	281	40.7	147.3	787.4	2.0
7	281	43.2	147.3	787.4	2.9
8	381	28.3	192.5	784.0	−1.6
9	381	30.8	192.5	784.0	−1.8
10	381	33.3	192.5	784.0	−1.1
11	381	35.8	192.5	784.0	0.1
12	381	38.2	192.5	784.0	1.0
13	381	40.7	192.5	784.0	2.0
14	381	43.2	192.5	784.0	2.9
15	481	28.3	243.5	780.6	−1.6
16	481	30.8	243.5	780.6	−1.8
17	481	33.3	243.5	780.6	−1.1
18	481	35.8	243.5	780.6	0.1
19	481	38.2	243.5	780.6	1.0
20	481	40.7	243.5	780.6	2.0
21	481	43.2	243.5	780.6	2.9
22	581	28.3	290.9	777.3	−1.7
23	581	30.8	290.9	777.3	−1.8
24	581	33.3	290.9	777.3	−1.1
25	581	35.8	290.9	777.3	0.1

续表

序号	下泄流量/(m³·s⁻¹)	峡江库水位/m	发电出力/MW	航运效益/万元	SSDI
26	581	38.2	290.9	777.3	1.0
27	581	40.7	290.9	777.3	2.0
28	581	43.2	290.9	777.3	2.9
29	681	28.3	333.8	774.1	−1.8
30	681	30.8	333.8	774.1	−1.8
31	681	33.3	333.8	774.1	−1.1
32	681	35.8	333.8	774.1	0.1
33	681	38.2	333.8	774.1	1.0
34	681	40.7	333.8	774.1	2.0
35	681	43.2	333.8	774.1	2.9
36	781	28.3	378.2	770.9	−1.8
37	781	30.8	378.2	770.9	−1.9
38	781	33.3	378.2	770.9	−1.1
39	781	35.8	378.2	770.9	0.1
40	781	38.2	378.2	770.9	1.0
41	781	40.7	378.2	770.9	2.0
42	781	43.2	378.2	770.9	2.9
43	881	28.3	420.1	767.8	−1.9
44	881	30.8	420.1	767.8	−1.9
45	881	33.3	420.1	767.8	−1.1
46	881	35.8	420.1	767.8	0.1
47	881	38.2	420.1	767.8	1.0
48	881	40.7	420.1	767.8	2.0
49	881	43.2	420.1	767.8	2.9
50	981	28.3	458.3	764.7	−2.0

续表

序号	下泄流量/(m³·s⁻¹)	峡江库水位/m	发电出力/MW	航运效益/万元	SSDI
51	981	30.8	458.3	764.7	-1.9
52	981	33.3	458.3	764.7	-1.1
53	981	35.8	458.3	764.7	0.1
54	981	38.2	458.3	764.7	1.0
55	981	40.7	458.3	764.7	2.0
56	981	43.2	458.3	764.7	2.9
57	1081	28.3	497.6	761.6	-2.0
58	1081	30.8	497.6	761.6	-1.9
59	1081	33.3	497.6	761.6	-1.1
60	1081	35.8	497.6	761.6	0.1
61	1081	38.2	497.6	761.6	1.0
62	1081	40.7	497.6	761.6	2.0
63	1081	43.2	497.6	761.6	2.9
64	1181	28.3	533.8	758.6	-2.1
65	1181	30.8	533.8	758.6	-1.9
66	1181	33.3	533.8	758.6	-1.1
67	1181	35.8	533.8	758.6	0.1
68	1181	38.2	533.8	758.6	1.0
69	1181	40.7	533.8	758.6	2.0
70	1181	43.2	533.8	758.6	2.9
71	1281	28.3	566.6	755.5	-2.1
72	1281	30.8	566.6	755.5	-1.9
73	1281	33.3	566.6	755.5	-1.1
74	1281	35.8	566.6	755.5	0.1
75	1281	38.2	566.6	755.5	1.0

续表

序号	下泄流量/(m³·s⁻¹)	峡江库水位/m	发电出力/MW	航运效益/万元	SSDI
76	1281	40.7	566.6	755.5	2.0
77	1281	43.2	566.6	755.5	2.9
78	1381	28.3	600.4	752.5	−2.2
79	1381	30.8	600.4	752.5	−2.0
80	1381	33.3	600.4	752.5	−1.1
81	1381	35.8	600.4	752.5	0.1
82	1381	38.2	600.4	752.5	1.0
83	1381	40.7	600.4	752.5	2.0
84	1381	43.2	600.4	752.5	2.9
85	1481	28.3	630.3	749.5	−2.3
86	1481	30.8	630.3	749.5	−2.0
87	1481	33.3	630.3	749.5	−1.1
88	1481	35.8	630.3	749.5	0.1
89	1481	38.2	630.3	749.5	1.0
90	1481	40.7	630.3	749.5	2.0
91	1481	43.2	630.3	749.5	2.9
92	1581	28.3	656.6	746.5	−2.3
93	1581	30.8	656.6	746.5	−2.0
94	1581	33.3	656.6	746.5	−1.1
95	1581	35.8	656.6	746.5	0.1
96	1581	38.2	656.6	746.5	1.0
97	1581	40.7	656.6	746.5	2.0
98	1581	43.2	656.6	746.5	2.9
99	1681	28.3	679.2	743.6	−2.4
100	1681	30.8	679.2	743.6	−2.0

续表

序号	下泄流量/(m³·s⁻¹)	峡江库水位/m	发电出力/MW	航运效益/万元	SSDI
101	1681	33.3	679.2	743.6	−1.1
102	1681	35.8	679.2	743.6	0.1
103	1681	38.2	679.2	743.6	1.0
104	1681	40.7	679.2	743.6	2.0
105	1681	43.2	679.2	743.6	2.9
106	1781	28.3	705.7	740.6	−2.5
107	1781	30.8	705.7	740.6	−2.0
108	1781	33.3	705.7	740.6	−1.1
109	1781	35.8	705.7	740.6	0.1
110	1781	38.2	705.7	740.6	1.0
111	1781	40.7	705.7	740.6	2.0
112	1781	43.2	705.7	740.6	2.9
113	1881	28.3	723.5	737.8	−2.5
114	1881	30.8	723.5	737.8	−2.0
115	1881	33.3	723.5	737.8	−1.1
116	1881	35.8	723.5	737.8	0.1
117	1881	38.2	723.5	737.8	1.0
118	1881	40.7	723.5	737.8	2.0
119	1881	43.2	723.5	737.8	2.9
120	1981	28.3	736.5	735.2	−2.6
121	1981	30.8	736.5	735.2	−2.0
122	1981	33.3	736.5	735.2	−1.1
123	1981	35.8	736.5	735.2	0.1
124	1981	38.2	736.5	735.2	1.0
125	1981	40.7	736.5	735.2	2.0

续表

序号	下泄流量/(m³·s⁻¹)	峡江库水位/m	发电出力/MW	航运效益/万元	SSDI
126	1981	43.2	736.5	735.2	2.9
127	2081	28.3	751.8	733.0	−2.7
128	2081	30.8	751.8	733.0	−2.1
129	2081	33.3	751.8	733.0	−1.1
130	2081	35.8	751.8	733.0	0.1
131	2081	38.2	751.8	733.0	1.0
132	2081	40.7	751.8	733.0	2.0
133	2081	43.2	751.8	733.0	2.9
134	2181	28.3	755.8	731.6	−2.8
135	2181	30.8	755.8	731.6	−2.1
136	2181	33.3	755.8	731.6	−1.2
137	2181	35.8	755.8	731.6	0.1
138	2181	38.2	755.8	731.6	1.0
139	2181	40.7	755.8	731.6	2.0
140	2181	43.2	755.8	731.6	2.9
141	2281	28.3	751.6	731.9	−2.8
142	2281	30.8	751.6	731.9	−2.1
143	2281	33.3	751.6	731.9	−1.2
144	2281	35.8	751.6	731.9	0.1
145	2281	38.2	751.6	731.9	1.0
146	2281	40.7	751.6	731.9	2.0
147	2281	43.2	751.6	731.9	2.9
148	2381	28.3	736.7	735.8	−2.9
149	2381	30.8	736.7	735.8	−2.1
150	2381	33.3	736.7	735.8	−1.2
151	2381	35.8	736.7	735.8	0.1
152	2381	38.2	736.7	735.8	1.0
153	2381	40.7	736.7	735.8	2.0
154	2381	43.2	736.7	735.8	2.9

附表6　主汛期破坏率25%下研究区经济效益模拟

序号	下泄流量/(m³·s⁻¹)	峡江库水位/m	发电出力/MW	航运效益/万元	SSDI
1	281	28.3	154.5	1115.5	-1.3
2	281	30.8	154.5	1115.5	-1.7
3	281	33.3	154.5	1115.5	-1.1
4	281	35.8	154.5	1115.5	0.1
5	281	38.2	154.5	1115.5	1.0
6	281	40.7	154.5	1115.5	2.0
7	281	43.2	154.5	1115.5	2.9
8	381	28.3	202.0	1109.9	-1.4
9	381	30.8	202.0	1109.9	-1.7
10	381	33.3	202.0	1109.9	-1.1
11	381	35.8	202.0	1109.9	0.1
12	381	38.2	202.0	1109.9	1.0
13	381	40.7	202.0	1109.9	2.0
14	381	43.2	202.0	1109.9	2.9
15	481	28.3	255.6	1104.4	-1.5
16	481	30.8	255.6	1104.4	-1.7
17	481	33.3	255.6	1104.4	-1.1
18	481	35.8	255.6	1104.4	0.1
19	481	38.2	255.6	1104.4	1.0
20	481	40.7	255.6	1104.4	2.0
21	481	43.2	255.6	1104.4	2.9
22	581	28.3	305.5	1099.2	-1.5
23	581	30.8	305.5	1099.2	-1.8
24	581	33.3	305.5	1099.2	-1.1
25	581	35.8	305.5	1099.2	0.1

续表

序号	下泄流量/(m³·s⁻¹)	峡江库水位/m	发电出力/MW	航运效益/万元	SSDI
26	581	38.2	305.5	1099.2	1.0
27	581	40.7	305.5	1099.2	2.0
28	581	43.2	305.5	1099.2	2.9
29	681	28.3	350.8	1094.1	−1.6
30	681	30.8	350.8	1094.1	−1.8
31	681	33.3	350.8	1094.1	−1.1
32	681	35.8	350.8	1094.1	0.1
33	681	38.2	350.8	1094.1	1.0
34	681	40.7	350.8	1094.1	2.0
35	681	43.2	350.8	1094.1	2.9
36	781	28.3	397.6	1089.2	−1.7
37	781	30.8	397.6	1089.2	−1.8
38	781	33.3	397.6	1089.2	−1.1
39	781	35.8	397.6	1089.2	0.1
40	781	38.2	397.6	1089.2	1.0
41	781	40.7	397.6	1089.2	2.0
42	781	43.2	397.6	1089.2	2.9
43	881	28.3	442.1	1084.4	−1.7
44	881	30.8	442.1	1084.4	−1.8
45	881	33.3	442.1	1084.4	−1.1
46	881	35.8	442.1	1084.4	0.1
47	881	38.2	442.1	1084.4	1.0
48	881	40.7	442.1	1084.4	2.0
49	881	43.2	442.1	1084.4	2.9
50	981	28.3	483.0	1079.8	−1.8

续表

序号	下泄流量/(m³·s⁻¹)	峡江库水位/m	发电出力/MW	航运效益/万元	SSDI
51	981	30.8	483.0	1079.8	-1.8
52	981	33.3	483.0	1079.8	-1.1
53	981	35.8	483.0	1079.8	0.1
54	981	38.2	483.0	1079.8	1.0
55	981	40.7	483.0	1079.8	2.0
56	981	43.2	483.0	1079.8	2.9
57	1081	28.3	524.9	1075.2	-1.9
58	1081	30.8	524.9	1075.2	-1.9
59	1081	33.3	524.9	1075.2	-1.1
60	1081	35.8	524.9	1075.2	0.1
61	1081	38.2	524.9	1075.2	1.0
62	1081	40.7	524.9	1075.2	2.0
63	1081	43.2	524.9	1075.2	2.9
64	1181	28.3	564.1	1070.7	-1.9
65	1181	30.8	564.1	1070.7	-1.9
66	1181	33.3	564.1	1070.7	-1.1
67	1181	35.8	564.1	1070.7	0.1
68	1181	38.2	564.1	1070.7	1.0
69	1181	40.7	564.1	1070.7	2.0
70	1181	43.2	564.1	1070.7	2.9
71	1281	28.3	600.2	1066.2	-2.0
72	1281	30.8	600.2	1066.2	-1.9
73	1281	33.3	600.2	1066.2	-1.1
74	1281	35.8	600.2	1066.2	0.1
75	1281	38.2	600.2	1066.2	1.0

续表

序号	下泄流量/(m³·s⁻¹)	峡江库水位/m	发电出力/MW	航运效益/万元	SSDI
76	1281	40.7	600.2	1066.2	2.0
77	1281	43.2	600.2	1066.2	2.9
78	1381	28.3	637.1	1061.9	−2.0
79	1381	30.8	637.1	1061.9	−1.9
80	1381	33.3	637.1	1061.9	−1.1
81	1381	35.8	637.1	1061.9	0.1
82	1381	38.2	637.1	1061.9	1.0
83	1381	40.7	637.1	1061.9	2.0
84	1381	43.2	637.1	1061.9	2.9
85	1481	28.3	670.8	1057.5	−2.1
86	1481	30.8	670.8	1057.5	−1.9
87	1481	33.3	670.8	1057.5	−1.1
88	1481	35.8	670.8	1057.5	0.1
89	1481	38.2	670.8	1057.5	1.0
90	1481	40.7	670.8	1057.5	2.0
91	1481	43.2	670.8	1057.5	2.9
92	1581	28.3	701.3	1053.2	−2.2
93	1581	30.8	701.3	1053.2	−1.9
94	1581	33.3	701.3	1053.2	−1.1
95	1581	35.8	701.3	1053.2	0.1
96	1581	38.2	701.3	1053.2	1.0
97	1581	40.7	701.3	1053.2	2.0
98	1581	43.2	701.3	1053.2	2.9
99	1681	28.3	728.6	1048.8	−2.2
100	1681	30.8	728.6	1048.8	−2.0

续表

序号	下泄流量/(m³·s⁻¹)	峡江库水位/m	发电出力/MW	航运效益/万元	SSDI
101	1681	33.3	728.6	1048.8	−1.1
102	1681	35.8	728.6	1048.8	0.1
103	1681	38.2	728.6	1048.8	1.0
104	1681	40.7	728.6	1048.8	2.0
105	1681	43.2	728.6	1048.8	2.9
106	1781	28.3	760.3	1044.5	−2.3
107	1781	30.8	760.3	1044.5	−2.0
108	1781	33.3	760.3	1044.5	−1.1
109	1781	35.8	760.3	1044.5	0.1
110	1781	38.2	760.3	1044.5	1.0
111	1781	40.7	760.3	1044.5	2.0
112	1781	43.2	760.3	1044.5	2.9
113	1881	28.3	784.4	1040.2	−2.4
114	1881	30.8	784.4	1040.2	−2.0
115	1881	33.3	784.4	1040.2	−1.1
116	1881	35.8	784.4	1040.2	0.1
117	1881	38.2	784.4	1040.2	1.0
118	1881	40.7	784.4	1040.2	2.0
119	1881	43.2	784.4	1040.2	2.9
120	1981	28.3	805.1	1035.9	−2.4
121	1981	30.8	805.1	1035.9	−2.0
122	1981	33.3	805.1	1035.9	−1.1
123	1981	35.8	805.1	1035.9	0.1
124	1981	38.2	805.1	1035.9	1.0
125	1981	40.7	805.1	1035.9	2.0

续表

序号	下泄流量/(m³·s⁻¹)	峡江库水位/m	发电出力/MW	航运效益/万元	SSDI
126	1981	43.2	805.1	1035.9	2.9
127	2081	28.3	829.3	1031.6	−2.5
128	2081	30.8	829.3	1031.6	−2.0
129	2081	33.3	829.3	1031.6	−1.1
130	2081	35.8	829.3	1031.6	0.1
131	2081	38.2	829.3	1031.6	1.0
132	2081	40.7	829.3	1031.6	2.0
133	2081	43.2	829.3	1031.6	2.9
134	2181	28.3	845.2	1027.3	−2.6
135	2181	30.8	845.2	1027.3	−2.0
136	2181	33.3	845.2	1027.3	−1.1
137	2181	35.8	845.2	1027.3	0.1
138	2181	38.2	845.2	1027.3	1.0
139	2181	40.7	845.2	1027.3	2.0
140	2181	43.2	845.2	1027.3	2.9
141	2281	28.3	856.7	1023.1	−2.6
142	2281	30.8	856.7	1023.1	−2.0
143	2281	33.3	856.7	1023.1	−1.1
144	2281	35.8	856.7	1023.1	0.1
145	2281	38.2	856.7	1023.1	1.0
146	2281	40.7	856.7	1023.1	2.0
147	2281	43.2	856.7	1023.1	2.9
148	2381	28.3	863.3	1019.2	−2.7
149	2381	30.8	863.3	1019.2	−2.1
150	2381	33.3	863.3	1019.2	−1.1
151	2381	35.8	863.3	1019.2	0.1
152	2381	38.2	863.3	1019.2	1.0
153	2381	40.7	863.3	1019.2	2.0
154	2381	43.2	863.3	1019.2	2.9

附表 7 后汛期破坏率 1% 下研究区经济效益模拟

序号	下泄流量/($m^3 \cdot s^{-1}$)	峡江库水位/m	发电出力/MW	航运效益/万元	SSDI
1	281	28.3	141.2	401.4	-1.7
2	281	30.8	141.2	401.4	-1.8
3	281	33.3	141.2	401.4	-1.1
4	281	35.8	141.2	401.4	0.1
5	281	38.2	141.2	401.4	1.0
6	281	40.7	141.2	401.4	2.0
7	281	43.2	141.2	401.4	2.9
8	381	28.3	184.3	399.7	-1.7
9	381	30.8	184.3	399.7	-1.8
10	381	33.3	184.3	399.7	-1.1
11	381	35.8	184.3	399.7	0.1
12	381	38.2	184.3	399.7	1.0
13	381	40.7	184.3	399.7	2.0
14	381	43.2	184.3	399.7	2.9
15	481	28.3	233.0	398.1	-1.8
16	481	30.8	233.0	398.1	-1.8
17	481	33.3	233.0	398.1	-1.1
18	481	35.8	233.0	398.1	0.1
19	481	38.2	233.0	398.1	1.0
20	481	40.7	233.0	398.1	2.0
21	481	43.2	233.0	398.1	2.9
22	581	28.3	277.9	396.5	-1.9
23	581	30.8	277.9	396.5	-1.9
24	581	33.3	277.9	396.5	-1.1
25	581	35.8	277.9	396.5	0.1

续表

序号	下泄流量/(m³·s⁻¹)	峡江库水位/m	发电出力/MW	航运效益/万元	SSDI
26	581	38.2	277.9	396.5	1.0
27	581	40.7	277.9	396.5	2.0
28	581	43.2	277.9	396.5	2.9
29	681	28.3	318.2	394.9	−1.9
30	681	30.8	318.2	394.9	−1.9
31	681	33.3	318.2	394.9	−1.1
32	681	35.8	318.2	394.9	0.1
33	681	38.2	318.2	394.9	1.0
34	681	40.7	318.2	394.9	2.0
35	681	43.2	318.2	394.9	2.9
36	781	28.3	360.0	393.4	−2.0
37	781	30.8	360.0	393.4	−1.9
38	781	33.3	360.0	393.4	−1.1
39	781	35.8	360.0	393.4	0.1
40	781	38.2	360.0	393.4	1.0
41	781	40.7	360.0	393.4	2.0
42	781	43.2	360.0	393.4	2.9
43	881	28.3	398.9	392.0	−2.1
44	881	30.8	398.9	392.0	−1.9
45	881	33.3	398.9	392.0	−1.1
46	881	35.8	398.9	392.0	0.1
47	881	38.2	398.9	392.0	1.0
48	881	40.7	398.9	392.0	2.0
49	881	43.2	398.9	392.0	2.9
50	981	28.3	434.0	390.5	−2.1

续表

序号	下泄流量/(m³·s⁻¹)	峡江库水位/m	发电出力/MW	航运效益/万元	SSDI
51	981	30.8	434.0	390.5	−1.9
52	981	33.3	434.0	390.5	−1.1
53	981	35.8	434.0	390.5	0.1
54	981	38.2	434.0	390.5	1.0
55	981	40.7	434.0	390.5	2.0
56	981	43.2	434.0	390.5	2.9
57	1081	28.3	470.0	389.2	−2.2
58	1081	30.8	470.0	389.2	−1.9
59	1081	33.3	470.0	389.2	−1.1
60	1081	35.8	470.0	389.2	0.1
61	1081	38.2	470.0	389.2	1.0
62	1081	40.7	470.0	389.2	2.0
63	1081	43.2	470.0	389.2	2.9
64	1181	28.3	502.3	387.9	−2.2
65	1181	30.8	502.3	387.9	−2.0
66	1181	33.3	502.3	387.9	−1.1
67	1181	35.8	502.3	387.9	0.1
68	1181	38.2	502.3	387.9	1.0
69	1181	40.7	502.3	387.9	2.0
70	1181	43.2	502.3	387.9	2.9
71	1281	28.3	530.6	386.7	−2.3
72	1281	30.8	530.6	386.7	−2.0
73	1281	33.3	530.6	386.7	−1.1
74	1281	35.8	530.6	386.7	0.1
75	1281	38.2	530.6	386.7	1.0

续表

序号	下泄流量/(m³·s⁻¹)	峡江库水位/m	发电出力/MW	航运效益/万元	SSDI
76	1281	40.7	530.6	386.7	2.0
77	1281	43.2	530.6	386.7	2.9
78	1381	28.3	559.6	385.7	−2.4
79	1381	30.8	559.6	385.7	−2.0
80	1381	33.3	559.6	385.7	−1.1
81	1381	35.8	559.6	385.7	0.1
82	1381	38.2	559.6	385.7	1.0
83	1381	40.7	559.6	385.7	2.0
84	1381	43.2	559.6	385.7	2.9
85	1481	28.3	583.3	384.8	−2.5
86	1481	30.8	583.3	384.8	−2.0
87	1481	33.3	583.3	384.8	−1.1
88	1481	35.8	583.3	384.8	0.1
89	1481	38.2	583.3	384.8	1.0
90	1481	40.7	583.3	384.8	2.0
91	1481	43.2	583.3	384.8	2.9
92	1581	28.3	602.2	384.3	−2.5
93	1581	30.8	602.2	384.3	−2.0
94	1581	33.3	602.2	384.3	−1.1
95	1581	35.8	602.2	384.3	0.1
96	1581	38.2	602.2	384.3	1.0
97	1581	40.7	602.2	384.3	2.0
98	1581	43.2	602.2	384.3	2.9
99	1681	28.3	615.5	384.3	−2.6
100	1681	30.8	615.5	384.3	−2.0

续表

序号	下泄流量/(m³·s⁻¹)	峡江库水位/m	发电出力/MW	航运效益/万元	SSDI
101	1681	33.3	615.5	384.3	−1.1
102	1681	35.8	615.5	384.3	0.1
103	1681	38.2	615.5	384.3	1.0
104	1681	40.7	615.5	384.3	2.0
105	1681	43.2	615.5	384.3	2.9
106	1781	28.3	630.9	385.4	−2.7
107	1781	30.8	630.9	385.4	−2.1
108	1781	33.3	630.9	385.4	−1.1
109	1781	35.8	630.9	385.4	0.1
110	1781	38.2	630.9	385.4	1.0
111	1781	40.7	630.9	385.4	2.0
112	1781	43.2	630.9	385.4	2.9
113	1881	28.3	632.7	388.5	−2.8
114	1881	30.8	632.7	388.5	−2.1
115	1881	33.3	632.7	388.5	−1.2
116	1881	35.8	632.7	388.5	0.1
117	1881	38.2	632.7	388.5	1.0
118	1881	40.7	632.7	388.5	2.0
119	1881	43.2	632.7	388.5	2.9
120	1981	28.3	623.2	395.8	−2.9
121	1981	30.8	623.2	395.8	−2.1
122	1981	33.3	623.2	395.8	−1.2
123	1981	35.8	623.2	395.8	0.1
124	1981	38.2	623.2	395.8	1.0
125	1981	40.7	623.2	395.8	2.0

续表

序号	下泄流量/($m^3 \cdot s^{-1}$)	峡江库水位/m	发电出力/MW	航运效益/万元	SSDI
126	1981	43.2	623.2	395.8	2.9
127	2081	28.3	606.6	413.7	−2.9
128	2081	30.8	606.6	413.7	−2.1
129	2081	33.3	606.6	413.7	−1.2
130	2081	35.8	606.6	413.7	0.1
131	2081	38.2	606.6	413.7	1.0
132	2081	40.7	606.6	413.7	2.0
133	2081	43.2	606.6	413.7	2.9
134	2181	28.3	548.8	460.5	−3.0
135	2181	30.8	548.8	460.5	−2.1
136	2181	33.3	548.8	460.5	−1.2
137	2181	35.8	548.8	460.5	0.1
138	2181	38.2	548.8	460.5	1.0
139	2181	40.7	548.8	460.5	2.0
140	2181	43.2	548.8	460.5	2.9
141	2281	28.3	493.4	584.7	−3.0
142	2281	30.8	493.4	584.7	−2.1
143	2281	33.3	493.4	584.7	−1.2
144	2281	35.8	493.4	584.7	0.0
145	2281	38.2	493.4	584.7	1.0
146	2281	40.7	493.4	584.7	2.0
147	2281	43.2	493.4	584.7	2.9
148	2381	28.3	473.5	845.1	−3.0
149	2381	30.8	473.5	845.1	−2.1
150	2381	33.3	473.5	845.1	−1.2
151	2381	35.8	473.5	845.1	0.0
152	2381	38.2	473.5	845.1	1.0
153	2381	40.7	473.5	845.1	2.0
154	2381	43.2	473.5	845.1	2.9

附表8 后汛期破坏率5%下研究区经济效益模拟

序号	下泄流量/(m³·s⁻¹)	峡江库水位/m	发电出力/MW	航运效益/万元	SSDI
1	281	28.3	141.2	401.4	−1.7
2	281	30.8	141.2	401.4	−1.8
3	281	33.3	141.2	401.4	−1.1
4	281	35.8	141.2	401.4	0.1
5	281	38.2	141.2	401.4	1.0
6	281	40.7	141.2	401.4	2.0
7	281	43.2	141.2	401.4	2.9
8	381	28.3	184.3	399.7	−1.7
9	381	30.8	184.3	399.7	−1.8
10	381	33.3	184.3	399.7	−1.1
11	381	35.8	184.3	399.7	0.1
12	381	38.2	184.3	399.7	1.0
13	381	40.7	184.3	399.7	2.0
14	381	43.2	184.3	399.7	2.9
15	481	28.3	233.0	398.1	−1.8
16	481	30.8	233.0	398.1	−1.8
17	481	33.3	233.0	398.1	−1.1
18	481	35.8	233.0	398.1	0.1
19	481	38.2	233.0	398.1	1.0
20	481	40.7	233.0	398.1	2.0
21	481	43.2	233.0	398.1	2.9
22	581	28.3	277.9	396.5	−1.9
23	581	30.8	277.9	396.5	−1.9
24	581	33.3	277.9	396.5	−1.1
25	581	35.8	277.9	396.5	0.1

续表

序号	下泄流量/(m³·s⁻¹)	峡江库水位/m	发电出力/MW	航运效益/万元	SSDI
26	581	38.2	277.9	396.5	1.0
27	581	40.7	277.9	396.5	2.0
28	581	43.2	277.9	396.5	2.9
29	681	28.3	318.2	394.9	−1.9
30	681	30.8	318.2	394.9	−1.9
31	681	33.3	318.2	394.9	−1.1
32	681	35.8	318.2	394.9	0.1
33	681	38.2	318.2	394.9	1.0
34	681	40.7	318.2	394.9	2.0
35	681	43.2	318.2	394.9	2.9
36	781	28.3	360.0	393.4	−2.0
37	781	30.8	360.0	393.4	−1.9
38	781	33.3	360.0	393.4	−1.1
39	781	35.8	360.0	393.4	0.1
40	781	38.2	360.0	393.4	1.0
41	781	40.7	360.0	393.4	2.0
42	781	43.2	360.0	393.4	2.9
43	881	28.3	398.9	392.0	−2.1
44	881	30.8	398.9	392.0	−1.9
45	881	33.3	398.9	392.0	−1.1
46	881	35.8	398.9	392.0	0.1
47	881	38.2	398.9	392.0	1.0
48	881	40.7	398.9	392.0	2.0
49	881	43.2	398.9	392.0	2.9
50	981	28.3	434.0	390.5	−2.1

续表

序号	下泄流量/(m³·s⁻¹)	峡江库水位/m	发电出力/MW	航运效益/万元	SSDI
51	981	30.8	434.0	390.5	-1.9
52	981	33.3	434.0	390.5	-1.1
53	981	35.8	434.0	390.5	0.1
54	981	38.2	434.0	390.5	1.0
55	981	40.7	434.0	390.5	2.0
56	981	43.2	434.0	390.5	2.9
57	1081	28.3	470.0	389.2	-2.2
58	1081	30.8	470.0	389.2	-1.9
59	1081	33.3	470.0	389.2	-1.1
60	1081	35.8	470.0	389.2	0.1
61	1081	38.2	470.0	389.2	1.0
62	1081	40.7	470.0	389.2	2.0
63	1081	43.2	470.0	389.2	2.9
64	1181	28.3	502.3	387.9	-2.2
65	1181	30.8	502.3	387.9	-2.0
66	1181	33.3	502.3	387.9	-1.1
67	1181	35.8	502.3	387.9	0.1
68	1181	38.2	502.3	387.9	1.0
69	1181	40.7	502.3	387.9	2.0
70	1181	43.2	502.3	387.9	2.9
71	1281	28.3	530.6	386.7	-2.3
72	1281	30.8	530.6	386.7	-2.0
73	1281	33.3	530.6	386.7	-1.1
74	1281	35.8	530.6	386.7	0.1
75	1281	38.2	530.6	386.7	1.0

续表

序号	下泄流量/(m³·s⁻¹)	峡江库水位/m	发电出力/MW	航运效益/万元	SSDI
76	1281	40.7	530.6	386.7	2.0
77	1281	43.2	530.6	386.7	2.9
78	1381	28.3	559.6	385.7	−2.4
79	1381	30.8	559.6	385.7	−2.0
80	1381	33.3	559.6	385.7	−1.1
81	1381	35.8	559.6	385.7	0.1
82	1381	38.2	559.6	385.7	1.0
83	1381	40.7	559.6	385.7	2.0
84	1381	43.2	559.6	385.7	2.9
85	1481	28.3	583.3	384.8	−2.5
86	1481	30.8	583.3	384.8	−2.0
87	1481	33.3	583.3	384.8	−1.1
88	1481	35.8	583.3	384.8	0.1
89	1481	38.2	583.3	384.8	1.0
90	1481	40.7	583.3	384.8	2.0
91	1481	43.2	583.3	384.8	2.9
92	1581	28.3	602.2	384.3	−2.5
93	1581	30.8	602.2	384.3	−2.0
94	1581	33.3	602.2	384.3	−1.1
95	1581	35.8	602.2	384.3	0.1
96	1581	38.2	602.2	384.3	1.0
97	1581	40.7	602.2	384.3	2.0
98	1581	43.2	602.2	384.3	2.9
99	1681	28.3	615.5	384.3	−2.6
100	1681	30.8	615.5	384.3	−2.0

续表

序号	下泄流量/(m³·s⁻¹)	峡江库水位/m	发电出力/MW	航运效益/万元	SSDI
101	1681	33.3	615.5	384.3	−1.1
102	1681	35.8	615.5	384.3	0.1
103	1681	38.2	615.5	384.3	1.0
104	1681	40.7	615.5	384.3	2.0
105	1681	43.2	615.5	384.3	2.9
106	1781	28.3	630.9	385.4	−2.7
107	1781	30.8	630.9	385.4	−2.1
108	1781	33.3	630.9	385.4	−1.1
109	1781	35.8	630.9	385.4	0.1
110	1781	38.2	630.9	385.4	1.0
111	1781	40.7	630.9	385.4	2.0
112	1781	43.2	630.9	385.4	2.9
113	1881	28.3	632.7	388.5	−2.8
114	1881	30.8	632.7	388.5	−2.1
115	1881	33.3	632.7	388.5	−1.2
116	1881	35.8	632.7	388.5	0.1
117	1881	38.2	632.7	388.5	1.0
118	1881	40.7	632.7	388.5	2.0
119	1881	43.2	632.7	388.5	2.9
120	1981	28.3	623.2	395.8	−2.9
121	1981	30.8	623.2	395.8	−2.1
122	1981	33.3	623.2	395.8	−1.2
123	1981	35.8	623.2	395.8	0.1
124	1981	38.2	623.2	395.8	1.0
125	1981	40.7	623.2	395.8	2.0

续表

序号	下泄流量/(m³·s⁻¹)	峡江库水位/m	发电出力/MW	航运效益/万元	SSDI
126	1981	43.2	623.2	395.8	2.9
127	2081	28.3	606.6	413.7	−2.9
128	2081	30.8	606.6	413.7	−2.1
129	2081	33.3	606.6	413.7	−1.2
130	2081	35.8	606.6	413.7	0.1
131	2081	38.2	606.6	413.7	1.0
132	2081	40.7	606.6	413.7	2.0
133	2081	43.2	606.6	413.7	2.9
134	2181	28.3	548.8	460.5	−3.0
135	2181	30.8	548.8	460.5	−2.1
136	2181	33.3	548.8	460.5	−1.2
137	2181	35.8	548.8	460.5	0.1
138	2181	38.2	548.8	460.5	1.0
139	2181	40.7	548.8	460.5	2.0
140	2181	43.2	548.8	460.5	2.9
141	2281	28.3	493.4	584.7	−3.0
142	2281	30.8	493.4	584.7	−2.1
143	2281	33.3	493.4	584.7	−1.2
144	2281	35.8	493.4	584.7	0.0
145	2281	38.2	493.4	584.7	1.0
146	2281	40.7	493.4	584.7	2.0
147	2281	43.2	493.4	584.7	2.9
148	2381	28.3	473.5	845.1	−3.0
149	2381	30.8	473.5	845.1	−2.1
150	2381	33.3	473.5	845.1	−1.2
151	2381	35.8	473.5	845.1	0.0
152	2381	38.2	473.5	845.1	1.0
153	2381	40.7	473.5	845.1	2.0
154	2381	43.2	473.5	845.1	2.9

附表9 后汛期破坏率10%下研究区经济效益模拟

序号	下泄流量/(m³·s⁻¹)	峡江库水位/m	发电出力/MW	航运效益/万元	SSDI
1	281	28.3	151.9	783.9	−1.4
2	281	30.8	151.9	783.9	−1.7
3	281	33.3	151.9	783.9	−1.1
4	281	35.8	151.9	783.9	0.1
5	281	38.2	151.9	783.9	1.0
6	281	40.7	151.9	783.9	2.0
7	281	43.2	151.9	783.9	2.9
8	381	28.3	198.6	780.1	−1.5
9	381	30.8	198.6	780.1	−1.7
10	381	33.3	198.6	780.1	−1.1
11	381	35.8	198.6	780.1	0.1
12	381	38.2	198.6	780.1	1.0
13	381	40.7	198.6	780.1	2.0
14	381	43.2	198.6	780.1	2.9
15	481	28.3	251.3	776.5	−1.6
16	481	30.8	251.3	776.5	−1.8
17	481	33.3	251.3	776.5	−1.1
18	481	35.8	251.3	776.5	0.1
19	481	38.2	251.3	776.5	1.0
20	481	40.7	251.3	776.5	2.0
21	481	43.2	251.3	776.5	2.9
22	581	28.3	300.3	773.0	−1.7
23	581	30.8	300.3	773.0	−1.8
24	581	33.3	300.3	773.0	−1.1
25	581	35.8	300.3	773.0	0.1

续表

序号	下泄流量/(m³·s⁻¹)	峡江库水位/m	发电出力/MW	航运效益/万元	SSDI
26	581	38.2	300.3	773.0	1.0
27	581	40.7	300.3	773.0	2.0
28	581	43.2	300.3	773.0	2.9
29	681	28.3	344.8	769.6	−1.7
30	681	30.8	344.8	769.6	−1.8
31	681	33.3	344.8	769.6	−1.1
32	681	35.8	344.8	769.6	0.1
33	681	38.2	344.8	769.6	1.0
34	681	40.7	344.8	769.6	2.0
35	681	43.2	344.8	769.6	2.9
36	781	28.3	390.8	766.3	−1.8
37	781	30.8	390.8	766.3	−1.8
38	781	33.3	390.8	766.3	−1.1
39	781	35.8	390.8	766.3	0.1
40	781	38.2	390.8	766.3	1.0
41	781	40.7	390.8	766.3	2.0
42	781	43.2	390.8	766.3	2.9
43	881	28.3	434.4	763.0	−1.8
44	881	30.8	434.4	763.0	−1.9
45	881	33.3	434.4	763.0	−1.1
46	881	35.8	434.4	763.0	0.1
47	881	38.2	434.4	763.0	1.0
48	881	40.7	434.4	763.0	2.0
49	881	43.2	434.4	763.0	2.9
50	981	28.3	474.3	759.8	−1.9

续表

序号	下泄流量/(m³·s⁻¹)	峡江库水位/m	发电出力/MW	航运效益/万元	SSDI
51	981	30.8	474.3	759.8	−1.9
52	981	33.3	474.3	759.8	−1.1
53	981	35.8	474.3	759.8	0.1
54	981	38.2	474.3	759.8	1.0
55	981	40.7	474.3	759.8	2.0
56	981	43.2	474.3	759.8	2.9
57	1081	28.3	515.4	756.7	−2.0
58	1081	30.8	515.4	756.7	−1.9
59	1081	33.3	515.4	756.7	−1.1
60	1081	35.8	515.4	756.7	0.1
61	1081	38.2	515.4	756.7	1.0
62	1081	40.7	515.4	756.7	2.0
63	1081	43.2	515.4	756.7	2.9
64	1181	28.3	553.5	753.6	−2.0
65	1181	30.8	553.5	753.6	−1.9
66	1181	33.3	553.5	753.6	−1.1
67	1181	35.8	553.5	753.6	0.1
68	1181	38.2	553.5	753.6	1.0
69	1181	40.7	553.5	753.6	2.0
70	1181	43.2	553.5	753.6	2.9
71	1281	28.3	588.4	750.6	−2.1
72	1281	30.8	588.4	750.6	−1.9
73	1281	33.3	588.4	750.6	−1.1
74	1281	35.8	588.4	750.6	0.1
75	1281	38.2	588.4	750.6	1.0

续表

序号	下泄流量/(m³·s⁻¹)	峡江库水位/m	发电出力/MW	航运效益/万元	SSDI
76	1281	40.7	588.4	750.6	2.0
77	1281	43.2	588.4	750.6	2.9
78	1381	28.3	624.3	747.6	−2.2
79	1381	30.8	624.3	747.6	−1.9
80	1381	33.3	624.3	747.6	−1.1
81	1381	35.8	624.3	747.6	0.1
82	1381	38.2	624.3	747.6	1.0
83	1381	40.7	624.3	747.6	2.0
84	1381	43.2	624.3	747.6	2.9
85	1481	28.3	656.6	744.6	−2.2
86	1481	30.8	656.6	744.6	−2.0
87	1481	33.3	656.6	744.6	−1.1
88	1481	35.8	656.6	744.6	0.1
89	1481	38.2	656.6	744.6	1.0
90	1481	40.7	656.6	744.6	2.0
91	1481	43.2	656.6	744.6	2.9
92	1581	28.3	685.7	741.7	−2.3
93	1581	30.8	685.7	741.7	−2.0
94	1581	33.3	685.7	741.7	−1.1
95	1581	35.8	685.7	741.7	0.1
96	1581	38.2	685.7	741.7	1.0
97	1581	40.7	685.7	741.7	2.0
98	1581	43.2	685.7	741.7	2.9
99	1681	28.3	711.3	738.7	−2.3
100	1681	30.8	711.3	738.7	−2.0

续表

序号	下泄流量/(m³·s⁻¹)	峡江库水位/m	发电出力/MW	航运效益/万元	SSDI
101	1681	33.3	711.3	738.7	-1.1
102	1681	35.8	711.3	738.7	0.1
103	1681	38.2	711.3	738.7	1.0
104	1681	40.7	711.3	738.7	2.0
105	1681	43.2	711.3	738.7	2.9
106	1781	28.3	741.1	735.9	-2.4
107	1781	30.8	741.1	735.9	-2.0
108	1781	33.3	741.1	735.9	-1.1
109	1781	35.8	741.1	735.9	0.1
110	1781	38.2	741.1	735.9	1.0
111	1781	40.7	741.1	735.9	2.0
112	1781	43.2	741.1	735.9	2.9
113	1881	28.3	762.9	733.1	-2.5
114	1881	30.8	762.9	733.1	-2.0
115	1881	33.3	762.9	733.1	-1.1
116	1881	35.8	762.9	733.1	0.1
117	1881	38.2	762.9	733.1	1.0
118	1881	40.7	762.9	733.1	2.0
119	1881	43.2	762.9	733.1	2.9
120	1981	28.3	780.8	730.4	-2.5
121	1981	30.8	780.8	730.4	-2.0
122	1981	33.3	780.8	730.4	-1.1
123	1981	35.8	780.8	730.4	0.1
124	1981	38.2	780.8	730.4	1.0
125	1981	40.7	780.8	730.4	2.0

续表

序号	下泄流量/(m³·s⁻¹)	峡江库水位/m	发电出力/MW	航运效益/万元	SSDI
126	1981	43.2	780.8	730.4	2.9
127	2081	28.3	801.9	727.8	−2.6
128	2081	30.8	801.9	727.8	−2.0
129	2081	33.3	801.9	727.8	−1.1
130	2081	35.8	801.9	727.8	0.1
131	2081	38.2	801.9	727.8	1.0
132	2081	40.7	801.9	727.8	2.0
133	2081	43.2	801.9	727.8	2.9
134	2181	28.3	813.7	725.6	−2.7
135	2181	30.8	813.7	725.6	−2.1
136	2181	33.3	813.7	725.6	−1.1
137	2181	35.8	813.7	725.6	0.1
138	2181	38.2	813.7	725.6	1.0
139	2181	40.7	813.7	725.6	2.0
140	2181	43.2	813.7	725.6	2.9
141	2281	28.3	820.0	724.0	−2.7
142	2281	30.8	820.0	724.0	−2.1
143	2281	33.3	820.0	724.0	−1.1
144	2281	35.8	820.0	724.0	0.1
145	2281	38.2	820.0	724.0	1.0
146	2281	40.7	820.0	724.0	2.0
147	2281	43.2	820.0	724.0	2.9
148	2381	28.3	819.6	723.4	−2.8
149	2381	30.8	819.6	723.4	−2.1
150	2381	33.3	819.6	723.4	−1.2
151	2381	35.8	819.6	723.4	0.1
152	2381	38.2	819.6	723.4	1.0
153	2381	40.7	819.6	723.4	2.0
154	2381	43.2	819.6	723.4	2.9

附表 10 后汛期破坏率 25% 下研究区经济效益模拟

序号	下泄流量/(m³·s⁻¹)	峡江库水位/m	发电出力/MW	航运效益/万元	SSDI
1	281	28.3	155.9	1024.4	−1.3
2	281	30.8	155.9	1024.4	−1.7
3	281	33.3	155.9	1024.4	−1.1
4	281	35.8	155.9	1024.4	0.1
5	281	38.2	155.9	1024.4	1.0
6	281	40.7	155.9	1024.4	2.0
7	281	43.2	155.9	1024.4	2.9
8	381	28.3	203.8	1019.0	−1.4
9	381	30.8	203.8	1019.0	−1.7
10	381	33.3	203.8	1019.0	−1.1
11	381	35.8	203.8	1019.0	0.1
12	381	38.2	203.8	1019.0	1.0
13	381	40.7	203.8	1019.0	2.0
14	381	43.2	203.8	1019.0	2.9
15	481	28.3	257.9	1013.8	−1.5
16	481	30.8	257.9	1013.8	−1.7
17	481	33.3	257.9	1013.8	−1.1
18	481	35.8	257.9	1013.8	0.1
19	481	38.2	257.9	1013.8	1.0
20	481	40.7	257.9	1013.8	2.0
21	481	43.2	257.9	1013.8	2.9
22	581	28.3	308.2	1008.8	−1.5
23	581	30.8	308.2	1008.8	−1.8
24	581	33.3	308.2	1008.8	−1.1
25	581	35.8	308.2	1008.8	0.1

续表

序号	下泄流量/($m^3 \cdot s^{-1}$)	峡江库水位/m	发电出力/MW	航运效益/万元	SSDI
26	581	38.2	308.2	1008.8	1.0
27	581	40.7	308.2	1008.8	2.0
28	581	43.2	308.2	1008.8	2.9
29	681	28.3	353.9	1004.0	−1.6
30	681	30.8	353.9	1004.0	−1.8
31	681	33.3	353.9	1004.0	−1.1
32	681	35.8	353.9	1004.0	0.1
33	681	38.2	353.9	1004.0	1.0
34	681	40.7	353.9	1004.0	2.0
35	681	43.2	353.9	1004.0	2.9
36	781	28.3	401.1	999.4	−1.7
37	781	30.8	401.1	999.4	−1.8
38	781	33.3	401.1	999.4	−1.1
39	781	35.8	401.1	999.4	0.1
40	781	38.2	401.1	999.4	1.0
41	781	40.7	401.1	999.4	2.0
42	781	43.2	401.1	999.4	2.9
43	881	28.3	446.0	994.9	−1.7
44	881	30.8	446.0	994.9	−1.8
45	881	33.3	446.0	994.9	−1.1
46	881	35.8	446.0	994.9	0.1
47	881	38.2	446.0	994.9	1.0
48	881	40.7	446.0	994.9	2.0
49	881	43.2	446.0	994.9	2.9
50	981	28.3	487.3	990.5	−1.8

续表

序号	下泄流量/(m³·s⁻¹)	峡江库水位/m	发电出力/MW	航运效益/万元	SSDI
51	981	30.8	487.3	990.5	-1.8
52	981	33.3	487.3	990.5	-1.1
53	981	35.8	487.3	990.5	0.1
54	981	38.2	487.3	990.5	1.0
55	981	40.7	487.3	990.5	2.0
56	981	43.2	487.3	990.5	2.9
57	1081	28.3	529.6	986.2	-1.9
58	1081	30.8	529.6	986.2	-1.9
59	1081	33.3	529.6	986.2	-1.1
60	1081	35.8	529.6	986.2	0.1
61	1081	38.2	529.6	986.2	1.0
62	1081	40.7	529.6	986.2	2.0
63	1081	43.2	529.6	986.2	2.9
64	1181	28.3	569.2	982.0	-1.9
65	1181	30.8	569.2	982.0	-1.9
66	1181	33.3	569.2	982.0	-1.1
67	1181	35.8	569.2	982.0	0.1
68	1181	38.2	569.2	982.0	1.0
69	1181	40.7	569.2	982.0	2.0
70	1181	43.2	569.2	982.0	2.9
71	1281	28.3	605.6	977.8	-2.0
72	1281	30.8	605.6	977.8	-1.9
73	1281	33.3	605.6	977.8	-1.1
74	1281	35.8	605.6	977.8	0.1
75	1281	38.2	605.6	977.8	1.0

续表

序号	下泄流量/(m³·s⁻¹)	峡江库水位/m	发电出力/MW	航运效益/万元	SSDI
76	1281	40.7	605.6	977.8	2.0
77	1281	43.2	605.6	977.8	2.9
78	1381	28.3	643.0	973.8	−2.1
79	1381	30.8	643.0	973.8	−1.9
80	1381	33.3	643.0	973.8	−1.1
81	1381	35.8	643.0	973.8	0.1
82	1381	38.2	643.0	973.8	1.0
83	1381	40.7	643.0	973.8	2.0
84	1381	43.2	643.0	973.8	2.9
85	1481	28.3	677.0	969.7	−2.1
86	1481	30.8	677.0	969.7	−1.9
87	1481	33.3	677.0	969.7	−1.1
88	1481	35.8	677.0	969.7	0.1
89	1481	38.2	677.0	969.7	1.0
90	1481	40.7	677.0	969.7	2.0
91	1481	43.2	677.0	969.7	2.9
92	1581	28.3	708.0	965.7	−2.2
93	1581	30.8	708.0	965.7	−1.9
94	1581	33.3	708.0	965.7	−1.1
95	1581	35.8	708.0	965.7	0.1
96	1581	38.2	708.0	965.7	1.0
97	1581	40.7	708.0	965.7	2.0
98	1581	43.2	708.0	965.7	2.9
99	1681	28.3	735.8	961.8	−2.2
100	1681	30.8	735.8	961.8	−2.0

续表

序号	下泄流量/(m³·s⁻¹)	峡江库水位/m	发电出力/MW	航运效益/万元	SSDI
101	1681	33.3	735.8	961.8	-1.1
102	1681	35.8	735.8	961.8	0.1
103	1681	38.2	735.8	961.8	1.0
104	1681	40.7	735.8	961.8	2.0
105	1681	43.2	735.8	961.8	2.9
106	1781	28.3	767.8	957.8	-2.3
107	1781	30.8	767.8	957.8	-2.0
108	1781	33.3	767.8	957.8	-1.1
109	1781	35.8	767.8	957.8	0.1
110	1781	38.2	767.8	957.8	1.0
111	1781	40.7	767.8	957.8	2.0
112	1781	43.2	767.8	957.8	2.9
113	1881	28.3	792.5	953.9	-2.4
114	1881	30.8	792.5	953.9	-2.0
115	1881	33.3	792.5	953.9	-1.1
116	1881	35.8	792.5	953.9	0.1
117	1881	38.2	792.5	953.9	1.0
118	1881	40.7	792.5	953.9	2.0
119	1881	43.2	792.5	953.9	2.9
120	1981	28.3	813.6	950.0	-2.4
121	1981	30.8	813.6	950.0	-2.0
122	1981	33.3	813.6	950.0	-1.1
123	1981	35.8	813.6	950.0	0.1
124	1981	38.2	813.6	950.0	1.0
125	1981	40.7	813.6	950.0	2.0

续表

序号	下泄流量/(m³·s⁻¹)	峡江库水位/m	发电出力/MW	航运效益/万元	SSDI
126	1981	43.2	813.6	950.0	2.9
127	2081	28.3	838.3	946.1	−2.5
128	2081	30.8	838.3	946.1	−2.0
129	2081	33.3	838.3	946.1	−1.1
130	2081	35.8	838.3	946.1	0.1
131	2081	38.2	838.3	946.1	1.0
132	2081	40.7	838.3	946.1	2.0
133	2081	43.2	838.3	946.1	2.9
134	2181	28.3	854.9	942.3	−2.6
135	2181	30.8	854.9	942.3	−2.0
136	2181	33.3	854.9	942.3	−1.1
137	2181	35.8	854.9	942.3	0.1
138	2181	38.2	854.9	942.3	1.0
139	2181	40.7	854.9	942.3	2.0
140	2181	43.2	854.9	942.3	2.9
141	2281	28.3	867.1	938.7	−2.6
142	2281	30.8	867.1	938.7	−2.0
143	2281	33.3	867.1	938.7	−1.1
144	2281	35.8	867.1	938.7	0.1
145	2281	38.2	867.1	938.7	1.0
146	2281	40.7	867.1	938.7	2.0
147	2281	43.2	867.1	938.7	2.9
148	2381	28.3	874.4	935.3	−2.7
149	2381	30.8	874.4	935.3	−2.1
150	2381	33.3	874.4	935.3	−1.1
151	2381	35.8	874.4	935.3	0.1
152	2381	38.2	874.4	935.3	1.0
153	2381	40.7	874.4	935.3	2.0
154	2381	43.2	874.4	935.3	2.9

附表 11 枯水期破坏率 5% 下研究区经济效益模拟

序号	下泄流量/($m^3 \cdot s^{-1}$)	峡江库水位/m	发电出力/MW	航运效益/万元	SSDI
1	281	28.3	130.0	453.6	−1.8
2	281	30.8	130.0	453.6	−1.8
3	281	33.3	130.0	453.6	−1.1
4	281	35.8	130.0	453.6	0.1
5	281	38.2	130.0	453.6	1.0
6	281	40.7	130.0	453.6	2.0
7	281	43.2	130.0	453.6	2.9
8	381	28.3	169.1	451.9	−1.8
9	381	30.8	169.1	451.9	−1.9
10	381	33.3	169.1	451.9	−1.1
11	381	35.8	169.1	451.9	0.1
12	381	38.2	169.1	451.9	1.0
13	381	40.7	169.1	451.9	2.0
14	381	43.2	169.1	451.9	2.9
15	481	28.3	212.3	450.2	−1.9
16	481	30.8	212.3	450.2	−1.9
17	481	33.3	212.3	450.2	−1.1
18	481	35.8	212.3	450.2	0.1
19	481	38.2	212.3	450.2	1.0
20	481	40.7	212.3	450.2	2.0
21	481	43.2	212.3	450.2	2.9
22	581	28.3	251.3	448.7	−2.0
23	581	30.8	251.3	448.7	−1.9
24	581	33.3	251.3	448.7	−1.1
25	581	35.8	251.3	448.7	0.1

续表

序号	下泄流量/(m³·s⁻¹)	峡江库水位/m	发电出力/MW	航运效益/万元	SSDI
26	581	38.2	251.3	448.7	1.0
27	581	40.7	251.3	448.7	2.0
28	581	43.2	251.3	448.7	2.9
29	681	28.3	285.1	447.2	−2.1
30	681	30.8	285.1	447.2	−1.9
31	681	33.3	285.1	447.2	−1.1
32	681	35.8	285.1	447.2	0.1
33	681	38.2	285.1	447.2	1.0
34	681	40.7	285.1	447.2	2.0
35	681	43.2	285.1	447.2	2.9
36	781	28.3	320.0	445.9	−2.2
37	781	30.8	320.0	445.9	−1.9
38	781	33.3	320.0	445.9	−1.1
39	781	35.8	320.0	445.9	0.1
40	781	38.2	320.0	445.9	1.0
41	781	40.7	320.0	445.9	2.0
42	781	43.2	320.0	445.9	2.9
43	881	28.3	349.7	444.8	−2.2
44	881	30.8	349.7	444.8	−2.0
45	881	33.3	349.7	444.8	−1.1
46	881	35.8	349.7	444.8	0.1
47	881	38.2	349.7	444.8	1.0
48	881	40.7	349.7	444.8	2.0
49	881	43.2	349.7	444.8	2.9
50	981	28.3	373.7	444.2	−2.3

续表

序号	下泄流量/(m³·s⁻¹)	峡江库水位/m	发电出力/MW	航运效益/万元	SSDI
51	981	30.8	373.7	444.2	−2.0
52	981	33.3	373.7	444.2	−1.1
53	981	35.8	373.7	444.2	0.1
54	981	38.2	373.7	444.2	1.0
55	981	40.7	373.7	444.2	2.0
56	981	43.2	373.7	444.2	2.9
57	1081	28.3	397.1	444.2	−2.5
58	1081	30.8	397.1	444.2	−2.0
59	1081	33.3	397.1	444.2	−1.1
60	1081	35.8	397.1	444.2	0.1
61	1081	38.2	397.1	444.2	1.0
62	1081	40.7	397.1	444.2	2.0
63	1081	43.2	397.1	444.2	2.9
64	1181	28.3	411.0	445.7	−2.6
65	1181	30.8	411.0	445.7	−2.0
66	1181	33.3	411.0	445.7	−1.1
67	1181	35.8	411.0	445.7	0.1
68	1181	38.2	411.0	445.7	1.0
69	1181	40.7	411.0	445.7	2.0
70	1181	43.2	411.0	445.7	2.9
71	1281	28.3	413.7	450.5	−2.7
72	1281	30.8	413.7	450.5	−2.1
73	1281	33.3	413.7	450.5	−1.1
74	1281	35.8	413.7	450.5	0.1
75	1281	38.2	413.7	450.5	1.0

续表

序号	下泄流量/(m³·s⁻¹)	峡江库水位/m	发电出力/MW	航运效益/万元	SSDI
76	1281	40.7	413.7	450.5	2.0
77	1281	43.2	413.7	450.5	2.9
78	1381	28.3	406.1	465.0	−2.9
79	1381	30.8	406.1	465.0	−2.1
80	1381	33.3	406.1	465.0	−1.2
81	1381	35.8	406.1	465.0	0.1
82	1381	38.2	406.1	465.0	1.0
83	1381	40.7	406.1	465.0	2.0
84	1381	43.2	406.1	465.0	2.9
85	1481	28.3	341.5	516.5	−3.0
86	1481	30.8	341.5	516.5	−2.1
87	1481	33.3	341.5	516.5	−1.2
88	1481	35.8	341.5	516.5	0.1
89	1481	38.2	341.5	516.5	1.0
90	1481	40.7	341.5	516.5	2.0
91	1481	43.2	341.5	516.5	2.9
92	1581	28.3	287.4	708.0	−3.0
93	1581	30.8	287.4	708.0	−2.1
94	1581	33.3	287.4	708.0	−1.2
95	1581	35.8	287.4	708.0	0.0
96	1581	38.2	287.4	708.0	1.0
97	1581	40.7	287.4	708.0	2.0
98	1581	43.2	287.4	708.0	2.9
99	1681	28.3	244.2	1084.2	−3.0
100	1681	30.8	244.2	1084.2	−2.1

续表

序号	下泄流量/(m³·s⁻¹)	峡江库水位/m	发电出力/MW	航运效益/万元	SSDI
101	1681	33.3	244.2	1084.2	−1.2
102	1681	35.8	244.2	1084.2	0.0
103	1681	38.2	244.2	1084.2	1.0
104	1681	40.7	244.2	1084.2	2.0
105	1681	43.2	244.2	1084.2	2.9
106	1781	28.3	211.7	1554.6	−3.0
107	1781	30.8	211.7	1554.6	−2.1
108	1781	33.3	211.7	1554.6	−1.2
109	1781	35.8	211.7	1554.6	0.0
110	1781	38.2	211.7	1554.6	1.0
111	1781	40.7	211.7	1554.6	2.0
112	1781	43.2	211.7	1554.6	2.9
113	1881	28.3	171.4	2130.3	−3.0
114	1881	30.8	171.4	2130.3	−2.1
115	1881	33.3	171.4	2130.3	−1.2
116	1881	35.8	171.4	2130.3	0.0
117	1881	38.2	171.4	2130.3	1.0
118	1881	40.7	171.4	2130.3	2.0
119	1881	43.2	171.4	2130.3	2.9
120	1981	28.3	167.9	4649.2	−3.0
121	1981	30.8	167.9	4649.2	−2.1
122	1981	33.3	167.9	4649.2	−1.2
123	1981	35.8	167.9	4649.2	0.0
124	1981	38.2	167.9	4649.2	1.0
125	1981	40.7	167.9	4649.2	2.0
126	1981	43.2	167.9	4649.2	2.9

附表 12 枯水期破坏率 10% 下研究区经济效益模拟

序号	下泄流量/(m³·s⁻¹)	峡江库水位/m	发电出力/MW	航运效益/万元	SSDI
1	281	28.3	139.2	744.0	−1.6
2	281	30.8	139.2	744.0	−1.8
3	281	33.3	139.2	744.0	−1.1
4	281	35.8	139.2	744.0	0.1
5	281	38.2	139.2	744.0	1.0
6	281	40.7	139.2	744.0	2.0
7	281	43.2	139.2	744.0	2.9
8	381	28.3	181.6	740.9	−1.7
9	381	30.8	181.6	740.9	−1.8
10	381	33.3	181.6	740.9	−1.1
11	381	35.8	181.6	740.9	0.1
12	381	38.2	181.6	740.9	1.0
13	381	40.7	181.6	740.9	2.0
14	381	43.2	181.6	740.9	2.9
15	481	28.3	229.3	737.7	−1.7
16	481	30.8	229.3	737.7	−1.8
17	481	33.3	229.3	737.7	−1.1
18	481	35.8	229.3	737.7	0.1
19	481	38.2	229.3	737.7	1.0
20	481	40.7	229.3	737.7	2.0
21	481	43.2	229.3	737.7	2.9
22	581	28.3	273.3	734.6	−1.8
23	581	30.8	273.3	734.6	−1.8
24	581	33.3	273.3	734.6	−1.1
25	581	35.8	273.3	734.6	0.1
26	581	38.2	273.3	734.6	1.0

续表

序号	下泄流量/(m³·s⁻¹)	峡江库水位/m	发电出力/MW	航运效益/万元	SSDI
27	581	40.7	273.3	734.6	2.0
28	581	43.2	273.3	734.6	2.9
29	681	28.3	312.7	731.5	−1.9
30	681	30.8	312.7	731.5	−1.9
31	681	33.3	312.7	731.5	−1.1
32	681	35.8	312.7	731.5	0.1
33	681	38.2	312.7	731.5	1.0
34	681	40.7	312.7	731.5	2.0
35	681	43.2	312.7	731.5	2.9
36	781	28.3	353.5	728.5	−1.9
37	781	30.8	353.5	728.5	−1.9
38	781	33.3	353.5	728.5	−1.1
39	781	35.8	353.5	728.5	0.1
40	781	38.2	353.5	728.5	1.0
41	781	40.7	353.5	728.5	2.0
42	781	43.2	353.5	728.5	2.9
43	881	28.3	391.2	725.4	−2.0
44	881	30.8	391.2	725.4	−1.9
45	881	33.3	391.2	725.4	−1.1
46	881	35.8	391.2	725.4	0.1
47	881	38.2	391.2	725.4	1.0
48	881	40.7	391.2	725.4	2.0
49	881	43.2	391.2	725.4	2.9
50	981	28.3	425.0	722.3	−2.1
51	981	30.8	425.0	722.3	−1.9
52	981	33.3	425.0	722.3	−1.1

续表

序号	下泄流量/(m³·s⁻¹)	峡江库水位/m	发电出力/MW	航运效益/万元	SSDI
53	981	35.8	425.0	722.3	0.1
54	981	38.2	425.0	722.3	1.0
55	981	40.7	425.0	722.3	2.0
56	981	43.2	425.0	722.3	2.9
57	1081	28.3	459.8	719.2	−2.1
58	1081	30.8	459.8	719.2	−1.9
59	1081	33.3	459.8	719.2	−1.1
60	1081	35.8	459.8	719.2	0.1
61	1081	38.2	459.8	719.2	1.0
62	1081	40.7	459.8	719.2	2.0
63	1081	43.2	459.8	719.2	2.9
64	1181	28.3	490.4	716.1	−2.2
65	1181	30.8	490.4	716.1	−2.0
66	1181	33.3	490.4	716.1	−1.1
67	1181	35.8	490.4	716.1	0.1
68	1181	38.2	490.4	716.1	1.0
69	1181	40.7	490.4	716.1	2.0
70	1181	43.2	490.4	716.1	2.9
71	1281	28.3	516.9	713.0	−2.3
72	1281	30.8	516.9	713.0	−2.0
73	1281	33.3	516.9	713.0	−1.1
74	1281	35.8	516.9	713.0	0.1
75	1281	38.2	516.9	713.0	1.0
76	1281	40.7	516.9	713.0	2.0
77	1281	43.2	516.9	713.0	2.9
78	1381	28.3	544.0	709.9	−2.3

续表

序号	下泄流量/(m³·s⁻¹)	峡江库水位/m	发电出力/MW	航运效益/万元	SSDI
79	1381	30.8	544.0	709.9	-2.0
80	1381	33.3	544.0	709.9	-1.1
81	1381	35.8	544.0	709.9	0.1
82	1381	38.2	544.0	709.9	1.0
83	1381	40.7	544.0	709.9	2.0
84	1381	43.2	544.0	709.9	2.9
85	1481	28.3	565.1	706.9	-2.4
86	1481	30.8	565.1	706.9	-2.0
87	1481	33.3	565.1	706.9	-1.1
88	1481	35.8	565.1	706.9	0.1
89	1481	38.2	565.1	706.9	1.0
90	1481	40.7	565.1	706.9	2.0
91	1481	43.2	565.1	706.9	2.9
92	1581	28.3	580.8	704.0	-2.5
93	1581	30.8	580.8	704.0	-2.0
94	1581	33.3	580.8	704.0	-1.1
95	1581	35.8	580.8	704.0	0.1
96	1581	38.2	580.8	704.0	1.0
97	1581	40.7	580.8	704.0	2.0
98	1581	43.2	580.8	704.0	2.9
99	1681	28.3	589.9	701.6	-2.6
100	1681	30.8	589.9	701.6	-2.0
101	1681	33.3	589.9	701.6	-1.1
102	1681	35.8	589.9	701.6	0.1

续表

序号	下泄流量/(m³·s⁻¹)	峡江库水位/m	发电出力/MW	航运效益/万元	SSDI
103	1681	38.2	589.9	701.6	1.0
104	1681	40.7	589.9	701.6	2.0
105	1681	43.2	589.9	701.6	2.9
106	1781	28.3	599.9	700.2	−2.7
107	1781	30.8	599.9	700.2	−2.1
108	1781	33.3	599.9	700.2	−1.1
109	1781	35.8	599.9	700.2	0.1
110	1781	38.2	599.9	700.2	1.0
111	1781	40.7	599.9	700.2	2.0
112	1781	43.2	599.9	700.2	2.9
113	1881	28.3	593.1	701.6	−2.8
114	1881	30.8	593.1	701.6	−2.1
115	1881	33.3	593.1	701.6	−1.2
116	1881	35.8	593.1	701.6	0.1
117	1881	38.2	593.1	701.6	1.0
118	1881	40.7	593.1	701.6	2.0
119	1881	43.2	593.1	701.6	2.9
120	1981	28.3	569.6	710.6	−2.9
121	1981	30.8	569.6	710.6	−2.1
122	1981	33.3	569.6	710.6	−1.2
123	1981	35.8	569.6	710.6	0.1
124	1981	38.2	569.6	710.6	1.0
125	1981	40.7	569.6	710.6	2.0
126	1981	43.2	569.6	710.6	2.9

附表 13　枯水期破坏率 10% 下研究区经济效益模拟

序号	下泄流量/(m³·s⁻¹)	峡江库水位/m	发电出力/MW	航运效益/万元	SSDI
1	281	28.3	139.2	744.0	−1.6
2	281	30.8	139.2	744.0	−1.8
3	281	33.3	139.2	744.0	−1.1
4	281	35.8	139.2	744.0	0.1
5	281	38.2	139.2	744.0	1.0
6	281	40.7	139.2	744.0	2.0
7	281	43.2	139.2	744.0	2.9
8	381	28.3	181.6	740.9	−1.7
9	381	30.8	181.6	740.9	−1.8
10	381	33.3	181.6	740.9	−1.1
11	381	35.8	181.6	740.9	0.1
12	381	38.2	181.6	740.9	1.0
13	381	40.7	181.6	740.9	2.0
14	381	43.2	181.6	740.9	2.9
15	481	28.3	229.3	737.7	−1.7
16	481	30.8	229.3	737.7	−1.8
17	481	33.3	229.3	737.7	−1.1
18	481	35.8	229.3	737.7	0.1
19	481	38.2	229.3	737.7	1.0
20	481	40.7	229.3	737.7	2.0
21	481	43.2	229.3	737.7	2.9
22	581	28.3	273.3	734.6	−1.8
23	581	30.8	273.3	734.6	−1.8

续表

序号	下泄流量/(m³·s⁻¹)	峡江库水位/m	发电出力/MW	航运效益/万元	SSDI
24	581	33.3	273.3	734.6	−1.1
25	581	35.8	273.3	734.6	0.1
26	581	38.2	273.3	734.6	1.0
27	581	40.7	273.3	734.6	2.0
28	581	43.2	273.3	734.6	2.9
29	681	28.3	312.7	731.5	−1.9
30	681	30.8	312.7	731.5	−1.9
31	681	33.3	312.7	731.5	−1.1
32	681	35.8	312.7	731.5	0.1
33	681	38.2	312.7	731.5	1.0
34	681	40.7	312.7	731.5	2.0
35	681	43.2	312.7	731.5	2.9
36	781	28.3	353.5	728.5	−1.9
37	781	30.8	353.5	728.5	−1.9
38	781	33.3	353.5	728.5	−1.1
39	781	35.8	353.5	728.5	0.1
40	781	38.2	353.5	728.5	1.0
41	781	40.7	353.5	728.5	2.0
42	781	43.2	353.5	728.5	2.9
43	881	28.3	391.2	725.4	−2.0
44	881	30.8	391.2	725.4	−1.9
45	881	33.3	391.2	725.4	−1.1

续表

序号	下泄流量/(m³·s⁻¹)	峡江库水位/m	发电出力/MW	航运效益/万元	SSDI
46	881	35.8	391.2	725.4	0.1
47	881	38.2	391.2	725.4	1.0
48	881	40.7	391.2	725.4	2.0
49	881	43.2	391.2	725.4	2.9
50	981	28.3	425.0	722.3	−2.1
51	981	30.8	425.0	722.3	−1.9
52	981	33.3	425.0	722.3	−1.1
53	981	35.8	425.0	722.3	0.1
54	981	38.2	425.0	722.3	1.0
55	981	40.7	425.0	722.3	2.0
56	981	43.2	425.0	722.3	2.9
57	1081	28.3	459.8	719.2	−2.1
58	1081	30.8	459.8	719.2	−1.9
59	1081	33.3	459.8	719.2	−1.1
60	1081	35.8	459.8	719.2	0.1
61	1081	38.2	459.8	719.2	1.0
62	1081	40.7	459.8	719.2	2.0
63	1081	43.2	459.8	719.2	2.9
64	1181	28.3	490.4	716.1	−2.2
65	1181	30.8	490.4	716.1	−2.0
66	1181	33.3	490.4	716.1	−1.1
67	1181	35.8	490.4	716.1	0.1

续表

序号	下泄流量/($m^3 \cdot s^{-1}$)	峡江库水位/m	发电出力/MW	航运效益/万元	SSDI
68	1181	38.2	490.4	716.1	1.0
69	1181	40.7	490.4	716.1	2.0
70	1181	43.2	490.4	716.1	2.9
71	1281	28.3	516.9	713.0	−2.3
72	1281	30.8	516.9	713.0	−2.0
73	1281	33.3	516.9	713.0	−1.1
74	1281	35.8	516.9	713.0	0.1
75	1281	38.2	516.9	713.0	1.0
76	1281	40.7	516.9	713.0	2.0
77	1281	43.2	516.9	713.0	2.9
78	1381	28.3	544.0	709.9	−2.3
79	1381	30.8	544.0	709.9	−2.0
80	1381	33.3	544.0	709.9	−1.1
81	1381	35.8	544.0	709.9	0.1
82	1381	38.2	544.0	709.9	1.0
83	1381	40.7	544.0	709.9	2.0
84	1381	43.2	544.0	709.9	2.9
85	1481	28.3	565.1	706.9	−2.4
86	1481	30.8	565.1	706.9	−2.0
87	1481	33.3	565.1	706.9	−1.1
88	1481	35.8	565.1	706.9	0.1
89	1481	38.2	565.1	706.9	1.0

续表

序号	下泄流量/(m³·s⁻¹)	峡江库水位/m	发电出力/MW	航运效益/万元	SSDI
90	1481	40.7	565.1	706.9	2.0
91	1481	43.2	565.1	706.9	2.9
92	1581	28.3	580.8	704.0	−2.5
93	1581	30.8	580.8	704.0	−2.0
94	1581	33.3	580.8	704.0	−1.1
95	1581	35.8	580.8	704.0	0.1
96	1581	38.2	580.8	704.0	1.0
97	1581	40.7	580.8	704.0	2.0
98	1581	43.2	580.8	704.0	2.9
99	1681	28.3	589.9	701.6	−2.6
100	1681	30.8	589.9	701.6	−2.0
101	1681	33.3	589.9	701.6	−1.1
102	1681	35.8	589.9	701.6	0.1
103	1681	38.2	589.9	701.6	1.0
104	1681	40.7	589.9	701.6	2.0
105	1681	43.2	589.9	701.6	2.9
106	1781	28.3	599.9	700.2	−2.7
107	1781	30.8	599.9	700.2	−2.1
108	1781	33.3	599.9	700.2	−1.1
109	1781	35.8	599.9	700.2	0.1
110	1781	38.2	599.9	700.2	1.0
111	1781	40.7	599.9	700.2	2.0

续表

序号	下泄流量/(m³·s⁻¹)	峡江库水位/m	发电出力/MW	航运效益/万元	SSDI
112	1781	43.2	599.9	700.2	2.9
113	1881	28.3	593.1	701.6	−2.8
114	1881	30.8	593.1	701.6	−2.1
115	1881	33.3	593.1	701.6	−1.2
116	1881	35.8	593.1	701.6	0.1
117	1881	38.2	593.1	701.6	1.0
118	1881	40.7	593.1	701.6	2.0
119	1881	43.2	593.1	701.6	2.9
120	1981	28.3	569.6	710.6	−2.9
121	1981	30.8	569.6	710.6	−2.1
122	1981	33.3	569.6	710.6	−1.2
123	1981	35.8	569.6	710.6	0.1
124	1981	38.2	569.6	710.6	1.0
125	1981	40.7	569.6	710.6	2.0
126	1981	43.2	569.6	710.6	2.9

参考文献

[1] 梅超. 城市水文水动力耦合模型及其应用研究 [D]. 北京：中国水利水电科学研究院，2019.

[2] 宋利祥，徐宗学. 城市暴雨内涝水文水动力耦合模型研究进展 [J]. 北京师范大学学报（自然科学版），2019，55（5）：581-587.

[3] 刘家宏，梅超，向晨瑶，等. 城市水文模型原理 [J]. 水利水电技术，2017，48（5）：1.

[4] 吴丁丁，白桦，段茂庆，等. 基于 DEM 和 SCS 模型的吉泰盆地红壤丘陵区径流模拟 [J]. 安徽农业科学，2015，43（25）：74-76.

[5] 梅超，刘家宏，王浩，等. SWMM 原理解析与应用展望 [J]. 水利水电技术，48（5）：33-42.

[6] 刘勇，张韶月，柳林，等. 智慧城市视角下城市洪涝模拟研究综述 [J]. 地理科学进展，2015，34（4）：494-504.

[7] 白桦. 海绵城市防洪减涝效应评价模型及其应用 [D]. 北京：中国科学院大学，2020.

[8] 贺翔，胡列格，张梦启等. 内河航运经济效益评价研究 [J]. 长沙大学学报，2014，28（02）：69-72.

[9] 吕录娜，唐德善. 黄河航运的经济效益研究 [J]. 水利科技与经济，2010，16（10）：1081-1083.

[10] 谢丽芳，罗德芳，李军. 内河航电枢纽工程航运经济效益的量化计算探讨 [J]. 水运工程，2009，（02）：113-118.DOI：10.16233/j.cnki.issn1002-4972.2009.02.033.

[11] 刘泽双，王新红，李万绪. 水力发电企业整体效益评价及实例 [J]. 中国管理科学，2002，（04）.

[12] 李富平，徐东强. 灰色关联分析法在煤矿企业经济效益评价中的应用 [J]. 中州煤炭，1994，（05）：11-13.

[13] 李万绪. 基于灰色关联度的聚类分析方法及其应用 [J]. 系统工程，1990，（03）：37-44.

[14] 许志宏，王志宏，刘晔，等. 新一轮电改模式下水力发电企业提高发电效益方法——以湖南澧水流域水利水电开发有限责任公司为例 [J]. 人民长江，2021，52（S2）：242-246.

[15] 韩璐. 优化三峡水库综合调度 兼顾防洪、航运、发电效益 [N]. 中国交通报，2010-03-15（002）.

[16] 邱忠恩，谈昌莉，张惠，等. 长江三峡工程综合经济效益研究 [J]. 人民长江，2003，（08）：43-46+66.DOI：10.16232/j.cnki.1001-4179.2003.08.009.

[17] 郭生练，陈炯宏，刘攀，等. 水库群联合优化调度研究进展与展望. 水科学进展. 2010（04）：496-503.

[18] 纪昌明，周婷，王丽萍，等. 水库水电站中长期隐随机优化调度综述. 电力系统自动化. 2013（16）：129-135.

[19] 吕泊宁. 基于人工神经网络的复合再生微粉砂浆配合比设计与性能预测研究 [D]. 济南：山东大学，2023.

[20] 宋国平，张家晨. 基于群体智能技术的人工神经网络结构优化研究 [J]. 重庆理工大学学报（自然科学），2020，34（8）：143-148.

[21] 韩绪仓，陈波涛，曹伟琼，等. 基于线性判别分析的模幂掩码模板攻击方法 [J]. 电子学报，2023，51（11）：3024-3032.